Python应用系列丛书

Python
财务应用

吴仁群◎著

Python CAIWU YINGYONG

讲解财务知识及如何利用Python解决财务问题
遵循理论知识和实践知识并重原则
提供大量综合性实例

知识产权出版社
全国百佳图书出版单位
—北京—

图书在版编目（CIP）数据

Python 财务应用 / 吴仁群著. —北京：知识产权出版社，2023.9
（Python 应用系列丛书）
ISBN 978-7-5130-8910-4

Ⅰ.①P… Ⅱ.①吴… Ⅲ.①软件工具-程序设计-应用-财务管理-高等学校-教材 Ⅳ.①F275

中国国家版本馆 CIP 数据核字（2023）第 169690 号

内容提要

本书是针对高等学校经济管理类专业学生编写的一本有关 Python 在财务中应用的教材，不仅讲解了财务基础知识，而且提供了大量参考性很强的使用 Python 解决财务领域问题的实例。全书共 8 章，分别为统计基础、财务数据处理、财务数据可视化、财务预测、融资决策、投资决策、流动资金管理与控制和财务分析。

本书内容实用、结构清晰、实例丰富、可操作性强，可作为高等学校相关课程的教材，也可作为经济管理类专业的培训和自学教材。

责任编辑：徐　凡　　　　　　　　　责任印制：孙婷婷
执行编辑：王禹萱

Python 应用系列丛书
Python 财务应用
吴仁群　著

出版发行	知识产权出版社有限责任公司	网　　址	http://www.ipph.cn
电　　话	010-82004826		http://www.laichushu.com
社　　址	北京市海淀区气象路 50 号院	邮　　编	100081
责编电话	010-82000860 转 8533	责编邮箱	laichushu@cnipr.com
发行电话	010-82000860 转 8101	发行传真	010-82000893
印　　刷	北京中献拓方科技发展有限公司	经　　销	新华书店、各大网上书店及相关专业书店
开　　本	787mm×1092mm　1/16	印　　张	19.25
版　　次	2023 年 9 月第 1 版	印　　次	2023 年 9 月第 1 次印刷
字　　数	424 千字	定　　价	98.00 元
ISBN 978-7-5130-8910-4			

出版权专有　侵权必究
如有印装质量问题，本社负责调换。

前　言

　　Python 语言是一种解释型的、面向对象的、带有动态语义的高级编程语言，是最受青睐的数据科学、机器学习工具之一。本书在讲解财务相关知识的同时，探讨了如何利用 Python 解决财务领域中的问题，提供了大量实用性很强的使用 Python 解决财务领域问题的实例。本书提供的 Python 代码具有良好的扩展性，不仅同一求解问题的数据规模可以扩展，而且对数据结构类似问题只需进行简单修改便可使用代码求解。

　　本书共 8 章。第 1 章统计基础，包括基本的财务统计知识及 Python 处理；第 2 章财务数据处理，讲述如何利用 Python 进行财务数据处理；第 3 章财务数据可视化，讲述如何利用 Python 进行财务数据可视化；第 4 章财务预测，包括财务预测理论及如何利用 Python 进行财务预测处理；第 5 章融资决策，包括融资决策理论及如何利用 Python 进行融资决策处理；第 6 章投资决策，包括投资决策理论及如何利用 Python 进行投资决策处理；第 7 章流动资金管理与控制，包括流动资金管理与控制理论及如何利用 Python 进行流动资金管理与控制处理；第 8 章财务分析，包括财务分析理论及如何利用 Python 进行财务分析处理。

　　作者在编写过程中，参考了本书参考文献所列举的资料，在此对参考文献中图书的作者表示深深的感谢。本书出版得到北京印刷学院 2022 年工商管理一级学科专项资助（项目号：21090322004）。

　　由于时间仓促，书中难免存在一些不足之处，敬请读者批评指正。

目 录

第1章 统计基础 ……………… 1
  1.1 随机变量 ……………… 1
  1.2 样本及抽样分布 ……………… 5
  1.3 参数估计 ……………… 10
  1.4 假设检验 ……………… 13
  1.5 Python常用统计函数 ……………… 15
  1.6 思考和练习 ……………… 21

第2章 财务数据处理 ……………… 22
  2.1 Pandas概述 ……………… 22
  2.2 Series数据结构 ……………… 23
  2.3 DataFrame数据结构 ……………… 28
  2.4 数据处理 ……………… 36
  2.5 数据分析 ……………… 53
  2.6 本章小结 ……………… 62
  2.7 思考和练习 ……………… 63

第3章 财务数据可视化 ……………… 64
  3.1 Matplotlib概述 ……………… 64
  3.2 常见图形绘制 ……………… 79
  3.3 本章小结 ……………… 90
  3.4 思考和练习 ……………… 90

第4章 财务预测 ……………… 91
  4.1 财务预测概述 ……………… 91
  4.2 销售预测 ……………… 93
  4.3 资金预测 ……………… 96
  4.4 成本费用预测和利润预测 ……………… 100
  4.5 财务预测案例 ……………… 102

第5章 融资决策 ……………… 126
  5.1 融资方式 ……………… 126
  5.2 资本成本 ……………… 135
  5.3 融资风险 ……………… 141
  5.4 资本结构 ……………… 144
  5.5 融资决策案例 ……………… 151

第6章 投资决策 ……………… 169
  6.1 投资项目的现金流量分析 ……………… 169
  6.2 投资决策的一般方法 ……………… 171
  6.3 投资方案决策分析 ……………… 175
  6.4 固定资产更新决策 ……………… 176
  6.5 投资决策的风险分析 ……………… 178
  6.6 使用Python进行投资决策案例 ……………… 183
  6.7 常用函数 ……………… 210

第7章 流动资金管理与控制 ……………… 222
  7.1 现金和有价证券的管理 ……………… 222
  7.2 应收账款管理 ……………… 228
  7.3 存货管理 ……………… 232
  7.4 流动资产管理案例 ……………… 238

第8章 财务分析 ……………… 265
  8.1 财务分析概述 ……………… 265
  8.2 财务比率的分析 ……………… 266
  8.3 不同时期和不同企业之间的比较分析 ……………… 273
  8.4 综合分析与评价 ……………… 277
  8.5 现金流量分析 ……………… 279
  8.6 财务分析案例 ……………… 282

参考文献 ……………… 300

第1章 统计基础

1.1 随机变量

1.1.1 随机变量及分布

1. 随机变量的含义

一个随机试验的可能结果（称为基本事件）的全体组成一个样本空间 Ω。

随机变量 X 是定义在样本空间 Ω 上的取值为实数的函数，即对每一个随机试验 $e \in \Omega$，有一个实数 $X(e)$ 与之对应，则称定义在 Ω 上的实值单值函数 $X = X(e)$ 为随机变量。

当一个随机变量的取值范围仅为有限个或可列无限个实数时，该随机变量称为离散型随机变量。例如，记 X 为一天内某证券交易市场的股民数，X 可能取值为 $\{0,1,2,3,\cdots\}$，X 为离散型随机变量。

当一个随机变量的取值范围为数轴上的一个区间 (a,b) 时，该随机变量称为连续型随机变量。这里 a 可以为 $-\infty$，b 可以为 $+\infty$。例如，记 Y 为某产品直径，Y 可能取区间 $[1.2,2.3]$ 中的任何数，Y 为连续型随机变量。

2. 分布函数

设 X 是随机变量，x 为任意实数，则函数 $F(x) = P\{X \leq x\}$ 为 X 的分布函数。对于任意实数 $x_1, x_2 (x_1 < x_2)$，有

$$P(x_1 < X \leq x_2) = P(X \leq x_2) - P(X \leq x_1) = F(x_2) - F(x_1) \qquad (1-1)$$

由上可知，若已知 X 的分布函数，就可以知道 X 落在任一区间 $(x_1, x_2]$ 上的概率，从这个意义上讲，分布函数完整地描述了随机变量的统计规律性。

3. 离散型随机变量的分布律

对离散型随机变量而言，常用分布律来表示其概率分布特性。

离散型随机变量 X 的分布律就是 X 所有可能的取值及其概率。如果 X 的所有可能取值为 $x_1, x_2, \cdots, x_k, \cdots$，则 X 的分布律用公式表示为

$$P\{X = x_i\} = p_i, \ i = 1,2,\cdots \qquad (1-2)$$

分布律也可用表格表示，见表 1-1。

表 1-1 离散型随机变量 X 的分布律

X	x_1	x_2	$\cdots$	x_k	$\cdots$
p_i	p_1	p_2	$\cdots$	p_k	$\cdots$

以下是常见的离散型随机变量的分布律。

（1）0-1 分布。如果随机变量 X 只能取 0 或 1 两个值，其分布律为

$$P\{X=k\} = p^k(1-p)^{1-k}, \quad k=0,1, \quad 0<p<1 \tag{1-3}$$

则称 X 服从 0-1 分布（见表 1-2）。

表 1-2　0-1 分布

X	0	1
p_x	p	$1-p$

（2）二项分布。设随机试验的结果只有 A 或 $\bar{A}$，$p(A)=p$，$p(\bar{A})=1-p=q$。将试验独立地重复进行 n 次，则称这一串重复试验为 n 重伯努利试验，简称伯努利试验。其分布律为

$$P\{X=k\} = C_n^k p^k q^{n-k}, \quad k=0,1,\cdots,n \tag{1-4}$$

如果随机变量 X 的分布律满足式（1-1），则称随机变量 X 服从参数为 n、p 的二项分布，记为 $X \sim b(n,p)$。

（3）泊松分布。设随机变量 X 所有可能取值为 $0,1,2,\cdots$，取各个值的概率为

$$P\{X=k\} = \frac{\lambda^k e^{1-\lambda}}{k!}, \quad k=0,1,2,\cdots \tag{1-5}$$

式中，$\lambda>0$，是常数，则称随机变量 X 服从参数为 λ 的泊松分布，记为 $X \sim \pi(\lambda)$。

4. 连续型随机变量的概率密度函数

对随机变量 X 的分布函数 $F(X)$，若存在非负函数 $f(x)$ 使得对于任意实数 x，有 $F(x) = \int_{-\infty}^{x} f(t)\mathrm{d}t$，则称 $f(x)$ 为 X 的概率密度函数。

以下是常见的连续型随机变量的概率密度函数。

（1）均匀分布。若连续型随机变量 X 的概率密度函数为

$$f(x) = \begin{cases} \dfrac{1}{b-a}, & a<x<b \\ 0, & \text{其他} \end{cases} \tag{1-6}$$

则称 X 在区间 (a,b) 上服从均匀分布。

（2）正态分布。若连续型随机变量 X 的概率密度函数为

$$f(x) = \frac{1}{\sqrt{2\pi}\sigma} e^{-\frac{(x-\mu)^2}{2\sigma^2}}, \quad -\infty < x < \infty \tag{1-7}$$

则称 X 服从参数为 μ、σ 的正态分布，记为 $X \sim N(\mu,\sigma^2)$。其中 μ、$\sigma(\sigma>0)$ 为常数。

若 $\mu=0, \sigma=1$，则称 X 服从标准正态分布，记为 $X \sim N(0,1)$。

对一般正态分布可通过下面的变换转换成标准正态分布。

若 $X \sim N(\mu,\sigma^2)$，则 $Z = \dfrac{X-\mu}{\sigma} \sim N(0,1)$。

若 $X \sim N(0,1)$，z_α 满足 $P(X>z_\alpha)=\alpha(0<\alpha<1)$，则称 z_α 为标准正态分布的上 α 分位点，如图 1-1 所示。

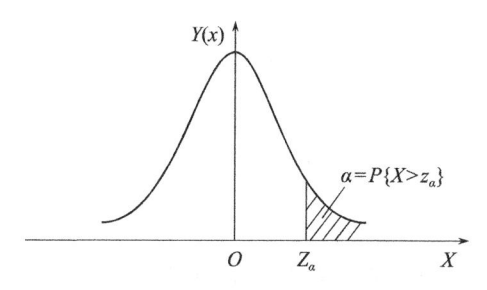

图 1-1　正态分布的上 α 分位点

1.1.2　随机变量的数字特征

1. 数学期望及方差

对离散型随机变量 X 而言,数学期望是 X 的各种取值与其概率的乘积。若离散型随机变量 X 的分布律为

$$P\{X = x_k\} = p_k, \ k = 0, 1, \cdots \quad (1-8)$$

则 X 的数学期望 $E(X)$ 为

$$E(X) = \sum_{k=1}^{\infty} x_k p_k \quad (1-9)$$

对连续型随机变量 X 而言,其数学期望可通过概率密度函数来计算。

设连续型随机变量 X 的概率密度函数为 $f(x)$,如果积分 $\int_{-\infty}^{\infty} x f(x) \mathrm{d}x$ 绝对收敛,则称其为 X 的数学期望,记为 $E(X)$,即

$$E(X) = \int_{-\infty}^{\infty} x f(x) \mathrm{d}x \quad (1-10)$$

设 X 是随机变量,若 $E\{[X-E(X)]^2\}$ 存在,则称其为 X 的方差,记为 $D(X)$,即

$$D(X) = E\{[X - E(X)]^2\} \quad (1-11)$$

方差用于度量随机变量 X 与其均值 $E(X)$ 即期望的偏离程度。$\sqrt{D(X)}$ 为 X 的标准差或均方差,记为 $\sigma(X)$。

表 1-3 是常见随机变量的数学期望及方差。

表 1-3　常见随机变量的数学期望及方差

分布	参数	分布律或概率密度函数	数学期望 $E(X)$	方差 $D(X)$
0-1 分布	$0<p<1$	$P\{X=k\} = p^k(1-p)^{1-k} (k=0,1)$	p	$p(1-p)$
二项分布	$n \geqslant 1$ $0<p<1$	$P\{X=k\} = C_n^k p^k q^{1-k} (k=0,1,\cdots,n)$	np	$np(1-p)$
泊松分布	$\lambda > 0$	$P\{X=k\} = \dfrac{\lambda^k \mathrm{e}^{-\lambda}}{k!} (k=0,1,2,\cdots)$	λ	λ
均匀分布	$a<b$	$f(x) = \begin{cases} \dfrac{1}{b-a}, a<x<b \\ 0, 其他 \end{cases}$	$\dfrac{a+b}{2}$	$\dfrac{(b-a)^2}{12}$

续表

分布	参数	分布律或概率密度函数	数学期望 $E(X)$	方差 $D(X)$
正态分布	μ,σ $\sigma>0$	$f(x)=\dfrac{1}{\sqrt{2\pi}\sigma}e^{-\dfrac{(x-\mu)^2}{2\sigma^2}}$	μ	σ^2

2. 协方差及相关系数

$E\{[X-E(X)][Y-E(Y)]\}$ 称为随机变量 X 与 Y 的协方差，记为 $\mathrm{cov}(X,Y)$，即

$$\mathrm{cov}(X,Y)=E\{[X-E(X)][Y-E(Y)]\} \quad (1-12)$$

协方差作为描述随机变量 X 和 Y 相关程度的量，在同一物理量纲下有一定的作用，但同样的两个量采用不同的量纲使它们的协方差在数值上表现出很大的差异，此时可使用相关系数来表示。

随机变量 X 与 Y 的相关系数为

$$\rho_{XY}=\frac{\mathrm{cov}(X,Y)}{\sqrt{D(X)}\sqrt{D(Y)}} \quad (1-13)$$

当 $\rho_{XY}=0$ 时，称 X 与 Y 不相关；当 $\rho_{XY}>0$ 时，称 X 与 Y 正相关；当 $\rho_{XY}<0$ 时，称 X 与 Y 负相关。

3. 矩、协方差矩阵

设 X 和 Y 是随机变量，若 $E(X^k)(k=1,2,\cdots)$ 存在，则称其为 X 的 k 阶原点矩，简称 k 阶矩。

若 $E\{[X-E(X)]^k\}(k=1,2,\cdots)$ 存在，则称其为 X 的 k 阶中心矩。

若 $E(X^kY^l)(k,l=1,2,\cdots)$ 存在，则称其为 X 和 Y 的 $k+l$ 阶混合矩。

若 $E\{[X-E(X)]^k[Y-E(Y)]^l\}(k,l=1,2,\cdots)$ 存在，则称其为 X 和 Y 的 $k+l$ 阶混合中心矩。

设 n 维随机变量 $(X_1,X_2,\cdots,X_n)$ 的二阶混合中心矩 $c_{ij}=\mathrm{cov}(X_i,X_j)=E\{[X_i-E(X_i)][X_j-E(X_j)]\}(i,j=1,2,\cdots,n)$ 都存在，则称矩阵

$$C=\begin{bmatrix} c_{11} & c_{12} & \cdots & c_{1n} \\ c_{21} & c_{22} & \cdots & c_{2n} \\ \vdots & \vdots & \ddots & \vdots \\ c_{n1} & c_{n2} & \cdots & c_{nn} \end{bmatrix} \quad (1-14)$$

为 n 维随机变量 $(X_1,X_2,\cdots,X_n)$ 的协方差矩阵。

1.1.3 应用举例

【实例 1-1】 随机变量 X 的概率分布见表 1-4，请计算 X 的数学期望和方差。

表 1-4 随机变量 X 的概率分布

随机变量 X	7	3	5	6	4
概率	0.1	0.2	0.3	0.3	0.1

解 随机变量 X 的数学期望值 $E(X)$ 为

$$E(X) = \sum_{i=1}^{n} X_i p_i = 7 \times 0.1 + 3 \times 0.2 + 5 \times 0.3 + \\ 6 \times 0.3 + 4 \times 0.1 = 5 \qquad (1-15)$$

随机变量 X 的方差 $\mathrm{var}(X)$ 为

$$\begin{aligned}\mathrm{var}(X) &= E\{[X-E(X)]^2\} = \sum_{i=1}^{n}[X_i - E(X)]^2 p_i \\ &= (7-5)^2 \times 0.1 + (3-5)^2 \times 0.2 + (5-5)^2 \times 0.3 + \\ &\quad (6-5)^2 \times 0.3 + (4-5)^2 \times 0.1 \\ &= 1.6 \end{aligned} \qquad (1-16)$$

以下为使用 Python 中的函数来计算数学期望和方差,代码如下。

```
import numpy as np
data0 = np.array([7,3,5,6,4])   #数据
prob0 = [0.1,0.2,0.3,0.3,0.1]   #概率
ev = np.average(data0,weights = prob0)   #计算期望值
var0 = np.sum((data0-ev)*(data0-ev)*prob0)   #计算方差
std0 = np.sqrt(var0)   #计算标准差
```

说明:

(1) 方法 np.average(data0,weights = prob0)用于计算概率为 prob0 的数据 data0 的期望值。

(2) np.sum((data0-ev)*(data0-ev)*prob0)用于计算形如 $\sum_{i=1}^{n}[X_i - E(X)]^2 p_i$ 的累加和,其结果为方差值。

(3) np.sqrt(var0)计算 var0 的平方根。

1.2 样本及抽样分布

1.2.1 基础知识

1. 总体、个体、样本

研究对象的某项数量指标的值的全体称为总体,构成总体的每个成员称为个体。

设 X 是具有分布函数 F 的随机变量,若 $X_1, X_2, \cdots, X_n$ 是具有同一分布函数 F 且相互独立的随机变量,则称 $X_1, X_2, \cdots, X_n$ 为从分布函数 F 得到的容量为 n 的简单随机样本,简称样本,它们的观察值 $x_1, x_2, \cdots, x_n$ 称为样本值,又称为 X 的 n 个独立的观察值。

2. 统计量及观察值

设 $X_1, X_2, \cdots, X_n$ 是来自总体 X 的一个样本,$g(X_1, X_2, \cdots, X_n)$ 是 $X_1, X_2, \cdots, X_n$ 的函数,若

g 是连续函数且 g 中不含任何未知参数,则称 $g(X_1,X_2,\cdots,X_n)$ 为统计量。

若 $x_1,x_2,\cdots,x_n$ 为样本 $X_1,X_2,\cdots,X_n$ 的观察值,则 $g(x_1,x_2,\cdots,x_n)$ 为统计量 $g(X_1,X_2,\cdots,X_n)$ 的观察值。

表 1-5 给出了常见统计量及观察值。

表 1-5 常见统计量及观察值

统计量名称	统计量	观察值
样本平均值	$\bar{X} = \dfrac{1}{n}\sum\limits_{i=1}^{n} X_i$	$\bar{x} = \dfrac{1}{n}\sum\limits_{i=1}^{n} x_i$
样本方差	$S^2 = \dfrac{1}{n-1}\sum\limits_{i=1}^{n}(X_i - \bar{X})^2$	$s^2 = \dfrac{1}{n-1}\sum\limits_{i=1}^{n}(x_i - \bar{x})^2$
样本标准差	$S = \sqrt{S^2}$	$s = \sqrt{s^2}$
样本 k 阶矩	$A_k = \dfrac{1}{n}\sum\limits_{i=1}^{n} X_i^k \ (k=1,2,\cdots)$	$a_k = \dfrac{1}{n}\sum\limits_{i=1}^{n} x_i^k \ (k=1,2,\cdots)$
样本 k 阶中心矩	$B_k = \dfrac{1}{n}\sum\limits_{i=1}^{n}(X_k - \bar{X})^k \ (k=1,2,\cdots)$	$b_k = \dfrac{1}{n}\sum\limits_{i=1}^{n}(x_k - \bar{x})^k \ (k=1,2,\cdots)$

1.2.2 抽样分布

统计量是样本的函数,它是一个随机变量,其分布称为抽样分布。

以下介绍来自正态总体的几种常见统计量的分布。

1. χ^2 分布

设 $X_1,X_2,\cdots,X_n$ 是来自总体 $N(0,1)$ 的样本,则称统计量 $\chi^2 = X_1^2 + X_2^2 + \cdots + X_n^2$ 服从自由度为 n 的 χ^2 分布,记为 $\chi^2 \sim \chi^2(n)$。

$\chi^2(n)$ 分布的概率密度函数为

$$F(y) = \begin{cases} \dfrac{1}{2^{\frac{n}{2}} \Gamma\left(\dfrac{n}{2}\right)} y^{\frac{n}{2}-1} e^{-\frac{y}{2}}, & y > 0 \\ 0, & \text{其他} \end{cases} \tag{1-17}$$

对于给定的正数 $\alpha(0<\alpha<1)$,称满足条件 $p\{X^2 > \chi_\alpha^2(n)\} = \int_{\chi_\alpha^2(n)}^{\infty} f(y)\mathrm{d}y = \alpha$ 的点 $\chi_\alpha^2(n)$ 为 $\chi^2(n)$ 分布的上 α 分位点,如图 1-2 所示。

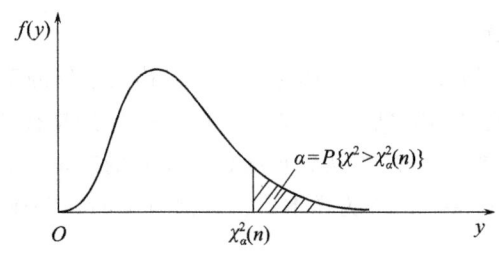

图 1-2 χ^2 分布的上 α 分位点

2. t 分布

设 $X \sim N(0,1), Y \sim \chi^2(n)$，$X$ 与 Y 相互独立，则称统计量 $t = \dfrac{X}{\sqrt{\dfrac{Y}{n}}}$ 服从自由度为 n 的 t 分布，记为 $t \sim t(n)$。

$t(n)$ 分布的概率密度函数为

$$h(t) = \frac{\Gamma\left(\dfrac{n+1}{2}\right)}{\sqrt{\pi n}\,\Gamma\left(\dfrac{n}{2}\right)}\left(1 + \frac{t^2}{n}\right)^{-\frac{n+1}{2}}, \quad -\infty < t < \infty \tag{1-18}$$

对于给定的正数 $\alpha(0<\alpha<1)$，称满足条件 $P\{t > t_\alpha(n)\} = \int_{t_\alpha(n)}^{\infty} h(t)\mathrm{d}t = \alpha$ 的点 $t_\alpha(n)$ 为 $t(n)$ 分布的上 α 分位点，如图 1-3 所示。

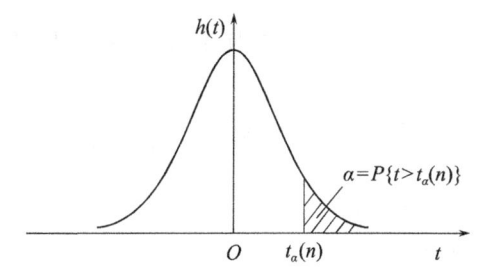

图 1-3 t 分布的上 α 分位点

3. F 分布

设 $U \sim \chi^2(n_1)$、$V \sim \chi^2(n_2)$，U 与 V 相互独立，则称统计量 $F = \dfrac{U}{n_1} \bigg/ \dfrac{V}{n_2}$ 服从自由度为 (n_1, n_2) 的 F 分布，记为 $F \sim F(n_1, n_2)$。

$F(n_1, n_2)$ 分布的概率密度函数为

$$\Psi(y) = \begin{cases} \dfrac{\Gamma\left(\dfrac{n_1+n_2}{2}\right)\left(\dfrac{n_1}{n_2}\right)^{\frac{n_1}{2}} y^{\frac{n_1}{2}-1}}{\Gamma\left(\dfrac{n_1}{2}\right)\Gamma\left(\dfrac{n_2}{2}\right)\left(1+\dfrac{n_1 y}{n_2}\right)^{\frac{n_1+n_2}{2}}}, & y > 0 \\ 0, & \text{其他} \end{cases} \tag{1-19}$$

对于给定的正数 $\alpha(0<\alpha<1)$，称满足条件 $P\{F > F_\alpha(n_1, n_2)\} = \int_{F_\alpha(n_1, n_2)}^{\infty} \Psi(y)\mathrm{d}y = \alpha$ 的点 $F_\alpha(n_1, n_2)$ 为 $F(n_1, n_2)$ 分布的上 α 分位点，如图 1-4 所示。

4. 正态总体的样本均值和样本方差的分布

设 $X_1, X_2, \cdots, X_n$ 是来自总体 $N(\mu, \sigma^2)$ 的样本，$\overline{X}$、S^2 分别是样本均值和样本方差，则有

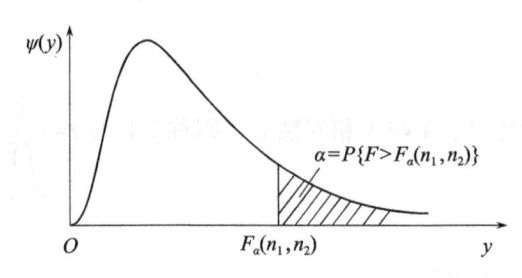

图 1-4　F 分布的上 α 分位点

① $X\bar{X}$ 与 S^2 相互独立；

② $\dfrac{(n-1)S^2}{\sigma^2} \sim \chi^2(n-1)$；

③ $\dfrac{\bar{X}-\mu}{S/\sqrt{n}} \sim t(n-1)$。

设 $X_1, X_2, \cdots, X_n$ 与 $Y_1, Y_2, \cdots, Y_n$ 分别是具有相同方差的正态总体 $N(\mu_1, \sigma^2)$、$N(\mu_2, \sigma^2)$ 的样本，且两样本相互独立。$\bar{X}$、$\bar{Y}$ 分别为两样本的样本均值，S_1^2、S_2^2 分别是两样本的样本方差，则有

$$\frac{(\bar{X}-\bar{Y})-(\mu_1-\mu_2)}{S_W\sqrt{\dfrac{1}{n_1}+\dfrac{1}{n_2}}} \sim t(n_1+n_2-2) \tag{1-20}$$

式中，$S_W = \dfrac{(n_1-1)S_1^2+(n_2-1)S_2^2}{n_1+n_2-2}$。

1.2.3　应用举例

【**实例 1-2**】　随机变量 X 的一个样本及其观察值见表 1-6，试计算样本均值、样本方差和样本标准差。

表 1-6　随机变量 X 的观察值

序号	1	2	3	4	5	6	7	8	9	10
样本观察值	82.92	31.64	77.34	33.73	79.16	48.80	46.07	14.46	33.10	20.12

解　样本均值 $\bar{X}$ 为

$$\bar{X} = \frac{1}{n}\sum_{i=1}^{n} X_i = 46.73 \tag{1-21}$$

样本方差 S^2 为

$$S^2 = \frac{1}{n-1}\sum_{i=1}^{n}(X_i-\bar{X})^2 = 626.12 \tag{1-22}$$

样本标准差 S 为

$$S = \sqrt{S^2} = 25.02 \qquad (1-23)$$

下面为使用 Python 中的函数来计算样本均值、样本方差和样本标准差，代码如下。

```
import numpy as np
data0 = np.array([82.92,31.64,77.34,33.73,79.16,48.80,46.07,14.46,33.10,20.12])  #数据
mean0 = np.mean(data0)  #计算样本均值
var0 = np.var(data0,ddof=1)  #计算样本方差
std0 = np.sqrt(var0)  #计算样本标准差
```

说明：

（1）函数 np.mean(data0) 用于计算 data0 的均值。

（2）函数 np.var(data0,ddof=1) 用于计算 data0 的方差。

显然在数据量比较大时，使用人工方式计算均值、方差等计算量比较大，不如使用 Python 计算快。

【实例 1-3】 随机变量 X 服从正态分布 $N(40,1.5^2)$，$\alpha = 0.05$，计算 N 分布的上 α 分位点 z_α。

解 对标准正态分布 $N(0,1)$ 而言，$Z^0_{\alpha=0.05} = 1.645$，因此对于一般正态分布 $N(40,1.5^2)$，其上 α 分位点 z_α 为

$$z_\alpha = z^0_{\alpha=0.05} \times 1.5 + 40 = 42.47 \qquad (1-24)$$

在 Python 中 stats.norm.ppf() 为计算一般正态分布函数的上 α 分位点 z_α。使用格式为

```
stats.norm.ppf(loc=u,scale=std,q=1-alpha)
```

其中，u 为均值，std 为标准差，alpha 为 α 值。

对本例来说，

z_α = stats.norm.ppf(loc=40,scale=1.5,q=1-0.05) = 42.47

对应的相反函数为

```
stats.norm.cdf(loc=u,scale=std,x=za)
```

例如：

aplha = 1-stats.norm.cdf(loc=40,scale=1.5,x=42.47) = 0.05

表 1-7 给出了常见分布在 Python 中对应的计算上 α 分位点的内置函数。

表 1-7 Python 中常见分布对应的计算上 α 分位点的内置函数

分布名称	上 α 分位点记号	Python 函数	逆函数
正态分布 $N(\mu,\sigma^2)$	z_α	stats.norm.ppf(q,loc,scale)	1-stats.norm.cdf(x,loc,scale)
$\chi^2(n)$ 分布	$\chi^2_\alpha(n)$	stats.chi2.ppf(q,df,loc,scale)	1-stats.chi2.cdf(x,df,loc,scale)
t 分布	$t_\alpha(n)$	stats.t.ppf(q,df,loc,scale)	1-stats.t.cdf(x,df,loc,scale)
F 分布	$F_\alpha(n_1,n_2)$	stats.f.ppf(q,dfn,dfd,loc,scale)	1-stats.f.cdf(x,dfn,dfd,loc,scale)

【实例1-4】 $n=50$，$\alpha=0.05$，计算χ^2分布的上α分位点$\chi_\alpha^2(n)$。

解 $\chi_\alpha^2(n)=$ stats.chi2.ppf（1-0.05,df=50,loc=0,scale=1）=67.50

stats.chi2.ppf（1-0.05,df=50,loc=0,scale=1）返回概率为$1-\alpha$和自由度为df=50，均值为0，标准差为1的χ^2分布的上α分位点$\chi_\alpha^2(n)$。

【实例1-5】 $n=50$，$\alpha=0.05$，计算t分布的上α分位点$t_\alpha(n)$。

解 $t_\alpha(n)=$ stats.t.ppf（1-0.05,df=50,loc=0,scale=1）=1.676

stats.t.ppf（1-0.05,df=50,loc=0,scale=1）返回概率为$1-\alpha$和自由度为df=50，均值为0，标准差为1的t分布的上α分位点。

【实例1-6】 $n_1=10$，$n_2=20$，$\alpha=0.05$，计算F分布的上α分位点$F_\alpha(n_1,n_2)$。

解 $F_\alpha(n_1,n_2)=$ stats.f.ppf（1-0.05,dfn=20,dfd=50,loc=0,scale=1）=2.35

stats.f.ppf（1-0.05,dfn=20,dfd=50,loc=0,scale=1）返回概率为$1-\alpha$和自由度为dfn=20，dfd=50，均值为0，标准差为1的F分布的上α分位点。

1.3 参数估计

1.3.1 点估计

1. 点估计含义

设总体X的分布函数$F(x;\theta)$的形式为已知，θ为未知参数，$X_1,X_2,\cdots,X_n$是X的一个样本，$x_1,x_2,\cdots,x_n$为相应的样本值。

点估计是通过构造一个适当的统计量$\theta(X_1,X_2,\cdots,X_n)$，用它的观察值$\hat\theta(x_1,x_2,\cdots,x_n)$来估计未知参数$\theta$，则称$\theta(X_1,X_2,\cdots,X_n)$为$\theta$的估计量，$\hat\theta(X_1,X_2,\cdots,X_n)$为$\theta$的估计值。

构造估计量的常用方法有矩估计法和极大似然估计法。

2. 点估计评价标准

对于同一参数，使用不同估计方法求出的估计量可能不相同。评价估计量的常用标准有以下几点。

(1) 无偏性。如果估计量$\hat\theta=\hat\theta(X_1,X_2,\cdots,X_n)$的数学期望$E(\hat\theta)$存在，且对任意$\theta\in\Theta$有$E(\hat\theta)=\theta$，则称$\hat\theta$是$\theta$的无偏估计量。

(2) 有效性。如果估计量$\hat\theta_1=\hat\theta_1(X_1,X_2,\cdots,X_n)$与$\hat\theta_2=\hat\theta_2(X_1,X_2,\cdots,X_n)$都是$\theta$的无偏估计量，若有$D(\hat\theta_1)<D(\hat\theta_2)$，则称$\hat\theta_1$比$\hat\theta_2$有效。

(3) 一致性。设$\hat\theta(X_1,X_2,\cdots,X_n)$为参数$\theta$的估计量，若对于任意$\theta\in\Theta$，当$n\to\infty$时$\hat\theta(X_1,X_2,\cdots,X_n)$依概率收敛于$\theta$，即$\lim_{n\to\infty}P(|\hat\theta-\theta|<\varepsilon)=1$，则称$\hat\theta$是$\theta$的一致估计量。

实际应用中往往使用无偏性和有效性两个标准，一致性只有在样本容量相当大时才能显示出优越性，这在实践中往往难以做到。

1.3.2 区间估计

1. 区间估计的含义

区间估计是确定两个统计量 $\hat{\theta}_L = \hat{\theta}_L(X_1, X_2, \cdots, X_n)$ 和 $\hat{\theta}_H = \hat{\theta}_H(X_1, X_2, \cdots, X_n)$,使得 $\hat{\theta}_L < \hat{\theta}_H$,并得到 θ 在区间 $(\hat{\theta}_L, \hat{\theta}_H)$ 的可信程度。区间 $(\hat{\theta}_L, \hat{\theta}_H)$ 称为置信区间。

设总体 X 的分布函数为 $F(x;\theta)$,未知参数为 θ。对于给定 $\alpha(0<\alpha<1)$,若由样本 $X_1, X_2, \cdots, X_n$ 确定的两个统计量 $\hat{\theta}_L = \hat{\theta}_L(X_1, X_2, \cdots, X_n)$ 和 $\hat{\theta}_H = \hat{\theta}_H(X_1, X_2, \cdots, X_n)$ 满足 $P\{\hat{\theta}_L < \theta < \hat{\theta}_H\} = 1-\alpha$,则称区间 $(\hat{\theta}_L, \hat{\theta}_H)$ 是 θ 的置信度为 $1-\alpha$ 的置信区间,$\hat{\theta}_L$ 和 $\hat{\theta}_H$ 分别称为置信度为 $1-\alpha$ 的双侧置信区间的置信下限和置信上限,$1-\alpha$ 为置信度。

2. 正态总体均值与方差的区间估计

(1) 单个总体 $N(\mu, \sigma^2)$

① 均值 μ 的置信区间

当 σ^2 已知时,μ 的置信度为 $1-\alpha$ 的置信区间为

$$\bar{X} \pm \frac{\sigma}{\sqrt{n}} Z_{\frac{\alpha}{2}} \tag{1-24}$$

当 σ^2 未知时,μ 的置信度为 $1-\alpha$ 的置信区间为

$$\bar{X} \pm \frac{s}{\sqrt{n}} t_{\frac{\alpha}{2}}(n-1) \tag{1-25}$$

② 方差 σ^2 的置信区间

当 μ 未知时,σ^2 的置信度为 $1-\alpha$ 的置信区间为

$$\left(\frac{(n-1)S^2}{\chi^2_{\frac{\alpha}{2}}(n-1)}, \frac{(n-1)S^2}{\chi^2_{1-\frac{\alpha}{2}}(n-1)} \right) \tag{1-26}$$

(2) 两个总体 $N(\mu_1, \sigma_1^2)$、$N(\mu_2, \sigma_2^2)$

① 两个总体均值差 $\mu_1 - \mu_2$ 的置信区间

当 σ_1^2、σ_2^2 均已知时,$\mu_1 - \mu_2$ 的置信度为 $1-\alpha$ 的置信区间为

$$\bar{X} - \bar{Y} \pm Z_{\frac{\alpha}{2}} \sqrt{\frac{\sigma_1^2}{n_1} + \frac{\sigma_2^2}{n_2}} \tag{1-27}$$

当 σ_1^2、σ_2^2 均未知时,$\mu_1 - \mu_2$ 的置信度为 $1-\alpha$ 的置信区间为

$$\bar{X} - \bar{Y} \pm Z_{\frac{\alpha}{2}} \sqrt{\frac{s_1^2}{n_1} + \frac{s_2^2}{n_2}} \tag{1-28}$$

当 $\sigma_1^2 = \sigma_2^2 = \sigma^2$,$\sigma^2$ 未知时,$\mu_1 - \mu_2$ 的置信度为 $1-\alpha$ 的置信区间为

$$\bar{X} - \bar{Y} \pm t_{\frac{\alpha}{2}}(n_1 + n_2 - 2) S_W \sqrt{\frac{1}{n_1} + \frac{1}{n_2}} \tag{1-29}$$

式中,$S_W = \frac{(n_1-1)S_1^2 + (n_2-1)S_2^2}{n_1 + n_2 - 2}$。

② 两个总体方差比 σ_1^2/σ_2^2 的置信区间

当 μ_1、μ_2 均未知时，σ_1^2/σ_2^2 的置信度为 $1-\alpha$ 的置信区间为

$$\left(\frac{S_1^2}{S_2^2} \frac{1}{F_{\frac{\alpha}{2}}(n_1-1, n_2-1)}, \frac{S_1^2}{S_2^2} \frac{1}{F_{1-\frac{\alpha}{2}}(n_1-1, n_2-1)} \right) \quad (1-30)$$

3. 0-1 分布参数的区间估计

记

$$P_1 = \frac{1}{2a}(-b - \sqrt{b^2 - 4ac}) \quad (1-31)$$

$$P_2 = \frac{1}{2a}(-b + \sqrt{b^2 - 4ac}) \quad (1-32)$$

$$a = n + z_{\frac{\alpha}{2}}^2, \quad b = -(2n\bar{X} + z_{\frac{\alpha}{2}}^2), \quad c = n\bar{X}^2 \quad (1-33)$$

p 的置信度为 $1-\alpha$ 的置信区间为 (p_1, p_2)。

4. 单侧置信区间

对于给定 $\alpha(0<\alpha<1)$，若由样本 $X_1, X_2, \cdots, X_n$ 确定的统计量 $\hat{\theta}_L = \hat{\theta}_L(X_1, X_2, \cdots, X_n)$ 满足 $P\{\theta > \hat{\theta}_L\} = 1-\alpha$，则称随机区间 $(\hat{\theta}_L, \infty)$ 是 θ 的置信度为 $1-\alpha$ 的单侧置信区间，$\hat{\theta}_L$ 的置信度为 $1-\alpha$ 的单侧置信区间的置信下限。

对于给定 $\alpha(0<\alpha<1)$，若由样本 $X_1, X_2, \cdots, X_n$ 确定的统计量 $\hat{\theta}_H = \hat{\theta}_H(X_1, X_2, \cdots, X_n)$ 满足 $P\{\theta > \hat{\theta}_H\} = 1-\alpha$，则称随机区间 $(-\infty, \hat{\theta}_H)$ 是 θ 的置信度为 $1-\alpha$ 的单侧置信区间，$\hat{\theta}_H$ 的置信度为 $1-\alpha$ 的单侧置信区间的置信上限。

1.3.3 应用举例

【实例1-7】 某上市公司近16个月的股票价格见表1-8，设股票价格近似服从正态分布，试求总体均值 μ 的置信度为 0.95 的置信区间。

表1-8 某上市公司近16个月的股票价格

月份	1	2	3	4	5	6	7	8
股票价格/元	68	67	69	68	68	69	79	64
月份	9	10	11	12	13	14	15	16
股票价格/元	67	64	76	69	77	65	68	69

解 $\alpha = 0.05$，$n = 16$，$df = 15$
price0 = [68,67,69,68,68,69,79,64,67,64,76,69,77,65,68,69]
data0 = np.array(price0)
对单个服从正态分布的总体，当 σ^2 未知时，μ 的置信度为 $1-\alpha$ 的置信区间为

$$\bar{X} \pm \frac{s}{\sqrt{n}} t_{\frac{\alpha}{2}}(n-1) \quad (1-34)$$

查表或利用 Python 的 stats.t.ppf( ) 函数得到 t 值为

$t_{0.025}(15)$ = stats.t.ppf(q=1-0.05/2,df=15) = 2.13

样本的均值为

$\overline{X}$ = np.mean(data0) = 69.19

样本的标准差为

S = np.std(data0,ddof=1) = 4.40

因此，当 σ^2 未知时，μ 的置信度为 $1-\alpha$ 的置信区间为

$$\overline{X} \pm \frac{s}{\sqrt{n}} t_{\frac{\alpha}{2}}(n-1) = 69.19 \pm 2.34 \tag{1-35}$$

计算表明，销售额的均值 μ 为 66.84~71.53，此估计的可信度为 95%。

interval = stats.t.interval(alpha=0.95,df=df,loc=mu,scale=se)

使用 Python 求解如下：

```
price0 = [68,67,69,68,68,69,79,64,67,64,76,69,77,65,68,69]
data0 = np.array(price0)
alpha = 0.05
mu = np.mean(data0)    #均值
df = len(data0)-1      #自由度
se = stats.sem(data0)  #标准误差
interval = stats.t.interval(alpha=0.95,df=df,loc=mu,scale=se)
print("置信区间=",interval)
```

1.4 假设检验

1.4.1 基础知识

1. 假设检验的含义

假设检验是在总体的分布函数完全未知或只知其形式但不知其参数的情况下，为了推断总体的某些性质提出关于总体的假设，进而作出"接受"或"拒绝"的判断。基本步骤如下。

① 建立假设，即根据实际问题的要求，提出原假设 H_0 及备择假设 H_1。
② 给定显著性水平 α 及样本容量 n。
③ 确定检验统计量及拒绝域的形式。
④ 按 $P\{$拒绝 $H_0|H_0$ 为真$\}=\alpha$ 求出拒绝域。
⑤ 作出判断，即根据样本观察值确定接受还是拒绝 H_0。

2. 正态总体均值、方差的检验

显著性水平为 α 时正态总体均值、方差的检验法见表 1-9。

表 1-9 正态总体均值、方差的检验法

序号	原假设 H0	检验统计量	H_0 为真时统计量的分布	备择假设 H_1	拒绝域
1	$\mu=\mu_0$ (σ^2 已知)	$z=\dfrac{\bar{x}-\mu_0}{\sigma/\sqrt{n}}$	$N(0,1)$	$\mu>\mu_0$ $\mu<\mu_0$ $\mu\neq\mu_0$	$z\geqslant z_\alpha$ $z\leqslant -z_\alpha$ $\|z\|\geqslant z_{\alpha/2}$
2	$\mu=\mu_0$ (σ^2 未知)	$t=\dfrac{\bar{x}-\mu_0}{s/\sqrt{n}}$	$t(n-1)$	$\mu>\mu_0$ $\mu<\mu_0$ $\mu\neq\mu_0$	$t\geqslant t_\alpha(n-1)$ $t\leqslant -t_\alpha(n-1)$ $\|t\|\geqslant t_{\alpha/2}(n-1)$
3	$\mu_1-\mu_2=\delta$ (σ_1^2、σ_2^2 已知)	$z=\dfrac{\bar{x}-\bar{y}-\delta}{\sqrt{\dfrac{\sigma_1^2}{n_1}+\dfrac{\sigma_2^2}{n_2}}}$	$N(0,1)$	$\mu_1-\mu_2>\delta$ $\mu_1-\mu_2<\delta$ $\mu_1-\mu_2\neq\delta$	$z\geqslant z_\alpha$ $z\leqslant -z_\alpha$ $\|z\|\geqslant z_{\alpha/2}$
4	$\mu_1-\mu_2=\delta$ ($\sigma_1^2=\sigma_2^2=\sigma^2$ 未知)	$t=\dfrac{\bar{x}-\bar{y}-\delta}{s_w\sqrt{\dfrac{1}{n_1}+\dfrac{1}{n_2}}}$ $S_W=\dfrac{(n_1-1)s_1^2+(n_2-1)s_2^2}{n_1+n_2-2}$	$t(n_1+n_2-2)$	$\mu_1-\mu_2>\delta$ $\mu_1-\mu_2<\delta$ $\mu_1-\mu_2\neq\delta$	$t\geqslant t_\alpha(n_1+n_2-2)$ $t\leqslant -t_\alpha(n_1+n_2-2)$ $\|t\|\geqslant t_{\alpha/2}(n_1+n_2-2)$
5	$\sigma^2=\sigma_0^2$ (μ 未知)	$\chi^2=\dfrac{(n-1)s^2}{\sigma_0^2}$	$\chi^2(n-1)$	$\sigma^2>\sigma_0^2$ $\sigma^2<\sigma_0^2$ $\sigma^2\neq\sigma_0^2$	$\chi^2\geqslant \chi_\alpha^2(n-1)$ $\chi^2\leqslant \chi_{1-\alpha}^2(n-1)$ $\chi^2\geqslant \chi_{\alpha/2}^2(n-1)$ 或 $\chi^2\leqslant \chi_{1-\alpha/2}^2(n-1)$
6	$\sigma_1^2=\sigma_2^2$ (μ_1、μ_2 未知)	$F=\dfrac{s_1^2}{s_2^2}$	$F(n_1-1,n_2-1)$	$\sigma_1^2>\sigma_2^2$ $\sigma_1^2<\sigma_2^2$ $\sigma_1^2\neq\sigma_2^2$	$F\geqslant F_\alpha(n_1-1,n_2-1)$ $F\leqslant F_{1-\alpha}(n_1-1,n_2-1)$ $F\geqslant F_{\alpha/2}(n_1-1,n_2-1)$ 或 $F\leqslant F_{1-\alpha/2}(n_1-1,n_2-1)$
7	$\mu_d=0$ (成对数据)	$t=\dfrac{\bar{d}-0}{s/\sqrt{n}}$	$t(n-1)$	$\mu_d>0$ $\mu_d<0$ $\mu_d\neq 0$	$t\geqslant t_\alpha(n-1)$ $t\leqslant -t_\alpha(n-1)$ $\|t\|\geqslant t_{\alpha/2}(n-1)$

1.4.2 应用举例

【实例 1-8】 某上市汽车公司产品近 10 个月的需求见表 1-10，设需求近似服从正态分布 $\alpha=0.05$，试分别在下列条件下检验假设。

$H_0:\mu\leqslant 100, H_1:\mu>100$

(1) 已知 $\sigma=1.6$；

(2) σ 未知。

表 1-10 某上市汽车公司产品近 10 个月需求

月份	1	2	3	4	5	6	7	8	9	10
需求/千辆	114	117	108	108	114	109	104	112	113	114

解 demand0 = [114,117,108,108,114,109,104,112,113,114]

data0 = np.array(demand0)

$$\alpha = 0.05, n = 10 \tag{1-36}$$

样本均值 $\bar{x}$ 为

$$\bar{x} = \text{np.mean(data0)} = 111.30 \tag{1-37}$$

样本标准差 S 为

$$S = \text{np.std(data0, ddof=1)} = 3.92 \tag{1-38}$$

(1) 已知 $\sigma = 1.6$。

从表 1-13 可知，应使用服从正态分布的统计量检验。

$$z = \frac{\bar{x} - \mu_0}{\sigma/\sqrt{n}} = \frac{111.30 - 100}{1.6/\sqrt{10}} = 22.33 \tag{1-39}$$

查表或利用 Excel 的函数 NORMINV 计算得到正态分布的上 α 分位点为

$z_{0.05}$ = stats.norm.ppf(loc=0,scale=1,q=1-0.05) = 1.64

$z > z_{0.05}$，因此拒绝 H_0，接受 H_1，即需求的均值大于 100。

(2) σ^2 未知。

由表 1-13 可知，采用服从 t 分布的统计量检验。

$$t = \frac{\bar{x} - \mu_0}{s/\sqrt{n}} = \frac{111.30 - 100}{3.92/\sqrt{10}} = 9.12 \tag{1-40}$$

查表或利用 Excel 的函数 TINV 计算得到同分布的上 α 分位点为

$t_{0.05}(9)$ = stats.t.ppf(q=1-0.05,df=9,loc=0,scale=1) = 1.833 1

$t > t_{0.05}(9)$，因此接受 H_1，拒绝 H_0，即需求的均值大于 100。

1.5 Python 常用统计函数

1.5.1 Numpy 模块常用统计函数

Python 中 Numpy 模块提供的常用统计函数见表 1-11，表中仅给出了函数名称及其功能。读者可通过 Python 提供的帮助功能得到每个函数详细的使用说明。

表 1-11 Numpy 模块提供的常用统计函数

函数	说明	函数	说明
len(data0)	样本容量	np.std(data0,ddof=1)	标准差
np.sum(data0)	总和	np.max(data0)	最大值

续表

函数	说明	函数	说明
np.mean(data0)	均值	np.min(data0)	最小值
np.average(data0,weights)	计算加权均值	np.median(data0)	中位数
np.var(data0,ddof=0)	样本方差	np.percentile(data0,25,0)	百分位数
np.var(data0,ddof=1)	无偏方差		

```
list0=[2,3,3,4,4,4,4,5,5,6]
data0=np.array(list0)
print("样本容量=",len(data0))
print("总和=",np.sum(data0))
print("均值=",np.mean(data0))
print("样本方差=",np.var(data0,ddof=0))
print("无偏方差=",np.var(data0,ddof=1))
print("标准差=",np.std(data0,ddof=1))
print("最大值=",np.max(data0))
print("最小值=",np.min(data0))
print("中位数=",np.median(data0))
```

1.5.2 正态分布相关的常用统计函数

Python 中 stats.norm 模块提供的常用统计函数见表 1-12，表中仅给出了函数名称及其功能。读者可通过 Python 提供的帮助功能得到每个函数详细的使用说明。

表 1-12 stats.norm 模块提供的常用统计函数

函数	说明
rvs(loc=0,scale=1,size=1,random_state=None)	随机变量生成
pdf(x,loc=0,scale=1)	概率密度函数
logpdf(x,loc=0,scale=1)	概率密度函数的对数
cdf(x,loc=0,scale=1)	累积分布函数
logcdf(x,loc=0,scale=1)	累积分布函数的日志
sf(x,loc=0,scale=1)	生存函数(也定义为 1-cdf，但 sf 有时更准确)
logsf(x,loc=0,scale=1)	生存函数的对数
ppf(q,loc=0,scale=1)	百分比点函数(与 cdf-百分位数相反)
isf(q,loc=0,scale=1)	逆生存函数
moment(n,loc=0,scale=1)	n 阶非中心矩
stats(loc=0,scale=1,moments='mv')	均值('m')、方差('v')、偏斜('s')和(或)峰度('k')

续表

函数	说明
entropy(loc=0,scale=1)	RV 的(微分)熵
fit(data)	通用数据的参数估计
expect(func,args=(),loc=0,scale=1, lb=None,ub=None,conditional= False,**kwds)	函数(单参数)相对于分布的期望值
median(loc=0,scale=1)	分布的中位数
mean(loc=0,scale=1)	分布的平均值
var(loc=0,scale=1)	分布的方差
std(loc=0,scale=1)	分布的标准偏差
interval(alpha,loc=0,scale=1)	包含分布的 Alpha 百分比的范围的端点

1.5.3 卡方分布相关的常用统计函数

Python 中 stats.chi2 模块提供的常用统计函数见表 1-13。表中仅给出了函数名称及其功能。读者可通过 Python 提供的帮助功能得到每个函数详细的使用说明。

表 1-13 stats.chi2 模块提供的常用统计函数

函数	功能
rvs(df,loc=0,scale=1,size=1, random_state=None)	随机变量生成
pdf(x,df,loc=0,scale=1)	概率密度函数
logpdf(x,df,loc=0,scale=1)	概率密度函数的对数
cdf(x,df,loc=0,scale=1)	累积分布函数
logcdf(x,df,loc=0,scale=1)	累积分布函数的日志
sf(x,df,loc=0,scale=1)	生存函数(也定义为 1-cdf,但 sf 有时更准确)
logsf(x,df,loc=0,scale=1)	生存函数的对数
ppf(q,df,loc=0,scale=1)	百分比点函数(与 cdf-百分位数相反)
isf(q,df,loc=0,scale=1)	逆生存函数
moment(n,df,loc=0,scale=1)	n 阶非中心矩
stats(df,loc=0,scale=1,moments='mv')	均值('m'),方差('v'),偏斜('s')和(或)峰度('k')
entropy(df,loc=0,scale=1)	RV 的(微分)熵
fit(data,df,loc=0,scale=1)	通用数据的参数估计
expect(func,args=(df,),loc=0,scale=1, lb=None,ub=None,conditional= False,**kwds)	函数(单参数)相对于分布的期望值

续表

函数	功能
median(df,loc = 0,scale = 1)	分布的中位数
mean(df,loc = 0,scale = 1)	分布的平均值
var(df,loc = 0,scale = 1)	分布的方差
std(df,loc = 0,scale = 1)	分布的标准偏差
interval(alpha,df,loc = 0,scale = 1)	包含分布的 Alpha 百分比的范围的端点

1.5.4　t 分布相关的常用统计函数

Python 中 stats.t 模块提供的常用统计函数见表 1-14，表中仅给出了函数名称及其功能。读者可通过 Python 提供的帮助功能得到每个函数详细的使用说明。

表 1-14　stats.t 模块常用统计函数

函数	功能
rvs(df,loc = 0,scale = 1,size = 1,random_state = None)	随机变量
pdf(x,df,loc = 0,scale = 1)	概率密度函数
logpdf(x,df,loc = 0,scale = 1)	概率密度函数的对数
cdf(x,df,loc = 0,scale = 1)	累积分布函数
logcdf(x,df,loc = 0,scale = 1)	累积分布函数的日志
sf(x,df,loc = 0,scale = 1)	生存函数(也定义为 1-cdf，但 sf 有时更准确)
logsf(x,df,loc = 0,scale = 1)	生存函数的日志
ppf(q,df,loc = 0,scale = 1)	百分比点函数(cdf 的倒数-百分位数)
isf(q,df,loc = 0,scale = 1)	逆生存函数(sf)
moment(n,df,loc = 0,scale = 1)	n 阶非中心矩
stats(df,loc = 0,scale = 1,moments = 'mv')	均值('m')，方差('v')，偏斜('s')和(或)峰度('k')
entropy(df,loc = 0,scale = 1)	RV 的(微分)熵
fit(data,df,loc = 0,scale = 1)	通用数据的参数估计
expect(func,args = (df,),loc = 0,scale = 1,lb = None,ub = None,conditional = False,* * kwds)	函数(具有一个参数)相对于分布的期望值
median(df,loc = 0,scale = 1)	分布的中位数
mean(df,loc = 0,scale = 1)	分布的平均值
var(df,loc = 0,scale = 1)	分布的差异
std(df,loc = 0,scale = 1)	分布的标准偏差
interval(alpha,df,loc = 0,scale = 1)	包含分布的 Alpha 百分比的范围的端点

1.5.5 F分布相关的常用统计函数

Python 中 stats.f 模块提供的常用统计函数见表 1-15,表中仅给出了函数名称及其功能。读者可通过 Python 提供的帮助功能得到每个函数详细的使用说明。

表 1-15 stats.f 模块提供的常用统计函数

函数	功能
rvs(dfn,dfd,loc=0,scale=1,size=1,random_state=None)	随机变量
pdf(x,dfn,dfd,loc=0,scale=1)	概率密度函数
logpdf(x,dfn,dfd,loc=0,scale=1)	概率密度函数的对数
cdf(x,dfn,dfd,loc=0,scale=1)	累积分布函数
logcdf(x,dfn,dfd,loc=0,scale=1)	累积分布函数的日志
sf(x,dfn,dfd,loc=0,scale=1)	生存函数(也定义为 1-cdf,但 sf 有时更准确)
logsf(x,dfn,dfd,loc=0,scale=1)	生存函数的日志
ppf(q,dfn,dfd,loc=0,scale=1)	百分比点函数(cdf 的倒数-百分位数)
isf(q,dfn,dfd,loc=0,scale=1)	逆生存函数(sf)
moment(n,dfn,dfd,loc=0,scale=1)	n 阶非中心矩
stats(dfn,dfd,loc=0,scale=1,moments='mv')	均值('m'),方差('v'),偏斜('s')和(或)峰度('k')
entropy(dfn,dfd,loc=0,scale=1)	RV 的(微分)熵
fit(data)	通用数据的参数估计
expect(func,args=(dfn,dfd),loc=0,scale=1,lb=None,ub=None,conditional=False,**kwds)	函数(具有一个参数)相对于分布的期望值
median(dfn,dfd,loc=0,scale=1)	分布的中位数
mean(dfn,dfd,loc=0,scale=1)	分布的平均值
var(dfn,dfd,loc=0,scale=1)	分布的差异
std(dfn,dfd,loc=0,scale=1)	分布的标准偏差
interval(alpha,dfn,dfd,loc=0,scale=1)	包含分布的 Alpha 百分比的范围的端点

1.5.6 模块导入说明

在用 Python 进行统计分析时,必须先导入相关模块,然后才能利用模块中的统计函数进行分析。常见的模块可采用如下方式导入,代码如下:

```python
#用于数值计算的库
import warnings
import numpy as np
import pandas as pd
import scipy as sp
from scipy import stats
from pandas import Series,DataFrame,read_excel
#用于绘图的库
import matplotlib as mpl
from matplotlib import pyplot as plt
import seaborn as sns
sns.set()
#用于统计分析的库
import statsmodels.formula.api as smf
import statsmodels.api as sm
import statsmodels.tsa.stattools as sts
import statsmodels.graphics.tsaplots as sgt
#作qq图
from statsmodels.graphics.api import qqplot
#作ADF单方根检验
from statsmodels.tsa.stattools import adfuller
#自相关、偏自相关
from statsmodels.tsa.stattools import acf,pacf
#ARIMA模型
from statsmodels.tsa.arima.model import ARIMA
#作自相关图与偏自相关图
from statsmodels.graphics.tsaplots import plot_acf,plot_pacf
#D-W检验
from statsmodels.stats.stattools import durbin_watson
#财务模块
import numpy_financial as npf
#优化模块
from scipy import optimize
```

本书主要应用以上模块进行数据分析和图形绘制。在特定情况下需要特殊模块时，将单独说明。

1.6 思考和练习

1. 随机变量 X 的概率分布见表 1-16，计算 X 的数学期望和方差。

表 1-16 随机变量 X 的概率分布

随机变量 X	7	3	5	6	8	4
概率	0.1	0.2	0.3	0.15	0.15	0.1

2. 随机变量 X 的一个样本及其观察值见表 1-17，试计算样本均值、样本方差和样本标准差。

表 1-17 随机变量 X 的观察值

序号	1	2	3	4	5	6	7	8	9	10
样本观察值	37.15	42.83	39.21	42.30	39.07	39.89	34.10	35.72	36.93	30.85

3. 随机变量 X 服从正态分布 $N(20, 2.5^2)$，$\alpha = 0.05$，计算 N 分布的上 α 分位点 z_α。

4. 已知 $n = 60$，$\alpha = 0.025$，计算 χ^2 分布的上 α 分位点 $\chi^2_\alpha(n)$。

5. 已知 $n = 45$，$\alpha = 0.01$，计算 t 分布的上 α 分位点 $t_\alpha(n)$。

6. 已知 $n_1 = 15$，$n_2 = 30$，$\alpha = 0.025$，计算 F 分布的上 α 分位点 $F_\alpha(n_1, n_2)$。

7. 某公司近 20 个月的销售额见表 1-18，设销售额近似服从正态分布，试求总体方差 σ^2 的置信度为 0.95 的置信区间。

表 1-18 某公司近 20 个月的销售额

月份	1	2	3	4	5	6	7	8	9	10
销售额/千元	511	522	547	525	504	538	510	536	500	521
月份	11	12	13	14	15	16	17	18	19	20
销售额/千元	542	508	511	502	525	503	525	539	516	547

8. 某公司两位销售员近 12 个月销售同一种商品的数量见表 1-19。设销售量近似服从正态分布，方差保持不变。假定以销售数量的多少来衡量销售员的销售能力。试说明在显著性水平 $\alpha = 0.05$ 时两销售员的销售能力是否存在显著差异。

表 1-19 销售情况

月份	1	2	3	4	5	6	7	8	9	10	11	12
甲销售量/辆	503	514	519	515	510	511	511	518	513	507	508	513
乙销售量/辆	505	514	525	501	522	524	525	500	521	509	508	520

第 2 章 财务数据处理

Pandas 是基于 Numpy 构建的一种能够更快、更简单地进行数据分析工作的操作工具。它纳入了大量库和一些标准的数据模型，提供了高效地操作大型数据集所需的工具，以及大量能快速、便捷地处理数据的函数和方法。因此，虽然 Numpy 提供了通用的数值数据处理的计算基础，但一般情况下，大多数使用者将 Pandas 作为统计和分析工作的基础，尤其是处理表格数据时。

2.1 Pandas 概述

2.1.1 Pandas 简介

Pandas 是 Python 的一个数据分析包，最初由 AQR 资本管理公司（AQR Capital Management）于 2008 年 4 月开发，并于 2009 年底开源出来，目前由专注于 Python 数据包开发的 PyData 开发团队继续开发和维护，属于 PyData 项目的一部分。Pandas 最初被作为金融数据分析工具开发出来，因此，Pandas 为时间序列分析提供了很好的支持。Pandas 的名称来自于面板数据（panel data）和 Python 数据分析（data analysis）。

2.1.2 Pandas 的基本数据结构

Pandas 主要有两种数据结构，即 Series 和 DataFrame。Series 是一种类似于一维数据的对象，由一组数据（各种 Numpy 数据类型）及一组与之相关的数据标签（即索引）组成。DataFrame 是一种表格型的数据结构，包含一组有序的列，每列可以是不同的值类型（数值、字符串、布尔型等），DataFrame 既有行索引也有列索引，可以被看作是由 Series 组成的字典。

2.1.3 Pandas 的安装与引入

作为 Python 的第三方库，在使用前需要安装 Pandas 及相关组件。Pandas 安装命令如下：

```
python -m pip install pandas
```

安装好 pandas 后，便可使用如下方式引入：

```
import pandas as pd  # 将 pandas 简写为 pd
```

2.2 Series 数据结构

2.2.1 Series 简介

Series 是带标签的一维数组的对象，可存储整数、浮点数、字符串、Python 对象等类型的数据。其由一组数据（各种 Numpy 数据类型）及一组与之相关的数据标签（即索引）组成，数据结构形式如图 2-1 所示。

```
索引（lindex）    数据（values）
    0              Noah
    1              Jordon
    2              James
    3              Kobe
    4              Curry
    5              Dulant
dtype: object
```

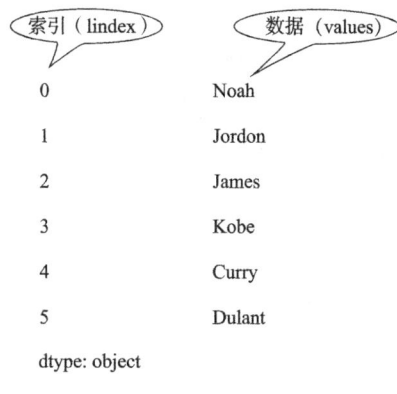

图 2-1 Series 数据结构形式

2.2.2 Series 对象的创建

Series 对象的数据可以由列表给出，也可以由 Numpy 数组给出，还可以由字典的值（values）给出。

Series 对象的索引值可显式地设定，也可以由系统自动设置。利用 index 属性可显式地设定索引。当未显式地指定索引时，系统会自动创建一个 0~n-1（n 为数据的长度）的整数型索引。

当利用字典创建 Series 对象时，字典的键（key）和值（value）分别转换为 Series 对象的索引和数据。

以下举例说明。

【实例 2-1】
```
#程序名称:PDA7201.py
#功能:Series 对象的创建
import numpy as np
import pandas as pd
values_list=["Noah","Jordon","James","Kobe","Curry","Dulant"]
#未显式地指定索引
series1=pd.Series(values_list)
```

```python
print("series1 = ",series1)
#显式地指定索引
indexs_list=["A","B","C","D","E","F"]
series2=pd.Series(values_list,index=indexs_list)
print("series2 = ",series2)
#由字典对象创建Series对象
dict1={"a":"Noah","b":"Jordon","c":"James","d":"Kobe","e":"Curry","f":"Dulant"}
series3=pd.Series(dict1)
print("series3 = ",series3)
#由numpy数组给定Series对象的数据
values_np=np.array(values_list)
series4=pd.Series(values_np)
print("series4 = ",series4)
```

运行后输出结果如下：

series1 = 0 Noah

1 Jordon

2 James

3 Kobe

4 Curry

5 Dulant

dtype: object

series2 = A Noah

B Jordon

C James

D Kobe

E Curry

F Dulant

dtype: object

series3 = a Noah

b Jordon

c James

d Kobe

e Curry

f Dulant

dtype: object

series4 = 0 Noah

1 Jordon

2 James

3 Kobe
4 Curry
5 Dulant
dtype: object

2.2.3　Series 对象的主要操作

1. Series.values、Series.index 和 Series.name

可以通过 Series 的 values、index 和 name 属性获取其数组表现形式、索引对象和列名。

例如：
values_list = ["Noah","Jordon","James","Kobe","Curry","Dulant"]
indexs_list = ["A","B","C","D","E","F"]
series1 = pd.Series(values_list,index = indexs_list,name = "NBA")
因此，series1 还行后输出结果如下：
series1 = A Noah
B Jordon
C James
D Kobe
E Curry
F Dulant
dtype: object
那么，series1.index 和 series1.values 的值分别为
series1.index = Index(['A','B','C','D','E','F'],dtype = 'object')
series1.values = ['Noah''Jordon''James''Kobe''Curry''Dulant']
series1.name = 'NBA'

2. Series 的索引和切片

Series 的索引可分为显式索引和隐式索引，切片可分为显式切片和隐式切片。下面先创建一个 Series 对象 ser1，然后分别介绍显式索引和隐式索引、显式切片和隐式切片。
values_list = ["Noah","Jordon","James","Kobe","Curry","Dulant"]
index_list = list('abcdef')
ser1 = Series(values_list,index = index_list,name = "NBA")
运行结果如下：
ser1 =
a Noah
b Jordon
c James
d Kobe
e Curry

f Dulant
Name：NBA,dtype：object

(1) 显式索引

显示索引使用 index 中的元素作为索引值。一般有两种获取方式：Series['a'] 或 Series.loc['a']，用来获取 index 中的元素 'a'对应的获取 values 中的值 'Noah'。

(2) 隐式索引

隐式索引就是使用行号来获取相应值。一般有两种获取方式：Series[0] 或 Series.iloc[0]，用来获取行号 0 对应的 values 中的元素 'Noah'。

(3) 显式切片

显示切片使用 index 中的元素值区域来进行切片。一般有两种获取方式：Series['a':'c'] 或 Series.loc['a':'c']，用来获取 index 中元素值区域 'a':'c'对应的元素构成的 Series 对象。即

a Noah
b Jordon
c James
Name：NBA,dtype：object

(4) 隐式切片

隐式索引就是使用行号来获取相应值。一般有两种获取方式：Series[0:3] 或 Series.iloc[0:3]，用来得到 ser1 中行号 0、1 和 2 对应的元素构成的 Series 对象。即

a Noah
b Jordon
c James
Name：NBA,dtype：object

3. 其他操作

pd.isnull(Series)：返回的也是一个 Series，但是值变成了 bool，用来判断 value 是否为空(NaN)。但是 Key 还是一样的，都是 Series 本身自带的 index。

Series1+Series2：返回值会按照 index 进行排序，找到对应的 index 的 value 进行相加。要注意的是，Series 检查到默认的值为空(NaN)，如果有一者为空(NaN)，那么相加后也是空(NaN)。

Series>value：返回一个 btype 为 bool 的 Series 对象。注意，这里>也可以换成>=、==、!=、<、<=等。

2.2.4 Series 应用举例

以下举例说明的应用。

【实例 2-2】

#程序名称：PDA7202.py
#功能：Pandas 使用：Series
#! /usr/bin/python

```python
# -*- coding: UTF-8 -*-
import numpy as np
import pandas as pd
from pandas import Series,DataFrame
#创建 Series
values_list=["Noah","Jordon","James","Kobe","Curry","Dulant"]
index_list=list('abcdef')
ser1 = Series(values_list,index=index_list)
print("ser1=\n",ser1)
#显示索引
print("ser1[a]=",ser1['a'])    # 获取索引为'a'的数据
print("ser1.loc[a]=",ser1.loc['a'])   # 通过.loc[]获取索引为'a'的数据
#隐式索引
print("ser1[0]=",ser1[0]) # 获取行号为 0 的数据
print("ser1.iloc[0]=",ser1.iloc[0]) # 通过.iloc[]获取行号为 0 的值
#显示切片
print("ser1[a:c]=",ser1['a':'c'])   # 获取索引为'a'、'b'和'c'对应的数据
print("ser1.loc[a:c]=",ser1.loc['a':'c'])
# 通过.loc[]获取索引'a'、'b'和'c'对应的数据
#隐式切片
print("ser1[0:3]=",ser1[0:3]) # 获取行号 0、1 和 2 对应的数据
print("ser1.iloc[0:3]=",ser1.iloc[0:3])
# 通过.iloc[]获取索引 0、1 和 2 对应的数据
#numpy 数组运算
ser2=ser1[ser1=='Noah']
print("ser2=",ser2)
ser3=ser1*2
print("ser3=",ser3)

#可将 Series 看成定长的有序字典,这样可使用一些字典函数
print('a' in ser1) # True
print('m' in ser1) # False
print('Noah' in ser1.values) # True
print('Amy' in ser1.values) # False

#pandas 中 isnull 和 notnull 函数用于检测缺失数据
print(pd.isnull(ser1)) # 等效于 ser1.isnull()
print(pd.notnull(ser1))

#Series 对象本身及其索引都有一个 name 属性
```

```
ser1.name='NBA'
ser1.index.name='No.'
print("ser1=",ser1)
#索引可以通过赋值的方式进行改变
ser1.index=['No1','No2','No3','No4','No5','No6']
print("ser1=",ser1)
```

2.3 DataFrame 数据结构

2.3.1 DataFrame 概述

DataFrame 是一个表格型的数据结构，含有一组有序的列，每列可以是不同的值类型（数值、字符串、布尔值等）。DataFrame 是一种二维的数据结构，非常接近于电子表格或者类似 mysql 数据库的形式。它的竖行被称为 columns，横行被称为 index（与 Series 一样）。DataFrame 既有行索引也有列索引，它可以被看作由 Series 组成的字典（公用同一个索引）。

2.3.2 DataFrame 的创建

DataFrame 的创建方式有很多种，下面介绍 6 种创建方式。

1. 基于 list 组成的字典来创建

举例如下：

```
list11=["Federer","Nader","Djokovic"]
list12=["Jordon","Kobe","James"]
list13=["Maradora","Bailey","Rollaldo"]
data11={
"tennis":list11,
"basketball":list12,
"football":list13
}
df11 = pd.DataFrame(data11)
print("df11=",df11)
```

则 df11 的内容如下：

```
df11=  tennis    basketball  football
0      Federer   Jordon      Maradora
1      Nader     Kobe        Bailey
2      Djokovic  James       Rollaldo
```

特别提示：

（1）由 list 组成的字典创建 Dataframe，columns 为字典的 key，index 为默认数字标签。

（2）字典的值的长度必须保持一致。

2. 由 Series 组成的字典来创建

举例如下：

```
list21=["Apple","Samsung","Huawei"]
list22=["Toyota","Volkswagen","Honda"]
list23=["ByteDance","Tencent","Alibaba"]
series21=pd.Series(list21)
series22=pd.Series(list22)
series23=pd.Series(list23)
data21 = {"mobilephone":series21,
          "auto":series22,
          "IT":series23
         }
df21 = pd.DataFrame(data21)
print("df21=",df21)
```

则 df21 的内容如下：

```
df21=  mobilephone  auto        IT
0      Apple        Toyota      ByteDance
1      Samsung      Volkswagen  Tencent
2      Huawei       Honda       Alibaba
```

特别提示：

（1）由 Series 组成的字典创建 Dataframe，columns 为字典 key，index 为 Series 的标签（若 Series 没有指定标签，则默认为数字标签）。

（2）Series 长度可以不一样，生成的 Dataframe 会出现 NaN 值。这是与前面的使用由 list 组成的字典来创建 Dataframe 最大的不同点，它会自动对齐。

3. 通过二维数组来创建

举例如下：

```
arr = np.random.rand(9).reshape(3,3)
print("arr=",arr)
df31 = pd.DataFrame(arr)
print("df31=",df31)
```

则 df31 的内容如下：

```
df31=   0         1         2
0  0.291564  0.520902  0.841443
1  0.411149  0.501617  0.224873
2  0.418966  0.712530  0.873583
```

特别提示：

（1）通过二维数组直接创建 Dataframe，会得到相同形状的结果数据，若不能指定 index 和 columns，则两者均返回默认数字格式。

(2) index 和 columns 指定长度和原数组保持一致。

4. 由字典组成的列表来创建

举例如下:

data4 = [{"one":1,"two":2},{"one":5,"two":10,"three":15}]
df41 = pd.DataFrame(data4)
print("df41 = ",df41)

则 df41 的内容如下:

df41 =   one two three
0   1   2   NaN
1   5   10   15.0

特别提示:

由字典组成的列表创建 Dataframe,columns 为字典的 key,index 不做指定时默认为数字标签。

5. 由字典组成的字典来创建

举例如下:

dict51 = {"math":132,"english":125,"chinese":112,"others":249}
dict52 = {"math":135,"english":136,"chinese":138,"others":291}
dict53 = {"math":121,"english":115,"chinese":112,"others":202}
dict54 = {"math":132,"english":125,"chinese":137,"others":236}
dict55 = {"math":126,"english":120,"chinese":133,"others":261}
data5 = {
    "Jenny":dict51,
    "Noah":dict52,
    "John":dict53,
    "Marry":dict54,
    "Tom":dict55
    }
df51 = pd.DataFrame(data5)
print("df51 = ",df51)

df51 内容如下:

df51 =   Jenny Noah John Marry Tom
math   132   135   121   132   126
english   125   136   115   125   120
chinese   112   138   112   137   133
others   249   291   202   236   261

6. 由 Excel 文件来创建

假定 Excel 工作簿 data7.xls 的工作表 score 如图 2-2 所示。

	A	B	C	D	E	F	G	H	I	J
1	学号	姓名	性别	籍贯	数学	语文	政治	综合	总分	备注
2	970101	张三	男	河北	92	62	73	158	385	
3	970102	李四	男	江西	81	95	55	138	369	
4	970103	王五	女	河南	70	75	68	196	409	
5	970104	小雅	男	贵州	80	59	83	142	364	
6	970105	吴一	女	贵州	78	75	71	176	400	

图 2-2 工作表 score

使用 Pandas 中的 read_excel()即可读取数据到 DataFrame 中。具体如下：
df = read_excel('data7.xls','score',na_values = ['NA'])
则 df 内容如下：

```
     学号     姓名  性别  籍贯   数学  语文  政治  综合  总分  备注
0  970101   张三   男   河北   92   62   73  158  385  NaN
1  970102   李四   男   江西   81   95   55  138  369  NaN
2  970103   王五   女   河南   70   75   68  196  409  NaN
3  970104   小雅   男   贵州   80   59   83  142  364  NaN
4  970105   吴一   女   贵州   78   75   71  176  400  NaN
```

特别提示：

（1）为了正确读取 Excel 文件到 DataFrame 中，在使用方法 read_excel()时，必须完成以下操作：

① 安装 xlrd 模块，代码如下：

python -m install xlrd

② 引入 read_excel，代码如下：

from pandas import Series, DataFrame, read_excel

（2）利用 read_excel()方法读取工作表时，第一行转换为 DataFrame 数据结构的列名，其他转换为 values 的内容。

（3）本章实例所使用数据基本上从 Excel 文件中读取，因此在相关实例中往往以工作表形式展示相关数据，仅注明数据取自某工作簿中的某工作表，如数据取自保存在工作簿 data7.xls 中的工作表 score 等。

以下为 6 种创建方式的代码：

【实例 2-3】

```
#程序名称:PDA7301.py
#功能:DafaFrame 创建
#! /usr/bin/python
# -*- coding: UTF-8 -*-
import numpy as np
import pandas as pd
from pandas import Series,DataFrame,read_excel
```

```python
#1.Dataframe创建方法一:基于list组成的字典来创建
list11=["Federer","Nader","Djokovic "]
list12=["Jordon","Kobe","James"]
list13=["Maradora","Bailey ","Rollaldo "]
data 11={
    "tennis ":list11,
    "basketball":list12,
    "football":list13
        }
df11 = pd.DataFrame(data11)
df12 = pd.DataFrame(data11,index=['A','B','C'])
print("df11=",df11)
print(df11.index)
print(df11.columns)
print()
print("df12=",df12)
print(df12.index)
print(df12.columns)

#2.Dataframe创建方法二:由Series组成的字典来创建
list21=["Apple","Samsung","Huawei"]
list22=["Toyota ","Volkswagen ","Honda"]
list23=["ByteDance","Tencent ","Alibaba"]
series21=pd.Series(list21)
series22=pd.Series(list22)
series23=pd.Series(list23)
data21 = {"mobilephone":series21,
          "auto":series22,
          "IT":series23
        }
df21 = pd.DataFrame(data21)
df22 = pd.DataFrame(data21)
print("df21=",df21)
print(df21.index)
print(df21.columns)
print()
print("df22=",df22)
print(df22.index)
print(df22.columns)
```

```python
#3.Dataframe创建方法三:通过二维数组来创建
arr = np.random.rand(9).reshape(3,3)
print("arr=",arr)
df31 = pd.DataFrame(arr)
print("df31=",df31)
print(df31.index)
print(df31.columns)
df32 = pd.DataFrame(arr,index = ["a","b","c"],columns = ["one","two","three"])
print("df32=",df32)
print(df32.index)
print(df32.columns)

#4.Dataframe创建方法四:由字典组成的列表来创建
data4 = [{"one":1,"two":2},{"one":5,"two":10,"three":15}]
df41 = pd.DataFrame(data4)
df42 = pd.DataFrame(data4,index = ["a","b"])
df43 = pd.DataFrame(data4,columns = ["one","two"])
df44 = pd.DataFrame(data4,columns = ["one","two","three"])
print("df41=",df41)
print(df41.index)
print(df41.columns)
print("df42=",df42)
print(df42.index)
print(df42.columns)
print("df43=",df43)
print(df43.index)
print(df43.columns)
print("df44=",df44)
print(df44.index)
print(df44.columns)

#5.Dataframe创建方法五:由字典组成的字典来创建
dict51={"math":132,"english":125,"chinese":112,"others":249}
dict52={"math":135,"english":136,"chinese":138,"others":291}
dict53={"math":121,"english":115,"chinese":112,"others":202}
dict54={"math":132,"english":125,"chinese":137,"others":236}
dict55={"math":126,"english":120,"chinese":133,"others":261}
data5 = {
```

```
        "Jenny":dict51,
        "Noah":dict52,
        "John":dict53,
        "Marry":dict54,
        "Tom":dict55
            }
df51 = pd.DataFrame(data5)
print("df51=",df51)
print(df51.index)
print(df51.columns)
#6.Dataframe 创建方法六:由 Excel 文件创建
df61=read_excel('data7.xls','score', na_values=['NA'])
print("df61=",df61)
print(df61.index)
print(df61.columns)
```

2.3.3 DataFrame 的主要操作

DataFrame 的主要操作见表 2-1。

表 2-1 DataFrame 的主要操作

方法	说明
DataFrame(dict)	由字典 dict 生成 DafaFrame
DataFrame(array)	由数组 array 生成 DafaFrame
DataFrame.index	获取 index
DataFrame.columns	获取列名
DataFrame.values	获取所有表格内部信息(返回 ndarray)
DataFame['column']	获取某列 column(列名)的信息,返回的是一个 Series
DataFrame.column	获取某列 column(列名)的信息,返回的是一个 Series
DataFrame.iloc[,]	通过行列数字进行查找,如 df.iloc[0,1],df.iloc[0:1,0:2]等
DataFrame.loc[,]	通过具体的行列名字查找,例如, df.loc['A','Tennis'],df.loc['A':'B','Tennis':'Basketball']等
DataFrame['column'] = value	若列 column 存在,则用 value 修改现有列;否, 以 value 值为基础,创建新列,列名为 column
del DataFrame[column']	删除某一列 column

续表

方法	说明
DafaFrame.column.min( )	获取列 column 的最小值。这里 min( )可以换成 max( )，也可换成 Series 的一切可能的方法
DataFrame.column >= value	返回 Series，其中 Series 的 values 的值是满足条件 column >= value 的 bool 值，>=可换成==，!=等

2.3.4 DataFrame 应用举例

【实例 2-4】

```
#程序名称:PDA7302.py
#功能:Pandas 使用:DatFrame
#! /usr/bin/python
# -*- coding:UTF-8 -*-
import numpy as np
import pandas as pd
from pandas import Series,DataFrame
#5.Dataframe 创建方法五:由字典组成的字典来创建
dict1={"math":132,"english":125,"chinese":112,"others":249}
dict2={"math":135,"english":136,"chinese":138,"others":291}
dict3={"math":121,"english":115,"chinese":112,"others":202}
dict4={"math":132,"english":125,"chinese":137,"others":236}
dict5={"math":126,"english":120,"chinese":133,"others":261}
data0={
    "Jenny":dict1,
    "Noah":dict2,
    "John":dict3,
      "Marry":dict4,
    "Tom":dict5
      }
df1 = pd.DataFrame(data0)
df2 =df1.T  # 转置
print("df1 = ",df1)
print("df2 = ",df2)
#增加新列
df2['totalscore']=df2.math+df2.english+df2.chinese+df2.others
print("df2 = ",df2)

#通过检索、切片、条件查询等
```

```
#按行列名检索、切片
print("Tom 的分数情况=",df2.loc['Tom'])    # 单行
print("连续区域 1=",df2.loc['Noah':'Tom','math':'chinese']) # 行列相
                                                              # 交区域
list11=['Noah','Tom']
list12=['math','chinese']
print("间隔区域 1=",df2.loc[list11,list12]) # 间隔区域
#按行列号检索、切片
print(df2.iloc[2]) # 单行
print("连续区域 2=",df2.iloc[0:2,1:3]) # 行列相交区域
list21=[0,2]
list22=[1,3]
print("间隔区域 2=",df2.iloc[list21,list22]) # 间隔区域
print("各同学 math 分数=",df2.math)
print("math>=80 的同学=",df2.math>=80)
df2['passflag']=df2.totalscore>=600 # 总分不低于 600 分即通过
print("df2=",df2)

#删除列数据
del df2['passflag']
print("df2=",df2)
```

2.4 数据处理

2.4.1 数据清洗

数据分析的第一步是提升数据质量。数据清洗要做的就是处理缺失数据及清除无意义的数据，这是数据价值链中最关键的步骤。基于垃圾数据进行分析，即使采用最好的分析方法和工具，也无法得到理想的结果。

1. 重复值的处理

drop_duplicates()可以删除数据结构中的重复行，仅保留其中的一行。

假定某 DataFrame 数据结构的 values 值见表 2-2。

表 2-2 某 DataFrame 数据结构的 values 值

学号	姓名	性别	籍贯	数学	英语	政治	C 语言	平均分	备注
970101	张三	男	河北	92	62	73	79	76.50	—
970102	李四	男	江西	81	95	55	69	75.00	—

续表

学号	姓名	性别	籍贯	数学	英语	政治	C语言	平均分	备注
970103	王五	女	河南	70	75	68	98	77.75	—
~~970104~~	~~小雅~~	~~男~~	~~贵州~~	~~80~~	~~59~~	~~83~~	~~71~~	~~73.25~~	~~—~~
970105	吴一	女	贵州	78	75	71	88	78.00	—
970201	李明	男	甘肃	80	99	86	81	86.50	—
~~970104~~	~~小雅~~	~~男~~	~~贵州~~	~~80~~	~~59~~	~~83~~	~~71~~	~~73.25~~	~~—~~

显然，上面的数据中有重复行，这里用横线进行标识。

下面利用 drop_duplicates() 删除重复行，操作如下：

df1=df.drop_duplicates()

df1 的 values 值见表 2-3。

表 2-3　df1 的 values 值

学号	姓名	性别	籍贯	数学	英语	政治	C语言	平均分	备注
970101	张三	男	河北	92	62	73	79	76.50	—
970102	李四	男	江西	81	95	55	69	75.00	—
970103	王五	女	河南	70	75	68	98	77.75	—
970104	小雅	男	贵州	80	59	83	71	73.25	—
970105	吴一	女	贵州	78	75	71	88	78.00	—
970201	李明	男	甘肃	80	99	86	81	86.50	—

显然，df1 的 values 值中没有重复行。

2. 重复空白行

用 dropna() 去除数据结构中值为空的数据行。

假定 DataFrame 数据结构的 values 值见表 2-4。

表 2-4　某 DataFrame 数据结构的 values 值

学号	姓名	性别	籍贯	数学	英语	政治	C语言	平均分	备注
970101	张三	男	河北	92	62	73	79	76.50	—
970102	李四	男	江西	81	95	55	69	75.00	—
970103	王五	女	河南	70	75	68	98	77.75	—
NaN	NaN	NaN	NaN	NaN	NaN	NaN	NaN	NaN	—
970105	吴一	女	贵州	78	75	71	88	78.00	—
970201	李明	男	甘肃	80	99	86	81	86.50	—
970104	小雅	男	贵州	80	59	83	71	73.25	—

注：DataFrame 数据中缺失值使用 NaN 标记。

下面利用 dropa() 删除重复行,操作如下:
df1=df.dropa()
df1 的 values 值见表 2-5。

表 2-5 df1 的 values 值

学号	姓名	性别	籍贯	数学	英语	政治	C语言	平均分	备注
970101	张三	男	河北	92	62	73	79	76.50	—
970102	李四	男	江西	81	95	55	69	75.00	—
970103	王五	女	河南	70	75	68	98	77.75	—
970105	吴一	女	贵州	78	75	71	88	78.00	—
970201	李明	男	甘肃	80	99	86	81	86.50	—
970104	小雅	男	贵州	80	59	83	71	73.25	—

显然,df1 的 values 值中没有空白行。

3. 处理缺失数据

缺失数据是大部分数据分析应用中都很常见的问题,Pandas 的设计目标之一就是让缺失数据的处理任务尽量轻松。Pandas 使用浮点值 NaN(Not a Number)表示浮点和非浮点数组中的缺失数据,它只是一个便于被检测出来的标记。Python 中的内置 none 也会被当作缺失值(NA)处理。

NA 的处理方法见表 2-6。

表 2-6 NA 的处理方法

方法	说明
df.drapna()	用于滤除缺失数据
df.fillna()	用其他值替代 NaN,如 fillna(0) 使用 0 替代 NaN,fillna("?") 使用 ? 替代 NaN
df.fillna(method='pad')	用前一个数据值替代 NaN
df.fillna(method='bfill')	用后一个数据值替代 NaN
df.fillna(df.mean())	用平均数或者其他描述性统计量来代替 NaN
df.fillna(df.mean()[column1:column2])	可以选择列进行缺失值的处理
df.isnull()	返回一个含有布尔值的对象,这些布尔值表示哪些值是缺失值 NaN。该对象的类型与源类型一样
df.notnull()	isnull 的否定式

【实例 2-5】
#程序名称:PDA7401.py
#功能:数据清洗

```python
#! /usr/bin/python
# -*- coding: UTF-8 -*-
import numpy as np
import pandas as pd
from pandas import Series,DataFrame,read_excel

#1.删除重复行:drop_duplicates
df10=read_excel('data7.xls','score11',na_values=['NA'])
df11=df10.drop_duplicates()
print("df11=",df11)

#2.去除数据结构中值为空的数据行:dropna()
df20=read_excel('data7.xls','score12',na_values=['NA'])
df21=df20.dropna()
print("df21=",df21)

#3.用其他数值替代NaN:df.fillna()
#有些时候空数据直接删除会影响分析的结果,可以对数据进行填补
df30=read_excel('data7.xls','score13',na_values=['NA'])

#(1)使用"?"替代NaN
df31=df30.fillna('? ')
print("df31=",df31)

#(2)用前一个数据值替代NaN:df.fillna(method='pad')
df32=df30.fillna(method='pad')
print("df32=",df32)

#(3)用后一个数据值替代NaN:df.fillna(method='bfill')
#与pad相反,bfill表示用后一个数据代替NaN。可以用limit限制每列可以#替代NaN的数目
df33=df30.fillna(method='bfill')
print("df33=",df33)

#(4)用平均数或者其他描述性统计量来代替NaN:df.fillna(df.mean())
df34=df30.fillna(df30.mean())
print("df34=",df34)

#(5)可以选择列进行缺失值的处理:df.fillna(df.mean()[])
df35=df30.fillna(df30.mean()['数学':'平均分'])
print("df35=",df35)
```

2.4.2 数据抽取

1. 字段抽取

slice( )可抽出某列上指定位置的数据，并以此作为新列，其格式如下：

slice(start,end)

参数说明：

start：开始位置；

end：结束位置。

假定某 DataFrame 数据结构的 values 值见表 2-7。

表 2-7 某 DataFrame 数据结构的 values 值

学号	姓名	性别	数学	英语	C 语言	出生年月
970101	张三	男	92	62	79	1997 年 10 月
970102	李四	男	81	95	69	1997 年 5 月
970203	胡四	男	55	72	91	1996 年 1 月
960104	温和	女	90	84	72	1996 年 1 月
960205	贾正	女	57	74	79	1996 年 10 月

注：数据取自某工作簿中的某工作表。

下面从学号中获取班级信息，学号前四位为班级号，操作如下：

```
from pandas import DataFrame
from pandas import read_excel
df=read_excel('data7.xls','score2',na_values=['NA'])
df['学号']=df['学号'].astype(str) # astype()转化类型
df['班级'] = df['学号'].str.slice(0,4) # 增加新列'班级'
```

经过上述操作后，DataFrame 数据结构的 values 值见表 2-8。

表 2-8 DataFrame 数据结构的 values 值

学号	姓名	性别	数学	英语	C 语言	出生年月	班级
970101	张三	男	92	62	79	1997 年 10 月	9701
970102	李四	男	81	95	69	1997 年 5 月	9701
970203	胡四	男	55	72	91	1996 年 1 月	9702
960104	温和	女	90	84	72	1996 年 1 月	9601
960205	贾正	女	57	74	79	1996 年 10 月	9602

2. 字段拆分

split( )可按指定的字符 sep 拆分已有的字符串，其格式如下：

split(sep,n,expand=False)

参数说明：

sep：用于分隔字符串的分隔符；

n：分割后新增的列数；

expand：是否展开为数据框，默认为 False；

返回值：若 expand 为 True，则返回 DaraFrame，若 expand 为 False，则返回 Series。

假定某 DataFrame 数据结构的 values 值见表 2-9。

表 2-9 某 DataFrame 数据结构的 values 值

学号	姓名	性别	数学	英语	C 语言	出生年月
970101	张三	男	92	62	79	1997 年 10 月
970102	李四	男	81	95	69	1997 年 5 月
970203	胡四	男	55	72	91	1996 年 1 月
960104	温和	女	90	84	72	1996 年 1 月
960205	贾正	女	57	74	79	1996 年 10 月

注：数据取自某工作簿中的某工作表。

下面把出生年月按年份和月份分成两列，操作如下：

```
from pandas import DataFrame
from pandas import read_excel
df=read_excel('data7.xls','score2',na_values=['NA'])
df2 = df['出生年月'].str.split('-',1,True) # 按第一个"."分成两列，"1"表示新增的列数
```

此时，df2 的内容如下：

```
df2 =    0     1
0     1997  10
1     1997  5
2     1996  1
3     1996  1
4     1996  10
```

3. 记录抽取

记录抽取是指根据一定的条件对数据进行抽取，其格式如下：

dataframe[condition]

参数说明：

condition：过滤条件；

返回值：DataFrame。

常用的 condition 类型如下。

比较运算：<、>、>=、<=、! =，如 df [df. 平均分>60)]；

范围运算：between(left,right)，如 df [df. 平均分 . between(60,69)]；

空置运算：pandas. isnull(column)，如 df [df. title. isnull( )]；

字符匹配：str.contains(patten, na = False)，如 df[df.学号.str.contains('1997', na = False)]；

逻辑运算：&(与)，|(或)，not(取反)，如 df[(df.平均分>=60)&(df.平均分<=69)]。

【实例 2-6】
```python
#程序名称:PDA7402.py
#功能:数据抽取
#! /usr/bin/python
# -*- coding: UTF-8 -*-
import numpy as np
import pandas as pd
from pandas import Series,DataFrame,read_excel
df=read_excel('data7.xls','score2',na_values=['NA'])
#1.字段抽取:抽出某列上指定位置的数据并以此作为新列
#slice(start,stop)
#start:开始位置,stop:结束位置
df['学号']=df['学号'].astype(str) # astype()转化类型
df['班级'] = df['学号'].str.slice(0,4) # 增加新列'班级'
print("df=",df)
#说明:学号为970101,前四位为班级号,后两位为序号。
#2.字段拆分:按指定的字符 sep,拆分已有的字符串
#split(sep,n,expand=False)
#返回值:expand 为 True,返回 DaraFrame;False 返回 Series。
df2 = df['出生年月'].str.split('-',1,True)#按第一个"."分成两列,"1"表示新增的列数
print("df2=",df2)
df['年级']=df2[0]
print("df=",df)
#3.记录抽取:根据一定的条件,对数据进行抽取
#dataframe[condition]
#condition:过滤条件
#返回值:DataFrame

#(1)抽取97级学生信息
df31=df[df.学号.str.contains('97',na=False)]

#(2)抽取平均分位于[70,79]的学生信息
df32=df[df.数学.between(70,79)]
print("df31=",df31)
```

```
print("df32 = ",df32)
print("df = ",df)

#(3)通过逻辑指针进行数据切片:df[逻辑条件]
df43 = df[df.数学 >= 60]  # 单个逻辑条件
df44 = df[(df.数学>=60)&(df.数学<=69)]  # 多个逻辑条件组合
print("df43 = ",df43)
print("df44 = ",df44)
```

2.4.3 排序排名

1. 排序

Series 中的 sort_index(ascending = True)可以对 index 进行排序操作,ascending 参数用于控制升序或降序,默认为升序。

在 DataFrame 上,sort_index(axis = 0, by = None, ascending = True)多了一个轴向的选择参数与一个 by 参数, by 参数的作用是针对某一(些)列进行排序(不能对行使用 by 参数)。

2. 排名

排名(Series.rank(method = 'average', ascending = True))的作用与排序的不同之处在于,它会把对象的 values 替换成名次(从 1 到 n),对于平级项,可以通过 method 参数来处理。method 参数有四个可选项,即 average、min、max、first。

排名(ranking)跟排序关系密切,且它会增设一个排名值(从 1 开始,一直到数组中有效数据的数量)。它与 numpy.argsort 产生的间接排序索引差不多,只不过它可以根据某种规则破坏平级关系。默认情况下,rank 通过"为各组分配一个平均排名"的方式破坏平级关系。

rank()函数中用于破坏平级关系的 method 选项见表 2-10。

表 2-10 rank()函数中用于破坏平级关系的 method 选项

method	描述
average	默认:在相等分组中,为各个值分配平均排名
min	使用整个分组的最小排名
max	使用整个分组的最大排名
first	按值在原始数据中的出现顺序分配排名

【实例 2-7】
```
#程序名称:PDA7403.py
#功能:排序排名
#! /usr/bin/python
# -*- coding:UTF-8 -*-
```

```python
import numpy as np
import pandas as pd
from pandas import Series,DataFrame,read_excel
#1.排序:sort_index
#Series中的排序方法
ser11=Series([79,62,88,76,77],index=['d','e','c','b','a'])
print("ser11=",ser11)

ser12=ser11.sort_index()
print("ser12=",ser12)

ser13=ser11.sort_values()
print("ser13=",ser13)

#DataFrame中的排序方法
marketrate=[(0.48,0.27,0.25),
            (0.52,0.3,0.18),
            (0.51,0.29,0.2)]
df11=DataFrame(marketrate,index=['2018','2019','2020'],columns=['丰田','本田','日产'])
print("df11=",df11)

#索引排序,分轴0和轴1,若需要按照哪行排序,则可利用by=''锁定某行值#排序
#axis=0代表对列操作,by='丰田'代表对name为'丰田'的列处理,ascending默认为True,#代表升序
#在排序中,默认缺失值都会被放到最后

df12=df11.sort_index(axis=1)
print("df12=",df12)

#2.排名:rank()
#Series中的排名方法

ser21=Series([50,23,47,38,14,19,38,46,21,14])
print("ser21=",ser21)

ser22=ser21.rank()
print("ser2=",ser22)

ser23=ser21.rank(method='first')
print("ser23=",ser23)
```

```
#DataFrame 中的排名方法
marketrate =[(0.48,0.27,0.25),
             (0.52,0.3,0.18),
             (0.51,0.29,0.2)]
df21 = DataFrame(marketrate,index =['2018','2019','2020'],columns =
['丰田','本田','日产'])
print("df21 = ",df21)

df22 = df21.rank(axis = 0)
print("df22 = ",df22)

df23 = df21.rank(axis = 1)
print("df23 = ",df23)
```

2.4.4 重新索引

Series 对象的重新索引通过 reindex(index = None, ** kwargs)实现。** kwargs 中常用的参数有两个，即 method = None 和 fill_value = np.NaN。

reindex()方法会返回一个新对象，其 index 严格遵循给出的参数，method：{'backfill', 'bfill', 'pad', 'ffill', None} 参数用于指定插值（填充）方式，当没有给出时，默认用 fill_value 填充，值为 NaN(ffill = pad, bfill = back fill, 分别指插值时向前还是向后取值)。

DataFrame 对象的重新索引通过 reindex(index = None, columns = None, ** kwargs)实现，仅比 Series 多了一个可选的 columns 参数，用于给列索引。其用法与上例 Series 类似，只不过插值方法 method 参数只能应用于行，即轴 axis = 0。

【实例 2-8】
```
#程序名称:PDA7404.py
#功能:重新索引
#! /usr/bin/python
# -*- coding: UTF-8 -*-
import numpy as np
import pandas as pd
from pandas import Series,DataFrame
#1.Series 中的 reindex 方法
ser11 = Series([79,62,88,76,77],index =['d','a','c','e','b'])
#reindex 会根据新索引重新排列,若索引值不存在,则引入缺省值
df11 = ser11.reindex(['a','b','c','d','e'])
print("df11 = ",df11)
#还可设置缺省项的值
df12 = ser11.reindex(['a','b','c','d','e','f'],fill_value = 0)
```

```
    print("df12 = ",df12)

#插值处理
#对于时间序列这样的有序序列,重新索引时需要做一些插值处理
ser12 = Series(['Jordon','James','Nowitzki','Curry'],index = [1,2,3,4])
df13 = ser12.reindex(range(6),method = 'ffill')
print("df13 = ",df13)
#2.DataFrame 中 reindex 方法:reindex 可以修改(行)索引、列,或两个都修改。
#若仅传入一个序列,则会重新索引行
#DataFrame 中的 reindex 方法
marketrate = [(0.48,0.27,0.25),
              (0.52,0.3,0.18),
              (0.51,0.29,0.2)]
df21 = DataFrame(marketrate,index = ['2018','2019','2020'],columns = ['丰田','本田','日产'])
print("df21 = ",df21)
df22 = df21.reindex(['2018','2019','2020','2021'])
print("df22 = ",df22)
#使用 columns 关键字即可重新索引列
brands = ['丰田','铃木','日产']
df23 = df21.reindex(columns = brands)
print("df23 = ",df23)
#可以同时对行和列进行索引,但插值只能按照行(即轴0)应用
df24 = df21.reindex(index = ['2018','2019','2020','2021'],method = 'ffill')
print("df24 = ",df24)
```

2.4.5 数据合并

1. 记录合并

记录合并指两个结构相同的数据框合并成一个数据框,即在一个数据框中追加另一个数据框的数据记录。其格式如下:

concat（[dataFrame1, dataFrame2, …]）

参数说明:

dataFrame1, dataFrame2, …为数据框;

返回值:DataFrame。

concat（）函数参数见表2-11。

表 2-11　concat ( ) 函数参数

参数	说明
objs	参与连接的列表或字典，且列表或字典里的对象是 pandas 数据类型，唯一必须给定的参数
axis=0	指明连接的轴向，0 是纵轴，1 是横轴，默认是 0
join	'inner'(交集)，'outer'(并集)，默认是'outer'指明轴向索引的索引是交集还是并集
join_axis	指明用于其他 n-1 条轴的索引（层次化索引，某个轴向有多个索引），不执行交并集
keys	与连接对象有关的值，用于形成连接轴向上的层次化索引（外层索引），可以是任意值的列表或数组、元组数据、数组列表（如果将 levels 设置成多级数组的话）
levels	指定用作层次化索引各级别（内层索引）上的索引，如果设置 keys
names	用于创建分层级别的名称，如果设置 keys 或 levels
verify_integrity	检查结果对象新轴上的重复情况，如果发横则引发异常，默认 False，允许重复
ignore_index	不保留连接轴上的索引，产生一组新索引 range（total_length）

2. 字段合并

字段合并指将同一个数据框中的不同的列进行合并，形成新的列。其格式如下：

X = x1+x2+⋯

x1：数据列 1

x2：数据列 2

……

参数说明：

返回值：Series 合并后的系列，要求合并的系列长度一致。

3. 字段匹配

字段匹配指不同结构的数据框（两个或以上的数据框）按照一定的条件进行合并，即追加列。其格式如下：

merge(x,y,left_on,right_on)

参数说明：

x：第一个数据框；

y：第二个数据框；

left_on：第一个数据框的用于匹配的列；

right_on：第二个数据框的用于匹配的列；

返回值：DataFrame。

merge( )函数参数见表 2-12。

表 2-12　merge( )函数参数

参数	说明
left	参与合并的左侧 DataFrame
right	参与合并的右侧 DataFrame
how	连接方式：'inner'（默认）；还有'outer'、'left'、'right'
on	用于连接的列名，必须同时存在于左右两个 DataFrame 对象中，若未指定，则以 left 和 right 列名的交集作为连接键
left_ on	左侧 DataFarme 中用作连接键的列
right_ on	右侧 DataFarme 中用作连接键的列
left_ index	将左侧的行索引用作其连接键
right_ index	将右侧的行索引用作其连接键
sort	根据连接键对合并后的数据进行排序，默认为 True。有时在处理大数据集时，禁用该选项可获得更好的性能
suffixes	字符串值元组，用于追加到重叠列名的末尾，默认为（'_ x','_ y'）。例如，若左右两个 DataFrame 对象都有'data'，则结果中就会出现'data_ x', 'data_ y'
copy	设置为 False，可以在某些特殊情况下避免将数据复制到结果数据结构中。默认总是赋值

【实例 2-9】

```
#程序名称:PDA7405.py
#功能:数据合并
#! /usr/bin/python
# -*- coding:UTF-8 -*-
import numpy as np
import pandas as pd
from pandas import Series,DataFrame,read_excel
#1.记录合并
df11=read_excel('data7.xls','score31',na_values=['NA'])
df12=read_excel('data7.xls','score32',na_values=['NA'])
df12u=pd.concat([df11,df12])
print("df11=",df11)
print("df12=",df12)
print("df12u=",df12u)
#2.字段合并
df21=read_excel('data7.xls','score',na_values=['NA'])
df22=df21['数学']+df21['英语']+df21['政治']+df21['C语言']
```

```
print("df22 = ",df22)

#3.字段匹配
df31 = read_excel('data7.xls','score33',na_values = ['NA'])
df32 = read_excel('data7.xls','score34',na_values = ['NA'])
#df33 = pd.merge(df31,df32,left_on ='学号',right_on ='学号')
df33 = pd.merge(df31,df32)

print("df31 = ",df31)
print("df32 = ",df32)
print("df33 = ",df33)
```

2.4.6 数据分箱

数据分箱是指根据数据分析对象的特征，按照一定的数据指标，把数据划分为不同的区间来进行研究，以揭示其内在的联系和规律。Pandas 的 cut( )方法可以实现这个功能，该方法的用处是把分散的数据化为分段数据，例如，学生的分数可以分为(0,59],[60,69],[70,79],[80,89],[90,100]；大学新生入学时可将英语成绩分为[0,75),[75,85),[85,100]，以便实行分级教学。对分箱过的数据，同时可以添加新标签。cut( )方法的格式如下：

cut(series,bins,right = True,labels = NULL)

参数说明：

series：需要分组的数据；

bins：分组的依据数据；

right：分组的时候右边是否闭合；

labels：分组的自定义标签，可以不自定义。

假定某班同学数学成绩对应的 DataFrame 数据结构的 values 值见表 2-13。

表 2-13　数学成绩对应的 DataFrame 数据结构的 values 值

学号	姓名	性别	数学
970101	张三	男	92
970102	李四	男	81
970103	王五	女	70
970104	小雅	男	80
970105	吴一	女	78
……			

注：数据取自某工作簿中的某工作表。

【实例 2-10】

#程序名称：PDA7407.py

```
#功能:数据分箱
#! /usr/bin/python
# -*- coding: UTF-8 -*-
import numpy as np
import pandas as pd
from pandas import Series,DataFrame,read_excel
#cut()应用
df0 = read_excel('data7.xls','cut1',na_values=['NA'])
scoresInterval=[0,59,69,79,89,100] # 分箱标准
scoreslevel=["不及格","及格","中等","良好","优秀"] # 分箱标签
df0['分数等级']=pd.cut(df0.数学,scoresInterval,labels=scoreslevel)
print("df0=",df0)
```

分箱后 df0 的内容如下:

df0=	学号	姓名	性别	数学	分数等级
0	970101	张三	男	92	优秀
1	970102	李四	男	81	良好
2	970103	王五	女	70	中等
3	970104	小雅	男	80	良好
4	970105	吴一	女	78	中等

……

2.4.7 数据查看

数据查看就是利用 DataFrame 数据框提供的一些方法显示相关信息。例如，head(n) 显示前 n 行，tail(n) 显示后 n 行等。

【实例 2-11】

```
#程序名称:PDA7408.py
#功能:数据查看
#! /usr/bin/python
# -*- coding: UTF-8 -*-
import numpy as np
import pandas as pd
from pandas import Series,DataFrame,read_excel
#cut()应用
df=read_excel('data10.xls','score',na_values=['NA'])

print(df.head()) #默认显示前 5 行
print(df.head(3)) #查看前 3 行
print(df.tail()) #默认显示后 5 行
```

```
print(df.tail(2)) #查看最后2行
print(df.index) #查看索引
print(df.columns) #查看列名
print(df.values) #查看值
print(df.describe()) # 平均值、标准差、最小值、最大值等信息
```

2.4.8 数据修改

数据修改是利用 DataFrame 数据框提供的一些方法修改相关信息。

假定某班同学成绩表对应的 DataFrame 数据结构的 values 值见表 2-14。

表 2-14 某班同学成绩表对应的 DataFrame 数据结构的 values 值

学号	姓名	性别	籍贯	数学	英语	政治	C语言	平均分	备注
970101	张三	男	河北	92	62	73	79	76.50	—
970102	李四	男	江西	81	95	55	69	75.00	—
970103	王五	女	河南	70	75	68	98	77.75	—
……	……	……	……	……	……	……	……	……	—

注：数据取自某工作簿中的某工作表。

【实例 2-12】
```
#程序名称:PDA7411.py
#功能:数据修改
#! /usr/bin/python
# -*- coding: UTF-8 -*-
import numpy as np
import pandas as pd
from pandas import Series,DataFrame,read_excel
df = read_excel('data7.xls','score',na_values = ['NA'])
df.iat[0,1] = '张三丰' # 修改指定行、列位置的数据值
df.loc[:,'备注'] = '正常' # 修改某列的值
df.loc[df['平均分']<60,'备注'] = '不及格' # 修改特定行的指定列
print("1…df = ",df)
df['备注'].replace('正常','*',inplace = True) # 把备注列所有"正常"替换为*
print("2…df = ",df)
df.replace('*','正常',inplace = True) # 把数据框所有"正常"替换为*
print("3…df = ",df)
df.replace(['正常','不及格'],['pass','loss'],inplace = True)
# 把数据框所有"正常"替换为 pass,不及格替换为 loss
print("4…df = ",df)
```

2.4.9 映射

映射功能是指利用 DataFrame 数据框提供的 map()方法批量修改相关信息。

假定某班同学成绩表对应的 DataFrame 数据结构的 values 值见表 2-15。

表 2-15 某班同学成绩表对应的 DataFrame 数据结构的 values 值

学号	姓名	性别	籍贯	数学	英语	政治	C 语言	平均分	备注
970101	张三	男	河北	92	62	73	79	76.50	—
970102	李四	男	江西	81	95	55	69	75.00	—
970103	王五	女	河南	70	75	68	98	77.75	—
……	……	……	……	……	……	……	……	……	—

注：数据取自某工作簿中的某工作表。

【实例 2-13】
```
#程序名称:PDA7412.py
#功能:数据映射
#! /usr/bin/python
# -*- coding: UTF-8 -*-
import numpy as np
import pandas as pd
from pandas import Series,DataFrame,read_excel
df=read_excel('data10.xls','score',na_values=['NA'])
df.loc[df['平均分']<60,'备注'] = 'loss' # 修改特定行的指定列
df.loc[df['平均分']>=60,'备注'] = 'pass' # 修改特定行的指定列
df['备注'] = df['备注'].map(str.upper) # 使用函数进行映射
print("1…df=",df)
df['备注'] = df['备注'].map({'LOSS':'loss','PASS':'pass'}) # 使用字典表示映射关系
print("2…df=",df)
df['平均分'] = df['平均分'].map(lambda x:x*100) # lambda 表达式
print("3…df=",df)
df.index = df.index.map(lambda x:x+5) # 修改索引
print("4…df=",df)
df.columns = df.columns.map(str.lower) # 修改列名
print("5…df=",df)
```

2.5 数据分析

2.5.1 基本统计分析

基本统计分析又叫描述性统计分析，一般统计某个变量的最小值、第一个四分位值、中值、第三个四分位值及最大值。

Pandas 中，这些统计分析方法位于 statistics 模块，因此在使用前，需要用 import statistics 来引用该模块。

1. 计算平均数的方法 mean()

```
import statistics
statistics.mean([55,56,64,74,77,85])  #结果为 68.5
```

2. 计算中位数的方法 median()、median_low()、median_high()

```
statistics.median([55,56,64,74,77,85])    #偶数个样本时
                                          #取中间两个数的平均数 69
statistics.median_low([55,56,64,74,77,85])    #偶数个样本时
                                              #取中间两个数的较小者 64
statistics.median_high([55,56,64,74,77,85])   #偶数个样本时
                                              #取中间两个数的较大者 74
```

特别提示：
这里的中位数是指按序列有序对应的值。例如，假定 list2 = [74,56,77,55,64,85]，median()、median_low()、median_high() 的结果和 list1 = [55,56,64,74,77,85] 对应的结果一样。

3. 统计出现次数最多的数据的方法 mode()

```
statistics.mode([21,13,15,21,9])   #结果为 21
list2 = ["music","football","football","basketball","basketball","basketball"]
statistics.mode(list2)    #结果为"basketball"
```

特别提示：
使用 mode() 方法时，若无法确定出现次数最多的唯一元素，则将出现错误。

4. 计算总体标准差的方法 pstdev()

```
statistics.pstdev([55,56,64,74,77,85])   #结果为 11.0 567
```

5. 计算总体方差的方法 pvariance()

```
statistics.pvariance([55,56,64,74,77,85])   #结果为 122.25
```

6. 计算样本方差的方法 variance() 和计算样本标准差的方法 stdev()

```
statistics.variance(range(20))   #结果为 146.7
statistics.stdev(range(20))      #结果为 12.1 120
```

假定某班同学成绩表对应的 DataFrame 数据结构的 values 值见表 2-16。

表 2-16 某班同学成绩表对应的 DataFrame 数据结构的 values 值

学号	姓名	性别	籍贯	数学	英语	政治	C 语言	平均分	备注
970101	张三	男	河北	92	62	73	79	76.50	—
970102	李四	男	江西	81	95	55	69	75.00	—
970103	王五	女	河南	70	75	68	98	77.75	—
……	……	……	……	……	……	……	……	……	—

注：数据取自某工作簿中的某工作表。

【实例 2-14】

```
#程序名称:PDA7501.py
#功能:基本统计
#! /usr/bin/python
# -*- coding:UTF-8 -*-
import numpy as np
import pandas as pd
from pandas import Series,DataFrame
import statistics
df=read_excel('data7.xls','score',na_values=['NA'])
#1.计算平均数的方法 mean()
print("数学均值",statistics.mean(df['数学']))
print("英语均值",statistics.mean(df['英语']))
#2.计算中位数的方法 median()、median_low()、median_high()
print("median()=",statistics.median(df['数学']))
print("median_low()=",statistics.median_low(df['数学']))
print("median_high()()=",statistics.median_high(df['数学']))
#median():偶数个样本时取中间两个数的平均数
#median_low():偶数个样本时取中间两个数的较小者
#median_high():偶数个样本时取中间两个数的较大者
#3.统计出现次数最多的数据的方法 mode()
print("数学的 mode=",statistics.mode(df['数学']))
print("英语的 mode=",statistics.mode(df['英语']))
#4.计算总体标准差的方法 pstdev()
print("数学的 pstdev=",statistics.pstdev(df['数学']))
print("英语的 pstdev=",statistics.pstdev(df['英语']))
#5.计算总体方差的方法 pvariance()
print("数学的 pvariance=",statistics.pvariance(df['数学']))
print("英语的 pvariance=",statistics.pvariance(df['英语']))
#6.计算样本方差的方法 variance()和计算样本标准差的方法 stdev()
```

```
print("数学的 variance =",statistics.variance(df['数学']))
print("英语的 variance =",statistics.variance(df['英语']))
print("数学的 stdev",statistics.stdev(df['数学']))
print("英语的 stdev =",statistics.stdev(df['英语']))
```

2.5.2 分组分析

分组分析是根据分组字段将分析对象划分成不同的部分来进行对比分析各组之间的差异性的一种分析方法，一般使用 DafaFrame 的 groupby()方法来实现。其格式如下：

df.groupby(by=['分类1','分类2',…])['被统计的列'].agg({列别名1:统计函数1,列别名2:统计函数2,…})

参数说明：

by：用于分组的列，以列表形式出现；

[ ]：用于统计的列；

agg( )：聚合方法 agg( ) 是 groupby 后非常常见的操作。聚合方法可以用来求和、均值、最大值、最小值等。统计别名显示统计值的名称，统计函数用于统计数据。统计函数包括：min（最小值）、max（最大值）、size（计数）、sum（求和）、mean（均值）、median（中位数）、std（标准差）、var（方差）和 count（计数）等。

图 2-3 显示了 groupby( )分组统计的基本过程。

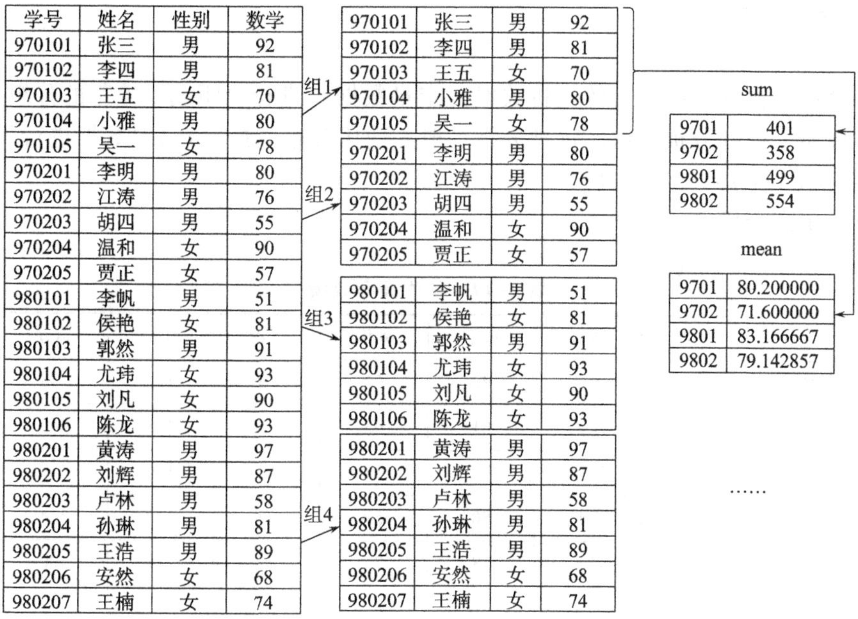

图 2-3 groupby( )分组统计示意图

图 2-3 中按班级将数据分成 4 组，然后对每组分别统计求和及求均值等。

【实例 2-15】

#程序名称：PDA7502.py

```
#功能:分组分析
#! /usr/bin/python
# -*- coding: UTF-8 -*-
import numpy as np
import pandas as pd
from pandas import Series,DataFrame,read_excel
df = read_excel('data7.xls','score',na_values = ['NA'])
df['学号']=df['学号'].astype(str) #astype()转化类型
df['班级'] = df['学号'].str.slice(0,4)
print("df = ",df)
#aggname = {'总分':np.sum,'人数': np.size,'平均值':np.mean,
# '方差':np.var,'标准差':np.std,'最高分':np.max,
# '最低分':np.min}
aggname = {np.sum,np.size,np.mean,np.var,np.std,np.max,np.min}
colnames = {'总分','人数','平均值','方差','标准差','最高分','最低分'}
df1=df.groupby(by = ['班级','性别'])['平均分'].agg(aggname)
df1.columns = colnames
print("df1 = ",df1)
```

2.5.3 分布分析

分布分析是根据分析的目的,将数据(定量数据)进行等距或不等距的分组,并研究各组分布规律的一种分析方法。这种分析一般先使用分箱方法 cut() 对数据进行类别划分,然后使用 groupby() 来分组统计。

假定学生高考成绩见表 2-17。

表 2-17 学生高考成绩

学号	姓名	性别	籍贯	数学	英语	政治	综合	总分	备注
970101	张三	男	河北	92	62	73	158	385	—
970102	李四	男	江西	81	95	55	138	369	—
970103	王五	女	河南	70	75	68	196	409	—
970104	小雅	男	贵州	80	59	83	142	364	—
970105	吴一	女	贵州	78	75	71	176	400	—
……	……	……	……	……	……	……	……	……	—

注:数据取自某工作簿中的某工作表。

现统计一本、二本和三本上线的人数。假定一本分数线为 400 分,二本分数线为 360 分,三本分数线为 200 分。

首先,用 cut() 将学生分别归类到一本、二本、三本及其他;然后,利用 groupby() 分别统计各分数段的总数、均值、最大值、最小值等。

【实例2-16】
```
#程序名称:PDA7503.py
#功能:分布分析
#! /usr/bin/python
# -*- coding: UTF-8 -*-
import numpy as np
import pandas as pd
from pandas import Series,DataFrame,read_excel
df = read_excel('data7.xls','score5',na_values=['NA'])
bins = [0,199,359,399,500]    #将数据分成四段
labels = ['其他','三本','二本','一本']    #给四段数据贴标签
df['录取类别'] = pd.cut(df.总分,bins,labels=labels)
print('1…df = \n',df)
df1 = df.groupby(by=['录取类别'])['总分'].agg({np.size,np.mean,np.max,np.min})
print('2…df1 = \n',df1)
```
运行后结果为
```
1…df =
    学号    姓名  性别  籍贯   数学  英语  政治  综合   总分   备注   录取类别
0  970101  张三   男   河北   92   62   73  158  385  NaN    二本
1  970102  李四   男   江西   81   95   55  138  369  NaN    二本
2  970103  王五   女   河南   70   75   68  196  409  NaN    一本
……
```
(注:限于篇幅,这里仅展示部分数据)
```
2…df1 =
         mean        size   amin   amax
录取类别
其他    50.000000      1     50     50
三本    328.444444     9     308    357
二本    379.307692    13     360    398
一本    416.333333    12     400    442
```

2.5.4 交叉分析

交叉分析通常用于分析两个或两个以上分组变量之间的关系,以交叉表形式进行变量间关系的对比分析。一般分为:定量、定量分组交叉;定量、定性分组交叉;定性、定型

分组交叉。DataFrame 中的 pivot_table( )可实现这一功能，其格式如下：

```
pivot_table(values,index,columns,aggfunc,fill_value)
```

参数说明：

values：数据透视表中的值；

index：数据透视表中的行；

columns：数据透视表中的列；

aggfunc：统计函数；

fill_value：NA 值的统一替换；

返回值：数据透视表的结果。

假定学生高考成绩见表 2-18。

表 2-18 学生高考成绩

学号	姓名	性别	籍贯	数学	英语	政治	综合	总分	备注
970101	张三	男	河北	92	62	73	158	385	—
970102	李四	男	江西	81	95	55	138	369	—
970103	王五	女	河南	70	75	68	196	409	—
970104	小雅	男	贵州	80	59	83	142	364	—
970105	吴一	女	贵州	78	75	71	176	400	—
……	……	……	……	……	……	……	……	……	—

注：数据取自某工作簿中的某工作表。

现分别统计男生和女生一本、二本和三本上线的人数。假定一本分数线为 400 分，二本分数线为 360 分，三本分数线为 200 分。

首先，使用 cut( )方法将学生分别归类到一本、二本、三本和其他；然后，使用 pivot_table( )进行交叉分析，可得到如下结果。

	size		mean	
	总分		总分	
录取类别	性别			
	女	男	女	男
其他	NaN	1.0	NaN	50.000 000
三本	5.0	4.0	340.8	313.000 000
二本	4.0	9.0	381.5	378.333 333
一本	5.0	7.0	416.8	416.000 000

【实例 2-17】

```
#程序名称:PDA7504.py
#功能:交叉分析
#! /usr/bin/python
# -*- coding: UTF-8 -*-
```

```python
import numpy as np
import pandas as pd
from pandas import Series,DataFrame,read_excel
df=read_excel('data7.xls','score5',na_values=['NA'])
bins=[0,199,359,399,500]    #将数据分成四段
labels=['其他','三本','二本','一本']    ##给四段数据贴标签
df['录取类别']=pd.cut(df.总分,bins,labels=labels)
print('1…df=\n',df)
df1=df.pivot_table(values=['总分'],index=['录取类别'],
                   columns=['性别'],aggfunc=[np.size,np.mean])
print('2…df1=\n',df1)

df2=df.pivot_table(values=['总分'],index=['录取类别'],
                   columns=['性别'],aggfunc=[np.size,np.mean],
                   fill_value=0)
#也可以将统计为0的赋值为零,默认为NaN
print('3…df2=\n',df2)
```

2.5.5 相关分析

相关分析是研究现象之间是否存在某种依存关系，对具体有依存关系的现象探讨其相关方向及相关程度，并研究随机变量之间的相关关系的一种统计方法。

相关系数与相关程度见表2-19所示。

表2-19 相关系数与相关程度

相关系数|r|取值范围	相关程度	相关系数|r|取值范围	相关程度
0≤|r|<0.3	低度相关	0.8≤|r|≤1	高度相关
0.3≤|r|<0.8	中度相关		

DataFrame数据框和Series数据列都具有corr()方法。DataFrame.corr()计算每列两两之间的相似度；Series.corr(other)计算该序列与传入的序列之间的相关度。

【实例2-18】
```
#程序名称:PDA7505.py
#功能:相关分析
#! /usr/bin/python
# -*- coding: UTF-8 -*-
import numpy as np
import pandas as pd
from pandas import Series,DataFrame,read_excel
```

```
df=read_excel('data7.xls','score5',na_values=['NA'])
print('DataFrame.corr()=',df.corr())
print('1..Series.corr()=',df['数学'].corr(df['总分']))
print('2..Series.corr()=',df['政治'].corr(df['总分']))
print('3..Series.corr()=',df['语文'].corr(df['总分']))
print('4..Series.corr()=',df['综合'].corr(df['总分']))
```
DataFrame.corr()=
          学号   数学   语文   政治   综合   总分   备注
学号   1.000000 -0.398360 -0.045911 -0.072242 -0.275944 -0.280814 NaN
数学 -0.398360 1.000000 0.414340 0.283556 0.546679 0.733305 NaN
语文 -0.045911 0.414340 1.000000 0.412519 0.314239 0.647456 NaN
政治 -0.072242 0.283556 0.412519 1.000000 0.458326 0.679104 NaN
综合 -0.275944 0.546679 0.314239 0.458326 1.000000 0.873754 NaN
总分 -0.280814 0.733305 0.647456 0.679104 0.873754 1.000000 NaN
备注   NaN   NaN   NaN   NaN   NaN   NaN NaN
1..Series.corr()= 0.7333052073768167
2..Series.corr()= 0.6791036686978025
3..Series.corr()= 0.6474562740853158
4..Series.corr()= 0.8737542857468957

2.5.6 结构分析

结构分析是在分组的基础上，计算各组成部分所占的比重，进而分析总体的内部特征的一种分析方法。

假定 df_pt 为交叉分析的结果，即

```
df_pt = df.pivot_table(values=['总分'],
                       index=['班级'],columns=['性别'],
                       aggfunc=[np.sum])
```

df_pt.div(df_pt.sum(axis=1),axis=0)将输出列向占比；df_pt.div(df_pt.sum(axis=0),axis=1)将输出行向占比。

axis 参数说明：0 表示列，1 表示行。

【实例 2-19】
```
#程序名称:PDA7506.py
#功能:结构分析
#! /usr/bin/python
# -*- coding:UTF-8 -*-
import numpy as np
import pandas as pd
```

```
from pandas import Series,DataFrame,read_excel
df = read_excel('test1005.xls')
df['学号']=df['学号'].astype(str) #astype()转化类型
df['班级'] = df['学号'].str.slice(0,4)
df['总分']=df['数学']+df['英语']+df['政治']+df['C语言']
print('df =',df)
df_pt = df.pivot_table(values =['总分'],
                index =['班级'],columns =['性别'],
                aggfunc =[np.sum])
print('df_pt =',df_pt)
print('df_pt.sum()=',df_pt.sum())
print('df_pt.sum(axis =0)=',df_pt.sum(axis =0))
print('df_pt.sum(axis =0)=',df_pt.sum(axis =1))
print('df_pt.div(df_pt.sum(axis =1),axis =0 ',df_pt.div(df_pt.sum(axis =1),axis =0))#按列占比
print('df_pt.div(df_pt.sum(axis =0),axis =1 ',df_pt.div(df_pt.sum(axis =0),axis =1))#按行占比
```

运行后输出结果为

dpt =

```
             sum
           总分
性别         女       男
班级
9701       809     1118
9702       757     1143
9801       1656    823
9802       688     1885
9901       385     1176
9902       1019    1474
```

dpt.sum()=
性别
sum 总分 女 5314
        男 7619
dtype: int64

dpt.sum(axis =0)=
性别
sum 总分 女   5314
        男   7619
dtype: int64

```
dpt.sum(axis=1)=
班级
9701    1927
9702    1900
9801    2479
9802    2573
9901    1561
9902    2493
dtype: int64
dpt.div(dpt.sum(axis=1),axis=0=
sum        总分
性别        女         男
班级
9701    0.419824  0.580176
9702    0.398421  0.601579
9801    0.668011  0.331989
9802    0.267392  0.732608
9901    0.246637  0.753363
9902    0.408744  0.591256
dpt.div(dpt.sum(axis=0),axis=1=
sum        总分
性别        女         男
班级
9701    0.152239  0.146738
9702    0.142454  0.150020
9801    0.311630  0.108019
9802    0.129469  0.247408
9901    0.072450  0.154351
9902    0.191758  0.193464
```

2.6 本章小结

本章介绍了 Pandas 模块的安装与引入，Series 的基本含义及操作方法，DataFrame 的基本含义及操作方法，数据处理的基本操作，以及常见的数据分析方法。

2.7 思考和练习

1. 安装和引入 Pandas 模块。
2. 创建一个 Series 对象,并对其操作。
3. 创建一个 DataFrame 对象,并对其操作。
4. 收集数据创建一个 DataFrame 对象,然后对其实施数据清洗、数据抽取、排序排名、重新索引、数据分箱、数据修改等操作。

参考的数据形式见表 2-20。

表 2-20　参考数据形式

学号	姓名	性别	籍贯	数学/分	英语/分	政治/分	C 语言/分	平均分	备注
970101	张三	男	河北	92	62	73	79	76.50	—
970102	李四	男	江西	81	95	55	69	75.00	—
970103	王五	女	河南	70	75	68	98	77.75	—
970104	小雅	男	贵州	80	59	83	71	73.25	—
970105	吴一	女	贵州	78	75	71	88	78.00	—

5. 收集有关公司的数据,然后对其完成基本统计、分组分析、分布分析、交叉分析、相关分析和结构分析等操作。

数据形式可参考表 2-20 的样式。

第 3 章 财务数据可视化

Matplotlib 是 Python 的绘图库。它可以与 NumPy 一起使用,提供了一种有效的 MATLAB 开源替代方案。它也可以和图形工具包如 PyQt 和 wxPython 一起使用。

3.1 Matplotlib 概述

Matplotlib 是受 MATLAB 的启发构建的。MATLAB 是数据绘图领域广泛使用的工具。MATLAB 语言是面向过程的。利用函数的调用,MATLAB 可以轻松地利用一行命令来绘制直线,然后用一系列函数调整结果。

Matplotlib 有一套完全仿照 MATLAB 函数形式的绘图接口,在 matplotlib.pyplot 模块中,这套函数接口方便 MATLAB 用户快速过渡使用 Matplotlib 包。

3.1.1 Matplotlib 模块的安装和引入

Matplotlib 模块安装如下:
```
python-m pip install matplotlib
```
安装完后,可以使用 python-m pip list 命令来查看是否安装了 Matplotlib 模块。
Matplotlib 模块导入如下:
```
import matplotlib as mpl # matplotlib 简记为 mpl
from matplotlib import pyplot as plt # pyplot 简记为 plt
```

3.1.2 绘图基础

Matplotlib 中的所有图像都位于 figure 对象中,一个图像只能有一个 figure 对象。figure 对象下创建一个或多个 subplot 对象(即 axes)用于绘制图像。所有的绘画只能在子图上进行,如图 3-1 所示。

在绘图结构中,可用 figure() 方法创建窗口(类似画图板),用 subplot() 方法创建子图。程序中允许创建多个窗口,具体操作的窗口遵循就近原则(操作是在最近一次调用的窗口上实现),缺省条件下内部默认调用 pyplot.figure(1)。

一个子图涉及背景色、坐标范围、x 轴和 y 轴标签、图题、文字说明、文本注释、刻度等要素,如图 3-2 所示。

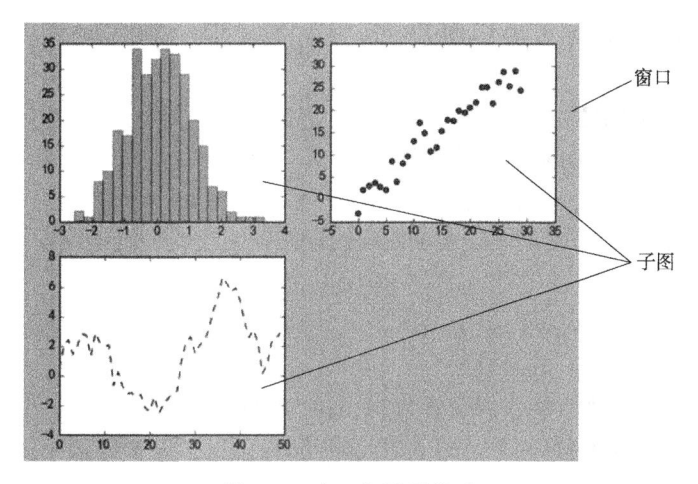

图 3-1 窗口与子图关系

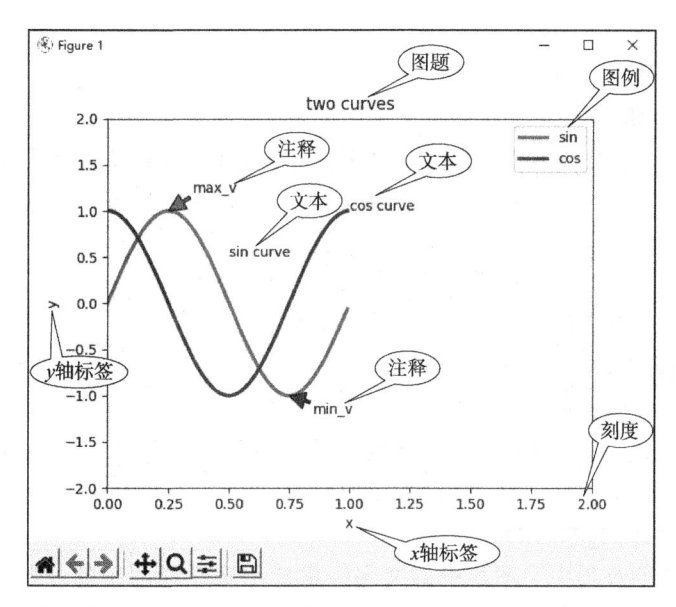

图 3-2 图形基本构成要素

1. 设置背景色

背景色可通过定义子图的 facecolor 属性来设置。格式如下：

plt.subplot(111,facecolor='yellow')

以上代码可将子图背景设置为 yellow（黄色）。

2. 确定坐标范围

使用 axis()命令给定坐标范围。格式如下：

plt.axis([xmin,xmax,ymin,ymax])

xlim(xmin,xmax)和 ylim(ymin,ymax)可调整 x、y 坐标范围。

例如：

plt.axis([0,2,-2,2])

这样就将坐标范围定义为区间[0,2,-2,2]，即 x 轴区间为[0,2]，y 轴区间为[-2,2]。

3. 添加轴标签和图题

添加 x 轴和 y 轴标签的基本格式为

```
pyplot.xlabel(s,*args,**kwargs)
pyplot.ylabel(s,*args,**kwargs)
```

例如：

```
pyplot.xlabel("x_axis")
pyplot.ylabel("y_axis")
```

这样就将 x 轴和 y 轴标签分别设置为"x_axis"和"y_axis"。

添加图题的基本格式为

```
plt.title(s,*args,**kwargs)
```

例如：

```
plt.title("two curves")
```

这样就将图题设置为"two curves"。

4. 添加文字说明

plt.text()可以在图中的任意位置添加文字，并支持 LaTex 语法。格式如下：

```
plt.text(x,y,string,fontsize=15,verticalalignment="top",horizontalalignment="right")
```

参数说明：

x, y：表示坐标上的值；

string：表示说明文字；

fontsize：表示字体大小；

verticalalignment：垂直对齐方式，参数有 ['center' | 'top' | 'bottom' | 'baseline']；

horizontalalignment：水平对齐方式，参数有 ['center'| 'ight'| 'left']。

5. plt.annotate()文本注释

在数据可视化的过程中，图片中的文字经常被用来注释图中的一些特征。使用 annotate()方法可以很方便地添加此类注释。在使用 annotate()方法时，主要考虑两个点的坐标：被注释的地方 xy(x,y)和插入文本的地方 xytext(x,y)。其基本格式如下：

```
annotate(s,xy,xytext,arrowprops)
```

参数说明：

s：文本内容；

xy：设置箭头指示的位置；

xytext：设置注释文字的位置；

arrowprops：以字典的形式设置箭头的样式。包括如下内容。

width：设置箭头长方形部分的宽度；

headlength：设置箭头尖端的长度；

headwidth：设置箭头尖端底部的宽度；

shrink：设置箭头顶点、尾部与指示点、注释文字的距离（比例值），可以理解为控制箭头的长度。

例如：

dict1=dict(facecolor='red',width=2,shrink=0.01)

plt.annotate('max_v',xy=(0.25,1),xytext=(0.35,1.2),arrowprops=dict1)

6. plt.xticks( )/ plt.yticks( )设置轴记号

人为设置坐标轴的刻度显示的值。其基本格式如下：

xtick_labels = [i*0.25 for i in range(0,9)]

ytick_labels = [-2.0+i*0.5 for i in range(0,9)]

plt.xticks(xtick_labels)

plt.yticks(ytick_labels)

7. plt.legend( )添加图例

其基本格式如下：

plt.plot(x,y1,color="red",linewidth=2.5,linestyle="-",label="sin")

plt.plot(x,y2,color="blue",linewidth=2.5,linestyle="-",label="cos")

plt.legend(loc='upper right') #选择图例的位置

legend( )方法用于选择图例的位置，图例通过设置plot( )方法的lable属性等进行定义。

【实例3-1】

```
#程序名称:PDA8102.py
#功能:绘图基础
#! /usr/bin/python
# -*- coding: UTF-8 -*-
import numpy as np
import pandas as pd
import matplotlib as mpl
from matplotlib import pyplot as plt
from pandas import Series,DataFrame,read_excel

# 绘制sin曲线
x = np.arange(0.0,1.0,0.01)
y1 = np.sin(2*np.pi*x)
y2 = np.cos(2*np.pi*x)
#设置背景色
plt.subplot(111,facecolor='yellow')
#设置绘图区间
plt.axis([0,2,-2,2])
```

```
#设置图题和轴信息
plt.title("two curves")
plt.xlabel("x")
plt.ylabel("y")

#添加文字说明
plt.text(0.5,0.5,"sin curve")
plt.text(1,1,"cos curve")

#添加文字注释
dict1=dict(facecolor='red',width=2,shrink=0.01)
dict2=dict(facecolor='blue',width=2,shrink=0.01)
plt.annotate('max_v',xy=(0.25,1),xytext=(0.35,1.2),arrowprops=dict1)
plt.annotate('min_v',xy=(0.75,-1),xytext=(0.85,-1.2),arrowprops=dict2)

#设置 x 轴和 y 轴的刻度
xtick_labels = [i*0.25 for i in range(0,9)]
ytick_labels = [-2.0+i*0.5 for i in range(0,9)]
plt.xticks(xtick_labels)
plt.yticks(ytick_labels)

#添加图例
plt.plot(x,y1,color="red",linewidth=2.5,linestyle="-",label="sin")
plt.plot(x,y2,color="blue",linewidth=2.5,linestyle="-",label="cos")
plt.legend(loc='upper right') #选择图例的位置

#保存
# plt.savefig("./t1.png")
#展示图形
plt.show()
```

运行后输出图形如图 3-3 所示。

3.1.3 支持中文

Matplotlib 默认情况下不支持中文,可以使用以下简单的方法来解决。

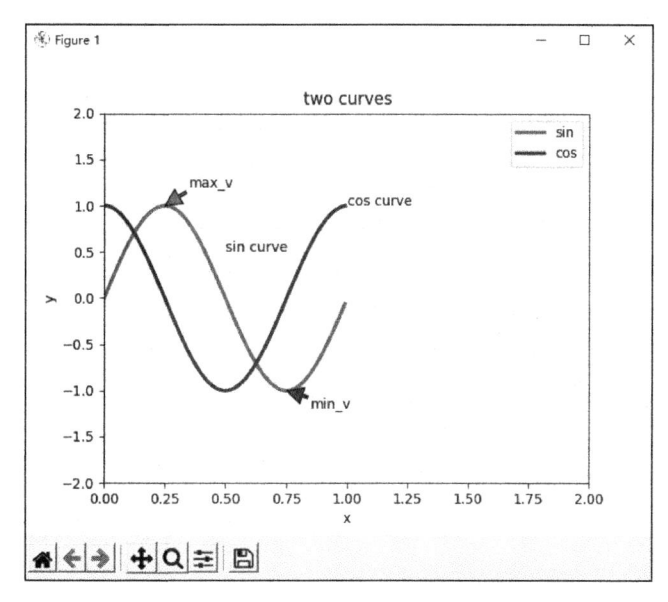

图 3-3 实例 3-1 程序运行后的输出图形

方式 1：下载并使用 OTF 字体

从有关网址下载一个 OTF 字体，如 SourceHanSansSC-Bold.otf，并将该文件存放在当前执行的代码文件中。

　　#字体设置
　　font1 = mpl.font_manager.FontProperties(fname="SourceHanSansSC-Bold.otf")
　　plt.title("测试",fontproperties=font1)
　　fontproperties 设置中文显示,fontsize 设置字体大小
　　plt.xlabel("x 轴",fontproperties=font1)
　　plt.ylabel("y 轴",fontproperties=font1)

特别提示：字体下载地址如下。

官网：https://source.typekit.com/source-han-serif/cn/。

GitHub 地址：https://github.com/adobe-fonts/source-han-sans/tree/release/OTF/SimplifiedChinese。

【实例 3-2】
　　#程序名称:PDA8102.py
　　#功能:中文使用方式 1
　　#! /usr/bin/python
　　# -*- coding: UTF-8 -*-
　　import numpy as np
　　from matplotlib import pyplot as plt
　　import matplotlib as mpl

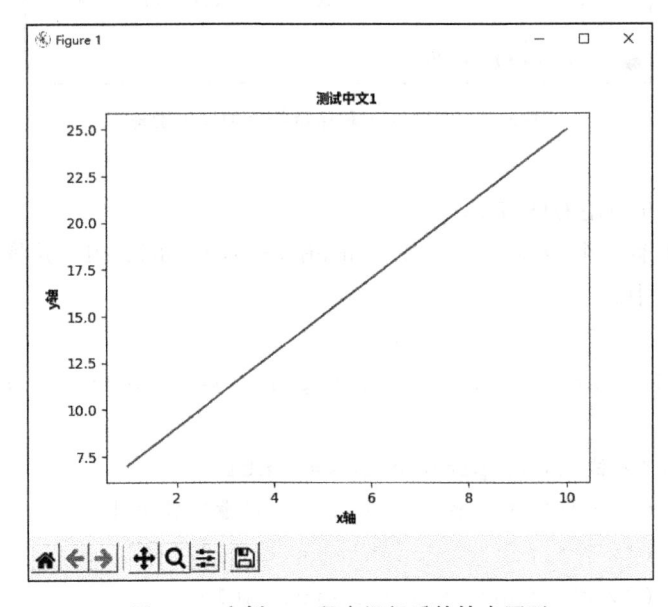

# fname 为字体的名称,注意路径
zhfont1 = mpl.font_manager.FontProperties(fname="SourceHanSans-SC-Bold.otf")
x = np.arange(1,11)
y = 2 * x + 5
plt.title("测试中文1",fontproperties=zhfont1)
# fontproperties 设置中文显示,fontsize 设置字体大小
plt.xlabel("x 轴",fontproperties=zhfont1)
plt.ylabel("y 轴",fontproperties=zhfont1)
plt.plot(x,y)
plt.show()
```

运行后输出图形如图 3-4 所示。

图 3-4 实例 3-2 程序运行后的输出图形

方式2：使用参数字典（rcParams）
为了在图表中能够显示中文和负号等，需要进行下面的设置：
```
import matplotlib as mpl
mpl.rcParams['font.sans-serif']=['SimHei'] #用来正常显示中文标签
mpl.rcParams['axes.unicode_minus']=False #用来正常显示负号
```

【实例 3-3】
```
#程序名称:PDA8103.py
#功能:中文配置2
#! /usr/bin/python
# -*- coding: UTF-8 -*-
import numpy as np
```
```

```
import pandas as pd
import matplotlib as mpl
from pandas import Series,DataFrame,read_excel
from matplotlib import pyplot as plt

# x 轴的跨度为最后面的 2 从 2 开始,包含 2,不包含 26,总共 12 个数
x = np.arange(0,1.0,0.01)
y = np.sin(2*np.pi*x)
#设置图片大小
# figsize 的第一个 20 为宽,8 为高,在宽×高为 20×8 的长方形区域展示
plt.figure(figsize=(20,8),dpi=80)
#字体设置
mpl.rcParams['font.sans-serif']=['SimHei'] #用来正常显示中文标签
mpl.rcParams['axes.unicode_minus']=False #用来正常显示负号
plt.title("测试中文 2")
#fontproperties 设置中文显示,fontsize 设置字体大小
plt.xlabel("x 轴")
plt.ylabel("y 轴")
#绘图
plt.plot(x,y)
plt.show()
```

运行后输出图形如图 3-5 所示。

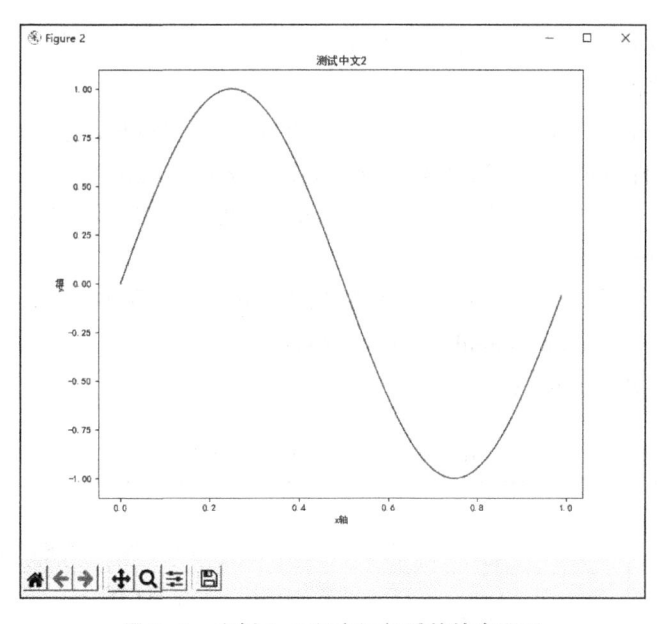

图 3-5　实例 3-3 程序运行后的输出图形

3.1.4 设置 Matplotlib 参数

在代码执行过程中,有两种方式更改参数:
- 使用参数字典(rcParams)。
- 调用 matplotlib.rc()命令通过传入关键字元组修改参数。

如果不想每次使用 Matplotlib 时都在代码部分进行配置,可以修改 Matplotlib 的文件参数。可以用 matplot.get_config()命令来找到当前用户的配置文件目录。

1. 查看配置

import matplotlib

matplotlib.rcParams

2. 修改配置

(1)可以通过 matplotlib.rcParams 字典修改所有已经加载的配置项。

mp.rcParams['lines.color'] #'C0'

mp.rcParams['lines.color']='r'

mp.rcParams['lines.color'] #'r'

(2)可以通过 matplotlib.rc(*args,**kwargs)来修改配置项,其中 args 是要修改的属性,kwargs 是属性的关键字属性。

(3)可以调用 matplotlib.rcdefaults()将所有配置重置为标准设置。

3. 配置文件

如果不希望在每次代码开始时进行参数配置,那么可以在项目中给出配置文件。配置文件有以下 3 个位置。

系统级配置文件:通常在 Python 的 site-packages 目录下。每次重装 Matplotlib 之后,该配置文件就会被覆盖。

用户级配置文件:通常在 $HOME 目录下。可以用 matplotlib.get_configdir()函数来查找当前用户的配置文件目录。可以通过 MATPLOTLIBRC 修改它的位置。

当前工作目录:即项目的目录。在当前目录下,可以为目录所包含的当前项目给出配置文件,文件名为 matplotlibrc。

优先级顺序:当前工作目录>用户级配置文件>系统级配置文件。查看当前使用的配置文件的路径为:matplotlib.matplotlib_fname()函数。

配置文件的常见内容见表 3-1。

表 3-1 配置文件的常见内容

内容	说明
axex	设置坐标轴边界和表面的颜色、坐标刻度值大小和网格的显示
backend	设置目标输出 TkAgg 和 GTKAgg
figure	控制 dpi、边界颜色、图形大小和子区(subplot)设置
font	字体集(font family)、字体大小和样式设置

续表

内容	说明
grid	设置网格颜色和线性
legend	设置图例和其中的文本的显示
line	设置线条（颜色、线型、宽度等）和标记
patch	填充2D空间的图形对象，如多边形和圆，控制线宽、颜色和抗锯齿设置等
savefig	可以对保存的图形进行单独设置。例如，设置渲染的文件的背景为白色
verbose	设置Matplotlib在执行期间信息输出，如silent、helpful、debug和debug-annoying。
xticks 和 yticks	为 x、y 轴的主刻度和次刻度设置颜色、大小、方向及标签大小

4. 线条相关属性标记设置

配置文件的线条风格见表3-2。

表3-2 配置文件的线条风格

线条风格 linestyle	描述	线条风格 linestyle 或 ls	描述
'-'	实线	':'	虚线
'--'	破折线	'None', '', ''	什么都不画
'-.'	点划线	—	—

配置文件的线条标记见表3-3。

表3-3 配置文件的线条标记

标记	描述	标记	描述
'o'	圆圈	'.'	点
'D'	菱形	's'	正方形
'h'	六边形1	'*'	星号
'H'	六边形2	'd'	小菱形
'_'	水平线	'v'	一角朝下的三角形
'8'	八边形	'<'	一角朝左的三角形
'p'	五边形	'>'	一角朝右的三角形
','	像素	'^'	一角朝上的三角形
'+'	加号	'\'	'
'None', '', ''	无	'x'	X

5. 颜色

配置文件的常见颜色及别名见表3-4。

表 3-4 配置文件的常见颜色及别名

别名	颜色	别名	颜色	别名	颜色	别名	颜色
b	蓝色	g	绿色	c	青色	k	黑色
r	红色	y	黄色	m	洋红色	w	白色

如果这两种颜色不够用,那么还可以通过以下两种其他方式来定义颜色值。

- 使用 HTML 十六进制字符串 color='eeefff',或者使用合法的 HTML 颜色名字 ('red','chartreuse'等)。
- 传入一个归一化到[0,1]的 RGB 元组,如 color=(0.3,0.3,0.4)

【实例 3-4】

```
#程序名称:PDA8104.py
#功能:配置
#! /usr/bin/python
# -*- coding:UTF-8 -*-
import numpy as np
import pandas as pd
import matplotlib as mpl
from pandas import Series,DataFrame,read_excel
from matplotlib import pyplot as plt
#1.查看配置
print("配置为:\n",mpl.rcParams)
#2.修改配置
#(1)可以通过 matplotlib.rcParams 字典修改所有已经加载的配置项
print('lines.color=',mpl.rcParams['lines.color']) #'C0'
mpl.rcParams['lines.color']='r'
print('lines.color=',mpl.rcParams['lines.color']) #'r'
#(2)可以通过 matplotlib.rc(*args,**kwargs)来修改配置项
#其中 args 为要修改的属性,kwargs 是属性的关键字属性
mpl.rc('lines',linewidth=4,color='g')
print('lines.color=',mpl.rcParams['lines.color'])
#(3)可以调用 matplotlib.rcdefaults()将所有配置重置为标准设置
```

3.1.5 多个子图的不同形式

1. 叠加图

在 plt.plot()方法中,可以传入多组坐标,以绘制多条不同格式的图形。格式如下:
plt.plot(x1,y1,color1,x2,y2,color2,……)

【实例 3-5】
#程序名称:PDA8105.py

```python
#功能:多个子图叠加
#! /usr/bin/python
# -*- coding: UTF-8 -*-
import numpy as np
import pandas as pd
import matplotlib as mpl
from matplotlib import pyplot as plt
#绘制sin曲线
x = np.arange(0.0,1.0,0.01)
ysin = np.sin(2*np.pi*x)
ycos = np.cos(2*np.pi*x)
ysc = np.sin(2*np.pi*x) +np.cos(2*np.pi*x)
#设置绘图区间
plt.axis([0,2,-2,2])
#字体设置
mpl.rcParams['font.sans-serif']=['SimHei'] #用来正常显示中文标签
mpl.rcParams['axes.unicode_minus']=False #用来正常显示负号
#设置图题和轴标签
plt.title("三个子图叠加")
plt.xlabel("x轴")
plt.ylabel("y轴")
plt.plot(x,ysin,'r--',x,ycos,'bs',x,ysc,'y*')
plt.show()
```

运行后输出图形如图3-6所示。

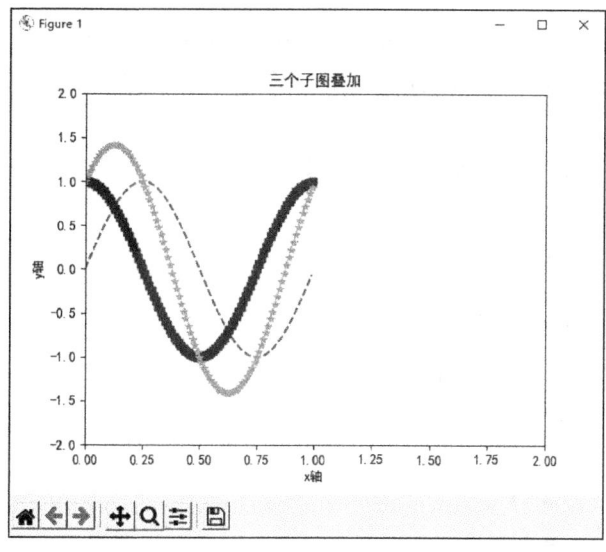

图3-6 实例3-5程序运行后的输出图形

2. plt.subplot( )应用

plt.subplot( )方法可以将一个figure对象划分为多个绘图区域,每个区域单独绘制一个子图。例如,plt.subplot(2,3,1)表示把一个figure对象划分为6(2×3)个绘图区域,其中,第一个参数是行数,第二个参数是列数,第三个参数表示绘图区域的标号。

特别提示:

plt.subplot(2,3,1)也可以简写为plt.subplot(231)。

【实例3-6】

```python
#程序名称:PDA8106.py
#功能:一个窗口中绘制多个子图
#! /usr/bin/python
# -*- coding: UTF-8 -*-
import numpy as np
import pandas as pd
import matplotlib as mpl
from matplotlib import pyplot as plt
# 绘制sin曲线
x = np.arange(0.0,1.0,0.01)
ysin = np.sin(2*np.pi*x)
ycos = np.cos(2*np.pi*x)
y2 = x**2
y3 = x**3
#设置绘图区间
plt.axis([0,2,-2,2])
#字体设置
mpl.rcParams['font.sans-serif']=['SimHei'] #用来正常显示中文标签
mpl.rcParams['axes.unicode_minus']=False #用来正常显示负号
#subplot
plt.subplot(2,2,1) #窗口Figure1的绘图区域1
plt.title("sin")
plt.xlabel("x轴")
plt.ylabel("y轴")
plt.plot(x,ysin,'r--')
plt.subplot(2,2,2) #窗口Figure1的绘图区域2
plt.title("cos")
plt.xlabel("x轴")
plt.ylabel("y轴")
plt.plot(x,ycos,'bs')
plt.subplot(2,2,3) #窗口Figure1的绘图区域3
```

```
plt.title("y^2")
plt.xlabel("x 轴")
plt.ylabel("y 轴")
plt.plot(x,y2,'b-.')
plt.subplot(2,2,4)  #窗口 Figure1 的绘图区域 4
plt.title("y^3")
plt.xlabel("x 轴")
plt.ylabel("y 轴")
plt.plot(x,y3,'y')
plt.show()
```
运行后输出图形见图 3-7。

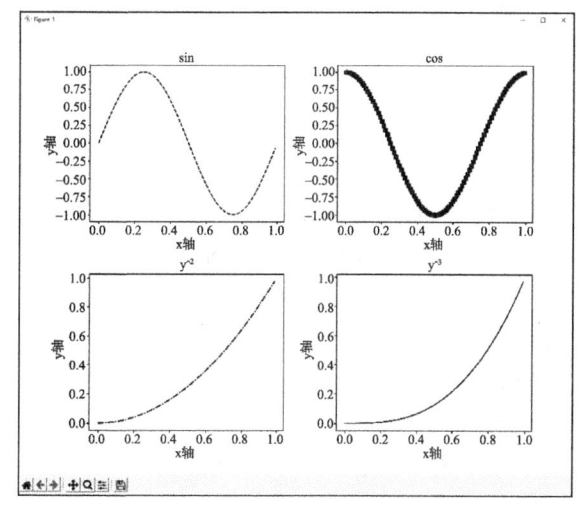

图 3-7 实例 3-6 程序运行后的输出图形

3. plt.figure( )应用

在实际应用中，可以使用 plt.figure( )方法来生成多个窗口，每个窗口又可以使用 plt.subplot( )方法生成多个绘图区域。所有绘图操作仅对当前窗口的当前绘图区域有效。需要在其他窗口中的其他区域绘图时，执行切换即可。

【实例 3-7】
```
#程序名称:PDA8107.py
#功能:多个 figure 演示
#! /usr/bin/python
# -*- coding: UTF-8 -*-
import numpy as np
import pandas as pd
import matplotlib as mpl
from matplotlib import pyplot as plt
```

```python
# 绘制 sin 曲线
x = np.arange(0.0,1.0,0.01)
ysin = np.sin(2*np.pi*x)
ycos = np.cos(2*np.pi*x)
y2 = x**2
y3 = x**3
#字体设置
mpl.rcParams['font.sans-serif']=['SimHei'] #用来正常显示中文标签
mpl.rcParams['axes.unicode_minus']=False #用来正常显示负号
plt.figure(1) #创建窗口 Figure1
#设置图题和轴标签
plt.title("三个子图叠加")
plt.xlabel("x 轴")
plt.ylabel("y 轴")
plt.plot(x,ysin,'r--',x,ycos,'bs',x,y2,'y*')
#subplot
plt.figure(2) #创建窗口 Figure2
plt.subplot(2,2,1) #窗口 Figure2 的绘图区域 1
plt.title("sin")
plt.xlabel("x 轴")
plt.ylabel("y 轴")
plt.plot(x,ysin,'r--')
plt.subplot(2,2,2) #窗口 Figure2 的绘图区域 2
plt.title("cos")
plt.xlabel("x 轴")
plt.ylabel("y 轴")
plt.plot(x,ycos,'bs')
plt.subplot(2,2,3) #窗口 Figure2 的绘图区域 3
plt.title("y^2")
plt.xlabel("x 轴")
plt.ylabel("y 轴")
plt.plot(x,y2,'b-.')
plt.subplot(2,2,4) #窗口 Figure2 的绘图区域 4
plt.title("y^3")
plt.xlabel("x 轴")
plt.ylabel("y 轴")
plt.plot(x,y3,'y')
plt.figure(1)#切换到窗口 Figure1
#plt.figure(2)#切换到窗口 Figure1
```

```
plt.show()
```
运行后输出图形如图 3-8 所示。

这里有两个窗口即 Figure1 和 Figure2,将鼠标单击某个窗口时,即可显示该窗口。

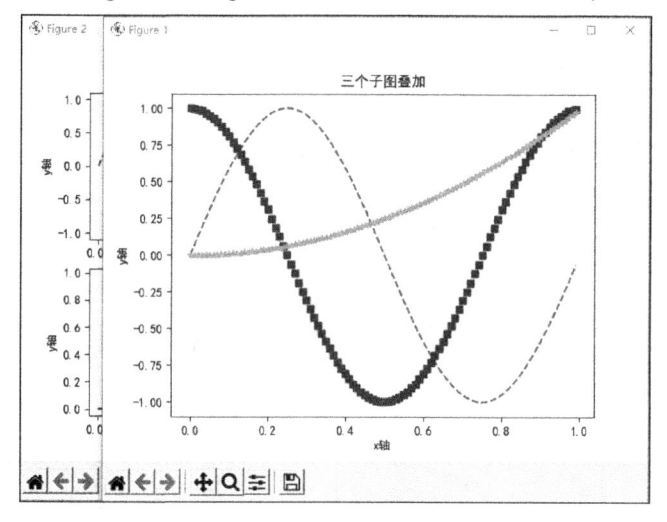

图 3-8 实例 3-7 程序运行后的输出图形

3.2 常见图形绘制

3.2.1 饼图

饼图（Pie Graph）又称圆形图,是一个被划分为几个扇形的圆形统计图,它能够直观地反映个体与总体的比例关系。plt.pie()方法可以绘制饼图。其格式如下:

```
plt.pie(x,explode=None,labels=None,colors=None,
        autopct=None,pctdistance=0.6,shadow=False,
        labeldistance=1.1,startangle=None,
        radius=None,counterclock=True,wedgeprops=None,
        textprops=None,center=(0,0),frame=False)
```

参数说明:

x：指定绘图的数据；

explode：指定饼图某些部分的突出显示,即呈爆炸式；

labels：为饼图添加标签说明,类似于图例说明；

colors：指定饼图的填充色；

autopct：自动添加百分比显示,可以采用格式化的方法显示；

pctdistance：设置百分比标签与圆心的距离；

shadow：是否添加饼图的阴影效果；

labeldistance：设置各扇形标签（图例）与圆心的距离；

startangle：设置饼图的初始摆放角度；
radius：设置饼图的半径大小；
counterclock：是否让饼图按逆时针顺序呈现；
wegeprops：设置饼图内外边界的属性，如边界线的粗细、颜色等；
textprops：设置饼图中文本的属性，如字体大小、颜色等；
center：指定饼图的中心点位置，默认为原点；
frame：是否要显示饼图背后的图框，如果设置为 True 的话，需要同时控制图框 x 轴、y 轴的范围和饼图的中心位置。

下面以表 3-5 中的数据举例说明。

表 3-5 市场占有率 %

年份	丰田	本田	日产
2016	47	28	25
2017	50	26	24
2018	48	27	25
2019	52	30	18
2020	51	29	20

注：数据取自某工作簿中的某工作表。

【实例 3-8】
```
#程序名称:PDA8201.py
#功能:饼图 pie
#! /usr/bin/python
# -*- coding: UTF-8 -*-
import numpy as np
import pandas as pd
import matplotlib as mpl
from matplotlib import pyplot as plt
from pandas import Series,DataFrame,read_excel
df = read_excel('data8.xls','marketrate',na_values = ['NA'])
#print("df = ",df)
#中文设置
font1 = {'family':'SimHei'}
mpl.rc('font', **font1)
#画饼图
ncols = len(df.columns)
nindexs = len(df.index)
lab1 = df.columns[1:ncols]
col1 = ['yellowgreen','gold','blue']
```

```
exp1 = (0,0.1,0)  #使饼状图中第 2 片裂开
for i in range(0,len(df.index)):
plt.subplot(nindexs//2+1,2,i+1)
plt.title(df['年份'][i])
plt.pie(df.iloc[i][1:ncols],labels=lab1,colors=col1,explode =
exp1,autopct='%1.2f%%')
plt.show()
```
运行后输出图形如图 3-9 所示。

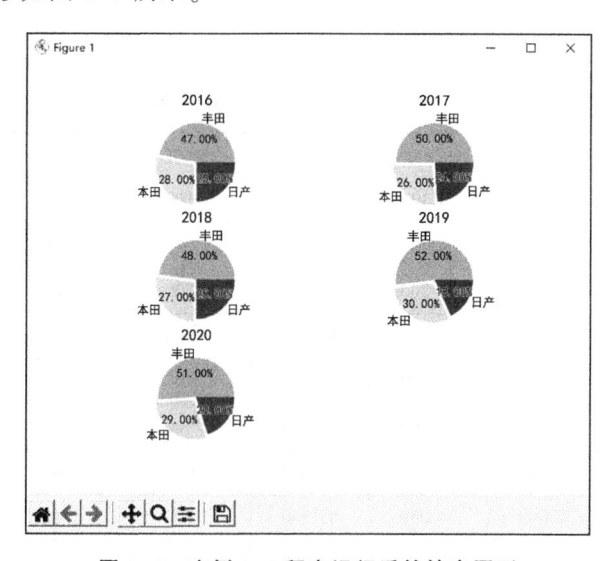

图 3-9 实例 3-8 程序运行后的输出图形

3.2.2 散点图

散点图 (scatter diagram) 是以一个变量为横坐标、另一个变量为纵坐标,利用散点 (坐标点) 的分布形态反映变量关系的一种图形。散点图可以反映两个变量间的相关关系,即如果存在相关关系,那么它们之间是正向的线性关系或反向的线性关系。plt.scatter( )方法可以绘制散点图。其格式如下:

```
plt.scatter(x,y,s=20,c=None,marker='o',
            cmap=None,norm=None,
            vmin=None,vmax=None,
            alpha=None,linewidths=None,
            edgecolors=None)
```

参数说明:

x:指定散点图的 x 轴数据;

y:指定散点图的 y 轴数据;

s:指定散点图点的大小,默认为 20,通过传入新的变量,实现气泡图的绘制;

c：指定散点图点的颜色，默认为蓝色；
marker：指定散点图点的形状，默认为圆形；
cmap：指定色图，只有当 c 参数是一个浮点型数组的时候才起作用；
norm：设置数据亮度，标准化到 0~1，使用该参数仍需要 c 为浮点型的数组；
vmin、vmax：亮度设置，与 norm 类似，若使用了 norm，则该参数无效；
alpha：设置散点的透明度；
linewidths：设置散点边界线的宽度；
edgecolors：设置散点边界线的颜色。
下面以表 3-6 中的数据举例说明。

表 3-6 2003—2012 年北京部分区平均房价　　　　　　　　　　　　元/米²

年份	朝阳	海淀	丰台	东西城	石景山	昌平	通州	大兴
2003	3 900	4 200	4 300	5 600	1 100	4 490	2 100	3 870
2004	4 500	4 800	4 800	6 600	1 240	4 700	2 200	4 300
2005	5 800	5 000	5 200	9 000	1 200	5 340	2 300	5 410
2006	7 200	8 000	7 800	14 000	1 500	6 600	3 000	6 100
2007	13 000	13 000	11 000	27 000	2 100	7 300	3 800	7 550
2008	11 000	11 000	9 500	18 000	2 500	8 700	4 300	9 800
2009	23 800	34 000	25 000	47 000	12 000	16 500	8 100	14 450
2010	28 000	38 000	31 000	55 000	15 700	17 800	6 200	15 400
2011	33 500	43 200	37 000	58 000	20 000	21 000	19 000	16 400
2012	37 600	47 800	41 000	60 010	22 200	18 700	24 000	17 500

注：数据取自某工作簿中的某工作表。

【实例 3-9】

```
#程序名称:PDA8202.py
#功能:散点图
#! /usr/bin/python
# -*- coding: UTF-8 -*-
import numpy as np
import pandas as pd
import matplotlib as mpl
from matplotlib import pyplot as plt
from pandas import Series,DataFrame,read_excel
df=read_excel('data8.xls','house',na_values=['NA'])
#中文设置
font1 = {'family':'SimHei'}
mpl.rc('font',**font1)
```

```
nindexs=len(df.index)
x=df['年份'][0:nindexs]
y1=df['朝阳'][0:nindexs]
y2=df['海淀'][0:nindexs]
plt.scatter(x,y1,s=20,c='red',label="朝阳")
plt.scatter(x,y2,s=20,color='blue',label="海淀")
plt.title('房价散点图')
plt.xlabel('年份')
plt.ylabel('房价')
plt.grid(True)
plt.legend(loc='upper right')
plt.show()
```
运行后输出图形如图3-10所示。

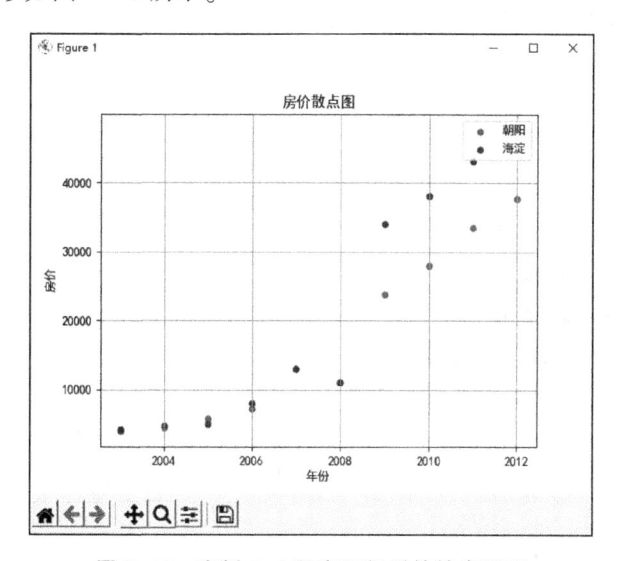

图3-10 实例3-9程序运行后的输出图形

从图3-10可知，房价存在逐年上升趋势。

3.2.3 折线图

折线图也称趋势图，是用直线段将各数据点连接起来而组成的图形，以折线方式显示数据的变化趋势。plt.plot()方法可以绘制散点图。其格式如下：

plot(x,y,'-',color)

参数说明：

x，y：x轴和y轴的序列；

'-'：画线的样式，有多种样式，详见表3-7。

表 3-7 换线样式

参数值	注　释	参数值	注　释
-	连续的曲线	<	左角标记散点图
--	连续的虚线	1(2,3,4)	伞形上（下左右）标记散点图
-.	连续的用带点的曲线	s	正方形标记散点图
:	由点连成的曲线	p	五角星标记散点图
.	小点，散点图	v	下三角标记散点图
o	大点，散点图	^	上三角标记散点图
,	像素点（更小的点）的散点图	h	多边形标记散点图
*	五角星的点，散点图	d	钻石标记散点图
>	右角标记散点图	—	—

以下仍以表 3-6 中的数据为基础举例说明。

【实例 3-10】

```
#程序名称:PDA8203.py
#功能:折线图
#! /usr/bin/python
# -*- coding: UTF-8 -*-
import numpy as np
import pandas as pd
import matplotlib as mpl
from matplotlib import pyplot as plt
from pandas import Series,DataFrame,read_excel
df=read_excel('data8.xls','house',na_values=['NA'])
#中文设置
font1 = {'family':'SimHei'}
mpl.rc('font',**font1)
nindexs=len(df.index)
x=df['年份'][0:nindexs]
y1=df['朝阳'][0:nindexs]
y2=df['海淀'][0:nindexs]
plt.plot(x,y1,'-',color='red',label="朝阳")
plt.plot(x,y2,':',color='blue',label="海淀")
plt.title('房价折线图')
plt.xlabel('年份')
plt.ylabel('房价')
plt.grid(True)
plt.legend(loc='upper right')
```

plt.show()

运行后输出图形如图 3-11 所示。

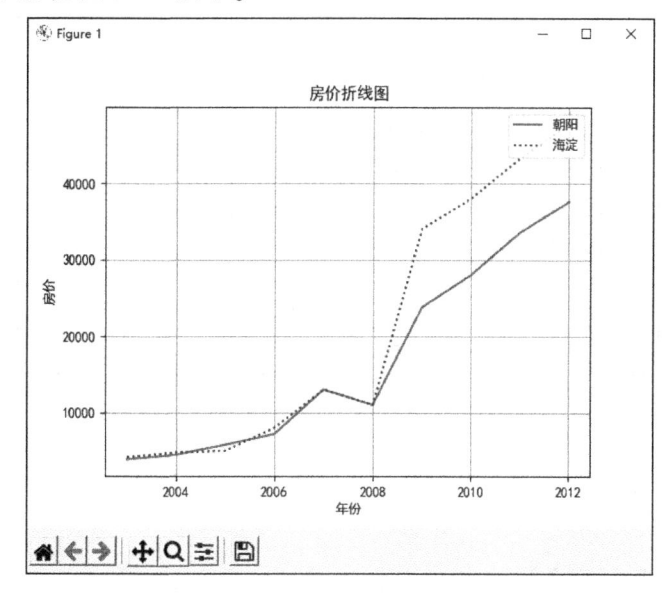

图 3-11 实例 3-10 程序运行后的输出图形

3.2.4 柱形图

柱形图用于显示一段时间内的数据变化或显示各项之间的比较情况，是一种单位长度的长方形，根据数据大小绘制的统计图，用来比较两个或以上的数据（时间或类别）。plt.bar()方法可以绘制柱形图。其格式如下：

bar(left,height,width,color)

参数说明：

left：x 轴的位置序列，一般采用 arange 函数产生一个序列；

height：y 轴的数值序列，也就是柱形图高度，一般就是需要展示的数据；

width：柱形图的宽度，一般设置为 1 即可；

color：柱形图填充颜色。

特别提示：

plt.bar()用于绘制纵向柱形图，要绘制横向柱形图则应使用 plt.barh()方法。plt.barh()方法的使用与 plt.bar()类似，只是方向变成横向。

以下以工作簿 dafa8.xls 的工作表 score 的数据（见表 3-8）为基础举例说明。

表 3-8 学生数据

学号	姓名	性别	籍贯	数学/分	语文/分	政治/分	综合/分	总分	备注
970101	张三	男	河北	92	62	73	158	385	—
970102	李四	男	江西	81	95	55	138	369	—

续表

学号	姓名	性别	籍贯	数学/分	语文/分	政治/分	综合/分	总分	备注
970103	王五	女	河南	70	75	68	196	409	—
970104	小雅	男	贵州	80	59	83	142	364	—
970105	吴一	女	贵州	78	75	71	176	400	—
970201	李明	男	甘肃	80	99	86	162	427	—
970202	江涛	男	北京	76	76	50	106	308	—
970203	胡四	男	北京	55	72	99	182	408	—
970204	温和	女	北京	90	84	82	144	400	—
970205	贾正	女	北京	57	74	68	158	357	—

【实例3-11】

```
#程序名称:PDA8204.py
#功能:柱状图
#! /usr/bin/python
# -*- coding: UTF-8 -*-
import numpy as np
import pandas as pd
import matplotlib as mpl
from matplotlib import pyplot as plt
from pandas import Series,DataFrame,read_excel
df=read_excel('data8.xls','score',na_values=['NA'])
#中文设置
font1 = {'family':'SimHei'}
mpl.rc('font',**font1)
df['学号']=df['学号'].astype(str)
nindexs=len(df.index)
x=df['学号'][0:nindexs]
y1=df['数学'][0:nindexs]
y2=df['语文'][0:nindexs]
y3=df['政治'][0:nindexs]
y4=df['综合'][0:nindexs]

plt.subplot(221)
plt.title('竖向柱状图:学号-数学')
plt.bar(x,y1,0.5,color='Blue',label='数学')
plt.subplot(222)
plt.title('竖向柱状图:学号-语文')
```

```
plt.bar(x,y2,0.5,color ='Red',label ='语文')
plt.subplot(223)
plt.title('竖向柱状图:学号-政治')
plt.bar(x,y3,0.5,color ='Green',label ='政治')
plt.subplot(224)
plt.title('竖向柱状图:学号-综合')
plt.bar(x,y4,0.5,color ='Orange',label ='政治')
plt.show()
```

运行后输出图形如图3-12所示。

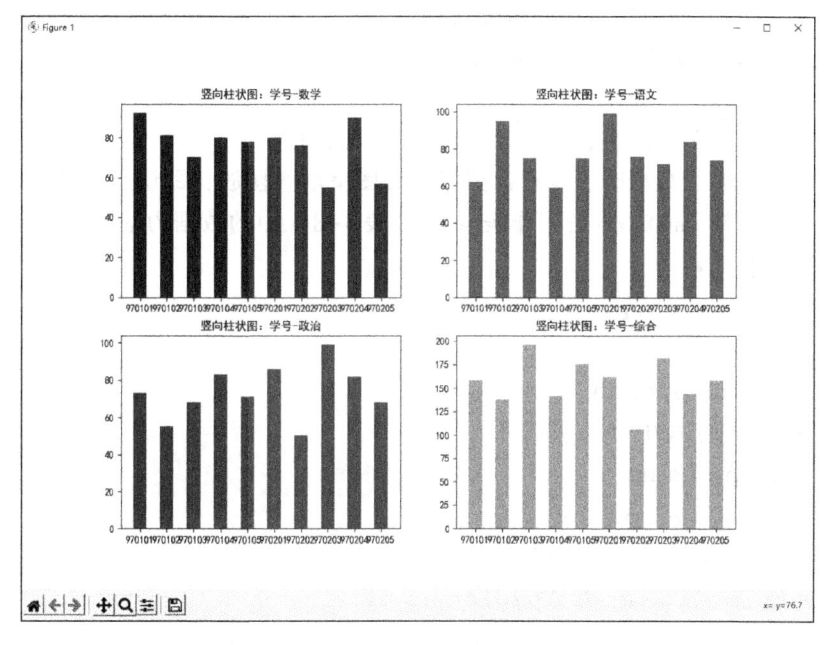

图3-12 实例3-11程序运行后的输出图形

3.2.5 直方图

直方图（Histogram）用一系列等宽不等高的长方形来绘制，宽度表示数据范围的间隔，高度表示在给定间隔内数据出现的频数，变化的高度形态表示数据的分布情况。plt.hist()方法可以绘制直方图。其格式如下：

```
plt.hist(x,bins = 10,range = None,normed = False,
         weights = None,cumulative = False,bottom = None,
         histtype = 'bar',align = 'mid',orientation = 'vertical',
         rwidth = None,log = False,color = None,
         label = None,stacked = False)
```

参数说明：

x：指定要绘制直方图的数据；

bins：指定直方图条形的个数；
range：指定直方图数据的上下界，默认包含绘图数据的最大值和最小值；
normed：是否将直方图的频数转换成频率；
weights：该参数可为每一个数据点设置权重；
cumulative：是否需要计算累计频数或频率；
bottom：可以为直方图的每个条形添加基准线，默认为0；
histtype：指定直方图的类型，默认为bar，除此还有'barstacked'，'step'，'stepfilled'；
align：设置条形边界值的对齐方式，默认为mid，除此还有'left'和'right'；
orientation：设置直方图的摆放方向，默认为垂直方向；
rwidth：设置直方图条形宽度的百分比；
log：是否需要对绘图数据进行log变换；
color：设置直方图的填充色；
label：设置直方图的标签，可通过legend展示其图例；
stacked：当有多个数据时，是否需要将直方图呈堆叠摆放，默认水平摆放。
以下仍以工作簿dafa8.xls的工作表score（表3-8）中的数据为基础举例说明。

【实例3-12】

```
#程序名称:PDA8205.py
#功能:直方图
#! /usr/bin/python
# -*- coding: UTF-8 -*-
import numpy as np
import pandas as pd
import matplotlib as mpl
from matplotlib import pyplot as plt
from pandas import Series,DataFrame,read_excel
df = read_excel('data8.xls','score',na_values = ['NA'])
#中文设置
font1 = {'family':'SimHei'}
mpl.rc('font',**font1)
df['学号'] = df['学号'].astype(str)
nindexs = len(df.index)
x = df['学号'][0:nindexs]
y1 = df['数学'][0:nindexs]
y2 = df['语文'][0:nindexs]
y3 = df['政治'][0:nindexs]
plt.title('直方图')
colors1 = ['red','Green','blue']
labels1 = ['数学','语文','政治']
plt.hist([y1,y2,y3],bins = 10,cumulative = False,color = colors1,
```

```
label=labels1)
    plt.xlabel('分数区间')
    plt.ylabel('人数')
    plt.grid(True)
    plt.legend(loc='upper right')
    plt.show()
```
运行后输出图形如图 3-13 所示。

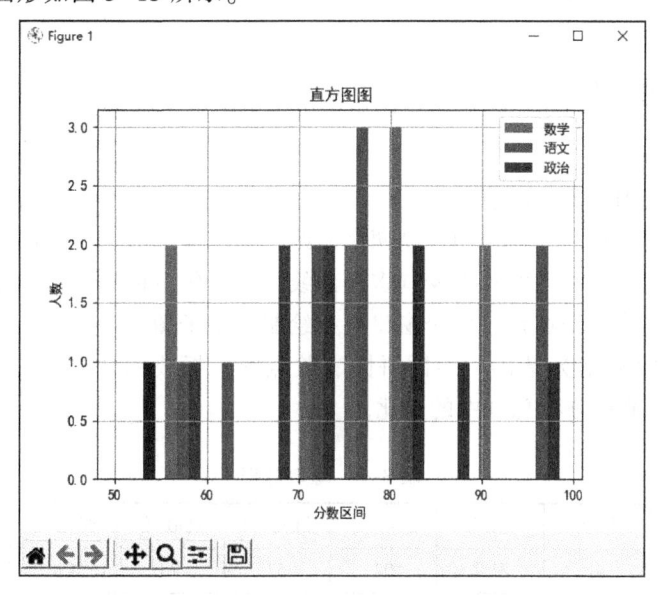

图 3-13　实例 3-12 程序运行后的输出图形

当 cumulative=True 时，图形如图 3-14 所示。

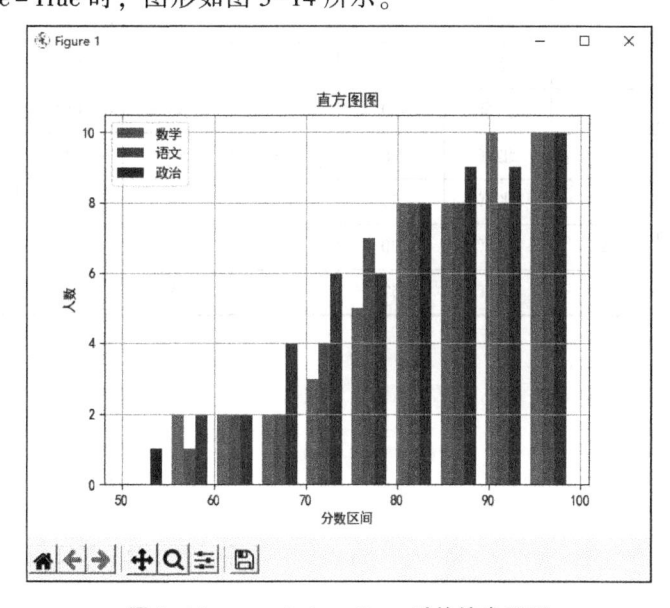

图 3-14　cumulative=True 时的输出图形

3.3 本章小结

本章介绍了 Matplotlib 模块的安装与导入、Matplotlib 绘图的基础知识、Matplotlib 中文支持配置、Matplotlib 配置参数的修改、多个子图的不同形式及常见图形的绘制方法。

3.4 思考和练习

1. 安装和导入 Matplotlib 模块。
2. 编写代码实现在一个窗口中绘制两个曲线,要求叠加在一个子图。
3. 编写代码实现在一个窗口中绘制多个曲线,要求每一曲线占用一个子图区域。
4. 编写代码创建多个窗口,每个窗口至少绘制一个子图。
5. 以表 3-9 中数据为基础,绘制饼图、散点图、折线图、柱形图和直方图。提示:饼图绘制每个学生单科分在总分中的占比。

表 3-9 练习数据

学号	姓名	性别	籍贯	数学/分	语文/分	政治/分	综合/分	总分	备注
970101	张三	男	河北	92	62	73	158	385	—
970102	李四	男	江西	81	95	55	138	369	—
970103	王五	女	河南	70	75	68	196	409	—
970104	小雅	男	贵州	80	59	83	142	364	—
970105	吴一	女	贵州	78	75	71	176	400	—
970201	李明	男	甘肃	80	99	86	162	427	—
970202	江涛	男	北京	76	76	50	106	308	—
970203	胡四	男	北京	55	72	99	182	408	—
970204	温和	女	北京	90	84	82	144	400	—
970205	贾正	女	北京	57	74	68	158	357	—

第4章 财务预测

国外企业产品的大量涌入，使国内市场竞争日趋激烈。因此，财务预测技术越来越受到企业界的普遍重视。本章主要介绍财务预测的基本概念和方法，以及如何用 Excel 进行财务预测分析。

4.1 财务预测概述

4.1.1 财务预测的概念及意义

预测是进行科学决策的前提，是人们认识世界的重要途径。它会根据所研究现象的过去信息，结合该现象的一些影响因素，运用科学的方法预测现象将来的发展趋势。所谓财务预测，就是财务工作者根据企业过去一段时期财务活动的资料，结合企业现在面临和即将面临的各种变化因素，运用数理统计方法并结合主观判断，来预测企业未来财务状况。

进行财务预测的目的是体现财务管理的事先性，即帮助财务管理人员认识和控制未来的不确定性，使对未来的未知性降到最低限度，使财务计划的预期目标同可能变化的周围环境、经济条件保持一致，并对财务计划的实施效果做到心中有数。

财务预测对于提高公司经营管理水平和经济效益有着十分重要的作用。具体表现在以下几个方面。

（1）财务预测是进行经营决策的重要依据。管理的关键在决策，决策的关键是预测。预测为决策的各种方案提供依据，以供决策者权衡利弊、进行正确选择。例如，公司进行经营决策时，必然要涉及成本费用、收益及资金需要量等问题，而这些大多需要通过财务预测进行估算。凡事预则立、不预则废。因此，财务预测直接影响经营决策的质量。

（2）财务预测是公司合理安排收支、提高资金使用效益的基础。公司要做好资金的筹集和使用工作，不仅需要熟知公司过去的财务收支规律，还要善于预测公司未来的资金流量，即公司在计划期内有哪些资金流入和流出，收支是否平衡，应做到瞻前顾后、长远规划，使财务管理工作处于主动地位。

（3）财务预测是提高公司管理水平的重要手段。财务预测不仅为科学的财务决策和财务计划提供支持，还有利于培养财务管理人员的超前性、预见性思维，使之居安思危、未雨绸缪。同时，财务预测中涉及大量的科学方法及现代化的管理手段，这无疑对提高财务管理人员的素质是大有裨益的。

需要指出的是，财务预测作用的大小受其准确性的影响。准确性越高，作用越大；反之，则越小。影响财务预测准确性的因素可分为主观因素和客观因素。主观因素主要指预测者的素质，如数理统计分析能力和预测经验等；客观因素主要是指企业所处内外环境的急剧变化，如出现突发事件。因此，财务预测工作者要不断提高自己预测能力，在实践中积累经验，提高预测的准确性。

4.1.2 财务预测的种类

为了便于研究和掌握财务预测，人们往往依据不同的标准对其进行分类。

（1）按预测所跨时间长度可分为长期预测、中期预测和短期预测。长期预测主要是指五年以上的财务变化及其趋势的预测，为企业今后长期发展的重大决策提供财务依据。中期预测主要是指一年以上、五年以下的财务变化及其趋势的预测，是长期预测的细化、短期预测的基础。短期预测则是指一年以内的财务变化及其趋势的预测，主要为编制年度计划、季度计划等短期计划服务。

（2）按预测的内容可分为资金预测、成本和费用预测、营业收入预测、利润预测、销售预测等。

（3）按预测方法可分为定性财务预测和定量财务预测。

4.1.3 财务预测的原则

进行财务预测时一般遵循以下原则。

（1）连续性原则。财务预测必须具有连续性，即预测必须以过去和现在的财务资料为依据来推断未来的财务状况。

（2）关键因素原则。进行财务预测时，应首先集中精力于主要项目，而不必面面俱到，以节约时间和费用。

（3）客观性原则。财务预测只有建立在客观性的基础上，才可能得出正确的结论。

（4）科学性原则。进行财务预测时，一方面要使用科学方法（数理统计方法），另一方面要善于发现预测变量之间相关性和相似性等规律性，进行正确预测。

（5）经济性原则。财务预测讲究经济性，因为财务预测要涉及成本和收益问题，所以要尽力做到以最低的预测成本达到较为满意的预测质量。

4.1.4 财务预测的过程

财务预测一般按以下过程进行。

（1）明确预测对象和目标。财务预测首先要明确预测对象和目标，然后才能根据预测的目标、内容和要求确定预测范围和时间。

（2）制定预测计划。预测计划包括预测工作的组织领导、人事安排、工作进度、经费预算等。

（3）收集整理资料。资料收集是预测的基础。公司应根据预测的对象和目标，明确收集资料的内容、收集的方式和途径，然后进行收集。对收集到的资料要检查其可靠性、完整性和典型性，分析其可用程度及偶然事件的影响，做到去伪存真、去粗取精，并根据需要对资料进行归类和汇总。

（4）确定预测方法。财务预测工作必须通过一定的科学方法才能完成。公司应根据预测的目标及取得信息资料的特点，选择适当的预测方法。使用定量方法时，应建立数理统计模型；使用定性方法时，要按照一定的逻辑思维，制定预测的提纲。

（5）进行实际预测。运用所选择的科学预测方法进行财务预测，并得出初步预测结果。预测结果可用文字、表格或图等形式表示。

（6）评价与修正预测结果。预测毕竟是对未来财务活动的设想和推断，难免会出现预测误差。因而，对于预测结果，要经过分析评价之后，才能予以采用。分析评价的重点是此次预测是否合理。若误差较大，则应进行修正或重新预测，以确定最佳预测值。

图 4-1 形象地显示了上述预测的过程。

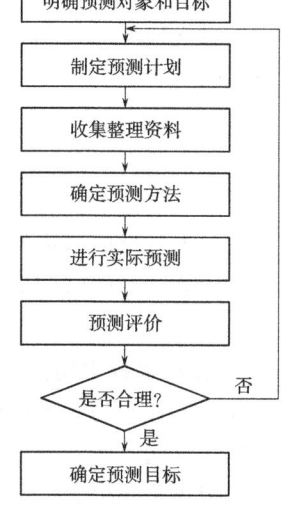

图 4-1　财务预测过程

4.2　销售预测

销售预测是在对市场进行充分调查的基础上，根据市场供需情况的发展趋势，并结合本企业的销售状况和生产能力等实际情况，对该项商品在计划期间的销售量或销售额所作的预计和推测。

最常用的销售预测方法有趋势预测分析法、因果预测分析法、判断分析法和调查分析法 4 类，其中前两类属于定量分析，后两类属于定性分析。

4.2.1　趋势预测分析法

趋势预测分析法也称时间序列预测分析法，是应用事物发展的延续性原理来预测事物发展趋势的方法。该方法基于企业的销售历史资料，运用数理统计的方法来预测计划期间的销售数量或销售金额。该方法的优点是信息收集方便、迅速，缺点是没有考虑市场供需情况的变动趋势。

趋势预测分析法根据所采用的具体数学方法的不同，又可分为算术平均法、移动加权平均法、指数平滑法、回归分析法和二次曲线法。

1. 算术平均法

算术平均法以过去若干期的销售量或销售金额的算术平均值作为计划期的销售预测值。其计算公式为

$$\bar{x} = \frac{\sum x_i}{n} \tag{4-1}$$

式中，$\bar{x}$ 为计划期间的销售预测值；x_i 为各期的销售量或销售额；n 为时期数。

该方法具有计算简单的优点，但由于该方法简单地将各月份的销售差异平均化，没有考虑到近期的变动趋势，因而可能导致预测数与实际数发生较大的误差。为了克服这个缺点，可引入标准差 σ 来预测未来的实际销售量将会在多大程度上偏离这个平均数。计算标准差的公式为

$$\sigma = \sqrt{\frac{\sum_{i=1}^{n}(x_i - \bar{x})}{n}} \qquad (4-2)$$

式中，x_i 为各期的销售量或销售额；$\bar{x}$ 为平均销售量或销售额；n 为时期数。

在正态分布的情况下，实际发生在平均数上下 1 个 σ 范围的概率为 0.685，在 2 个 σ 范围的概率为 0.954。

2. 移动加权平均法

移动加权平均法先根据过去若干期的销售量或销售金额，按其距离预测期的远近分别进行加权（近期的权数大些，远期的权数小些），然后计算其加权平均数，并以此作为计划期的销售预测值。

移动加权平均法的计算公式为

$$\bar{x} = \sum_{i=1}^{n} \omega_i x_i \qquad (4-3)$$

式中，x_i 为各期的销售量或销售额；ω_i 为各期的权数；n 为时期数。

3. 指数平滑法

采用指数平滑法预测计划期销售量或销售额时，需要导入平滑系数 α（α 的值要求大于 0、小于 1，一般取值为 0.3~0.7）进行运算。其计算公式为

$$\bar{x} = aA + (1-a)F \qquad (4-4)$$

式中，A 为上期实际销售数；F 为上期预测销售数；α 为平滑系数，在 Excel 中称为阻尼系数。

4. 回归分析法

回归分析法根据 $y=a+bx$ 的直线方程式，按照最小平方法的原理确定一条能正确反映自变量 x 和因变量 y 之间关系的直线。直线方程中的常数项 a 和系数 b 可按式（4-5）和式（4-6）计算。

$$a = \frac{\sum y - b \sum x}{n} \qquad (4-5)$$

$$b = \frac{n \sum xy - \sum x \sum y}{n \sum x^2 - (\sum x)^2} \qquad (4-6)$$

如果销售历史数据呈现出直线变化趋势，可以应用回归分析法进行销售预测，此时 y 表示销售量（或销售额），x 表示间隔期（即观测期）。

5. 二次曲线法

二次曲线法利用一元二次曲线方程建立销售预测的"曲线回归数学模型"。企业销售的历史资料明显地呈现二次曲线趋势时可以采用此方法。

二次曲线的基本公式为

$$y = a + bx + cx^2 \tag{4-7}$$

式中，y 代表销售量，x 代表观测值的间隔期，a、b、c 为常数项。按照最小平方法的原理，可以得到常数项 a、b、c 的计算公式为

$$a = \frac{\sum x^4 \sum y - \sum x^2 \sum x^2 y}{n \sum x^4 - (\sum x^2)^2} \tag{4-8}$$

$$b = \frac{\sum xy}{\sum x^2} \tag{4-9}$$

$$c = \frac{n \sum x^2 y - \sum x^2 \sum y}{n \sum x^4 - (\sum x^2)^2} \tag{4-10}$$

4.2.2 因果预测分析法

因果预测分析法是利用事物发展的因果关系来推测事物发展趋势的方法。它一般根据所掌握的历史资料，找出所要预测的变量与其相关变量之间的依存关系，以建立相应的因果预测的数学模型，然后通过该数学模型确定预测对象在计划期的销售量或销售额。

因果预测最常用的分析法有简单线性回归分析法、多元线性回归分析法和非线性回归分析法。使用这些分析方法建立数学模型时，所使用的原理和前述的回归分析方法和二次曲线法类似，故此不赘述。

在现实的市场条件下，企业产品的销售量往往与某些变量因素（如国内生产总值、个人可支配收入、人口、相关工业产品的销售量、需求的价格弹性或收入弹性等）之间存在一定的函数关系。因此，采用这种方法，若能选择最恰当的相关因素建立起预测销售量或销售额的数学模型，与采用趋势预测分析法相比，往往能获得更为理想的预测结果。

4.2.3 判断分析法

判断分析法是聘请具有丰富实践经验的专家学者或实务工作者，对计划期间商品的销售情况进行综合研究并做出相应预测的方法。该方法一般适用于不具备完整可靠的历史资料而无法进行定量分析的企业。这种方法又可分为：专家判断法、推销人员意见综合判断法和经理人员意见综合判断法。

1. 专家判断法

该方法利用专家多年来的实践经验和判断能力对计划期产品的销售量或销售额作出预测。最主要的吸收专家意见的方式有以下 4 种。

（1）个人意见综合判断法。该方法首先要求各位专家对本企业产品销售的未来趋势和当前状况做出个人判断，然后把各种意见加以综合，形成一个销售预测值。

（2）专家会议综合法。该方法首先把各位专家分成若干预测小组，然后分别召开各种

形式的会议或座谈会共同商讨，最后把各小组的意见加以综合，形成一个销售预测值。

（3）模拟顾客综合判断法。该方法首先把各位专家模拟成各种类型的顾客，通过比较本企业和竞争对手的产品质量、售后服务和销售条件等做出购买决策，然后把这些"顾客"准备购买本企业产品的数量加以汇总，形成一个销售预测值。

（4）德尔斐法。该方法首先通过函调的方式向各位专家征求意见，然后把各专家的判断汇集在一起，并采用匿名方式反馈给各位专家，请他们参考别人意见修正本人原来的判断，如此反复3~5次，最后汇集各家之长，对销售的预测值做出综合判断。

2. 推销人员意见综合判断法

该方法首先由本企业的推销人员根据他们的主观判断，把各个或各类顾客的销售预测值填入表格，然后由销售部门经理加以综合，来预测企业产品在计划期的销售量或销售额。

3. 经理人员意见综合判断法

该方法首先由经理人员，特别是那些最熟悉销售业务的、能预测销售发展趋势的推销主管人员，以及各地经销商的负责人，根据他们多年来的实践经验和判断能力，对计划期销售量（或销售额）进行预估，然后通过集思广益、博采众长，并应用加权平均法做出综合判断的方法。

4.2.4 调查分析法

调查分析法是通过对某种商品在市场上的供需情况和消费者购买意见的详细调查，来预测其销售量或销售额的专门方法。

调查分析一般可以从以下4个方面进行。
（1）调查商品本身目前处于产品生命周期的哪一阶段。
（2）调查消费者的情况，即个人的爱好、风俗、习惯、购买力的变化和对商品的需求等。
（3）调查市场上竞争对手的情况。
（4）调查国内外和本地区经济发展的趋势。

4.3 资金预测

资金预测主要是指对未来一定时期内进行生产经营活动所需资金及扩展业务追加资金的投入进行预计和推测。因此，资金预测包含两方面的内容：一是对扩展业务追加资金的预测，即投资额的预测；二是对日常生产经营资金需求量的预测。

4.3.1 投资额的预测

投资额的预测一般按以下步骤进行：①确定投资项目；②预测各个项目的投资额；③汇总并进行相应调整得出一定时期内的投资总额。

1. 内部投资额的预测

企业内部长期投资主要是对固定资产和无形资产进行的投资。内部投资额主要由以下几个部分组成：①投资前期费用；②设备购置费用；③设备安装费用；④建筑工程费；⑤流动资金的垫支；⑥预备费用。

进行内部投资额预测的常用方法有以下几种。

（1）装置能力指数法。它是根据项目的装置能力和装置能力指数来预测该项目投资额的一种方法。装置能力是指以封闭型的生产设备为主体所构成的投资项目的生产能力。装置能力越大，所需投资额越多。装置能力和投资额之间的关系表示为

$$P = P_0 \left(\frac{N}{N_0}\right)^n r \qquad (4-11)$$

式中，P 为拟建项目投资额；P_0 为基准项目投资额；N 为拟建项目装置能力；N_0 为基准项目装置能力；n 为装置能力指数；r 为价格调整指数。

（2）单位生产能力估算法。它是根据同类商品单位生产能力投资额和拟建项目的生产能力来估算投资额的一种方法。生产能力是指拟建项目建成后每年达到的产量。一般来讲，生产能力越强，所需投资额越大。二者的关系用公式表示为

$$P = P_0 N r \qquad (4-12)$$

式中，P 为拟建项目投资额；P_0 为同类企业单位生产能力投资额；N 为拟建项目生产能力；r 为价格调整指数。

2. 外部投资额的预测

外部投资主要是指公司投向企业外部以获取利润或获得竞争优势为目的的投资。外部投资有两种形式：一是直接投资；二是间接投资，主要是证券投资。随着市场竞争日益加剧，公司的外部投资已成为其生存发展的重要支撑点，对外投资的预测工作也被日益重视起来。

（1）直接投资的预测

直接投资是指公司直接把现金、存货、固定资产、无形资产等投向其他企业或与其他企业共同投资兴建新企业。在这种情况下，首先，预测出投资项目或拟建新企业的投资额，其计算方法同内部投资额的预测方法相同；然后，根据公司投资在投资总额中所占的比例计算出公司本身的投资额。

设投资项目或拟建新企业的投资额为 X，公司投资在投资总额中所占的比例为 α，则外部投资额 Y 为

$$Y = \alpha X \qquad (4-13)$$

（2）间接投资的预测

间接投资包括两类：一类是为控制其他公司而进行的权益性股票投资；另一类是以获取利润为目的的投资，包括收益性股票投资和长期债券投资。

① 权益性投资额的预测

权益性投资额可通过式（4-14）来预测。

$$Y = MhP \qquad (4-14)$$

式中，Y 为权益性投资额；M 为目标公司发行在外的股份总额；h 为实现控制目的所需要的最低股份比例；p 为收购股票的平均市价。

② 收益性投资额的预测

收益性投资一般是根据市场上的市场行情临时做出的决策。因此，对于其投资额的预测是比较困难的，但对于一些效益较好的绩优股票而言，其投资的数额还是可以预测的。其计算公式为

$$Y = \sum_{i=1}^{n} \omega_i P_i \qquad (4-15)$$

式中，Y 为证券投资额；ω_i 为第 i 种证券的投资数量；P_i 为第 i 种证券的价格。

4.3.2 日常生产经营资金需求量预测

日常生产经营资金需求量预测通常有以下3种方法：趋势预测法、销售百分比法和资金习性法。趋势预测法在前面已经详细介绍过，因此这里只介绍后面两种预测方法在日常生产经营资金需求量的应用。

1. 销售百分比法

销售百分比法是根据销售与选定的资产负债表项目和利润表项目之间的固定关系进行预测的方法。在资产类项目中，货币资金、应收账款和存货等项目一般都会因销售额的增长而相应地增长，故称为敏感性资产。固定资产是否需要增加，则要看固定资产的利用程度。若其生产能力尚未得到充分利用，则可通过挖潜来提高产销量；若生产能力已近饱和，则增加产销量就需要扩大固定资产投资额。无形资产一般不随销售额的增长而增加，为不敏感项目。负债类项目中，应付账款、应交税金、短期借款等短期负债通常属于敏感性负债，长期负债属于非敏感性项目。

用销售百分比法进行预测的基本步骤如下。

（1）分析资产负债表中各项目与销售额之间的比例关系。

（2）将基期的资产负债表各项目，以销售百分比的形式列表。

（3）计算计划年度需要增加的资金数额。

【实例4-1】 某公司2002年的简略资产负债表见表4-1。

表4-1 某公司资产负债表　　　　　　　　　　　　　　　　单位：元

资产		负债及所有者权益	
货币资金	60 000	短期借款	100 000
应收账款	200 000	应付账款	150 000
存货	180 000	应交税金	20 000
固定资产	400 000	长期负债	150 000
其他	30 000	负债合计	420 000
		所有者权益	450 000
合计	870 000	负债及所有者权益合计	870 000

该公司2002年的销售收入为50万元，根据资产负债表中各项目的敏感性程度，可编制以销售百分比形式反映的资产负债表，见表4-2。

表 4-2 以销售百分比形式反映的资产负债表

项目	百分比	项目	百分比
资产		负债及所有者权益	
货币资金	12%	短期借款	20%
应收账款	40%	应付账款	30%
存货	36%	应交税金	4%
固定资产	（不适用）	长期负债	（不适用）
其他	（不适用）	负债合计	
		所有者权益	（不适用）
合计	88%	负债及所有者权益合计	54%

表 4-2 表明，每增加 100 元销售额，需要增加 34（88-54）元的日常经营资金。

假定该公司 2003 年的销售额由 50 万元增加到 60 万元，则 2003 年需要增加的资金数额为（600 000-500 000）×（88%-54%）= 34 000（元）。

2. 资金习性法

所谓资金习性，是指资金占用量与产销数量之间的依存关系。依照这种关系，可将资金区分为不变资金、变动资金和混合资金。其中，不变资金是指在一定的产销规模内不随产量变动的资金，如原材料的保险储备、机器设备等固定资产占用的资金。

变动资金是指随产销量变动而同比例变动的资金，如存货、应收账款等。混合资金则可视为以上两种资金的结合。它受产销量变动的影响，但不成比例变化。

资金习性法就是根据上述原理进行资金需求量的预测。其预测计算公式为

$$y = a + bx \tag{4-16}$$

式中，y 为资金占用；a 为不变资金；b 为单位变动成本资金；x 为产销数量。

若求得 a、b 的值，则可根据预计的产销量来预测计划期的资金占用量。估算 a、b 的方法主要有高低点法、散布图法和回归分析法。

（1）高低点法

高低点法是选用一定时期内历史资料中的最高业务量与最低业务量的资金占用量之差与两者业务量之差进行对比，从而求得单位变动成本资金，进而求得不变资金。a 和 b 的计算公式表示为

$$b = \frac{\text{最高资金占用量} - \text{最低资金占用量}}{\text{最高业务量} - \text{最低业务量}} \tag{4-17}$$

$$a = \text{最高资金占用量} - b \cdot \text{最高业务量} \tag{4-18}$$

（2）散布图法

散布图法用图形来反映公司的资金占用量与销售量二者之间的关系，从而预测资金的占用数量。做散布图时，首先应将各历史数据在图上一一标明，然后根据自测，在图上各点之间画一直线，尽量使图上各点一半位于直线之下，一半位于直线之上，最后根据这条线求出 a、b 的值。这种方法可以纠正某些异常的偏差，更有助于反映资金与销售额之间

关系的长期趋势。

(3) 回归分析法

回归分析法运用最小平方法原理求得 a、b，然后预测资金占用量。有关回归分析法在前面已做详细介绍，在此不再举例说明，有兴趣者参看 4.2 节。

4.4 成本费用预测和利润预测

4.4.1 成本费用预测

成本费用预测是在分析历史数据、将要采用的技术组织措施和影响成本费用的各种主要因素的基础上，对公司未来的成本费用水平和变动趋势进行预测，为经营决策和编制计划提供依据。成本费用预测的方法很多，这里主要介绍因素预测法。

因素预测法是根据计划期影响成本费用升降的各种因素来预测成本降低数额和降低程度的方法。其具体计算方法如下。

(1) 计算影响计划年度产品成本的各项技术经济指标的增长率。这些技术经济指标包括业务量、各种消耗定额、劳动生产率、工资、各种费用、废品损失、价格等。

(2) 计算按上年平均单位成本计算的计划年度成本费用。如果预测是在计划期进行的，那么

$$\text{基年平均单位成本} = \frac{\sum \text{基年某商品的实际总成本费用}}{\sum \text{基年某商品实际业务量}} \quad (4-19)$$

如果预测是在上年末进行的，那么

$$\text{基年预计平均单位成本} = \sum[(\text{某商品 } 1\sim 9 \text{ 月业务量} \times 1\sim 9 \text{ 月平均单位成本}) + \\ (10\sim 12 \text{ 月预计产量} \times 10\sim 12 \text{ 月预计单位成本})]/\sum(1\sim 9 \text{ 月实际业务量} + \\ 10\sim 12 \text{ 月预计业务量}) \quad (4-20)$$

$$\text{按上年平均单位成本计算的计划期的总成本费用} = \sum(\text{某商品基年平均单位成本} \times \\ \text{该商品计划年度的业务量}) \quad (4-21)$$

(3) 计算按上年平均单位成本计算的计划年度总成本费用中各成本项目的比重。其计算公式为

$$\text{各成本项目的比重} = \sum(\text{某年某商品单位成本费用中某成本项目比重} \times \\ \text{该产品计划年度预计业务量})/\sum(\text{某年某商品平均单位成本} \times \\ \text{该商品计划年度的计划业务量}) \times 100\% \quad (4-22)$$

(4) 计算各项经济指标变动对可比产品成本降低率和降低额的影响程度。

① 计算由于材料消耗定额变动对成本的影响。其计算公式为

$$\text{材料消耗定额形成的成本降低率} = (\text{材料消耗定额降低率} \times \text{材料费占成本的百分比}) \quad (4-23)$$

材料消耗定额降低形成的成本降低额 = 材料消耗定额降低形成的成本降低额 ×

按上年单位成本计算形成的计划年度总成本 (4 - 24)

② 计算由于劳动生产率的提高超过工资增长所形成的成本降低率和降低额。

$$\text{工资降低形成的成本降低率} = \left(1 + \frac{1 + \text{平均工资增长率}}{1 + \text{劳动生产增长率}}\right) \times \text{工资费用占成本的比率}$$

(4 - 25)

工资降低形成的成本降低额 = 工资降低形成的成本降低率 ×

按上年平均单位成本计算形成的计划年度总成本 (4 - 26)

③ 计算由于生产增长超过间接费用所形成的成本降低额和降低度。间接费用中，有一部分是固定费用，不因业务量的增长而变动。这样，当业务量增长时，单位商品分摊的固定费用就会减少，从而使成本降低。

$$\text{间接费用降低形成的成本降低率} = \left(1 + \frac{1 + \text{间接费用增长率}}{1 + \text{业务量增长率}}\right) \times \text{间接费用占成本的比重}$$

(4 - 27)

间接费用降低形成的成本降低额 = 间接费用降低形成的成本降低率 ×

按上年单位成本计算形成的计划年度总成本 (4 - 28)

④ 计算由于减少损失所形成的成本降低率和降低额。

废品减少形成的成本降低率 = 废品损失减少率 × 废品损失占成本的比重

(4 - 29)

废品减少形成的成本降低额 = 废品减少形成的成本降低率 ×

按上年单位成本计算形成的计划年度总成本 (4 - 30)

⑤ 计算由于材料价格降低形成的成本降低率和降低额。

材料费用下降形成的成本降低率 = 材料价格降低率 × (1 - 材料消耗定额降低率) ×

材料费用占成本的比重 (4 - 31)

材料费用下降形成的成本降低额 = 材料费用下降形成的成本降低率 ×

按上年单位成本计算形成的计划年度总成本 (4 - 32)

（5）计算计划年度成本降低率和降低额，即将上述结果进行累加。

（6）根据上述资料计算成本预测值

计划年度成本预测值 = $\sum$ (计划业务量 × 上年平均单位成本) × (1 - 成本计划降低率)

(4 - 33)

或

计划年度成本预测值 = $\sum$ (计划业务量 × 上年平均单位成本) × 成本计划降低额

(4 - 34)

4.4.2 利润预测

利润预测是公司生产经营预测的重要组成部分，其主要内容是确定目标利润，为编制利润计划提供可靠依据。下面介绍几种较为简单的预测方法。

1. 销售额增长比例法

销售额增长比例法是以上年度实际销售利润与下年度销售预计增长为依据计算目标利润的方法。该方法假定利润额与销售额同步增长，其计算公式为

目标利润 = 基年实际销售利润 × (1 + 计划年度销售额预计增长率)　　(4 - 35)

2. 资金利润率法

资金利润率法是根据公司预定的资金利润率水平，结合上年度实际资金占用状况与下年度计划投资额，确定下年度目标利润的方法。其计算公式为

目标利润 = (上年度实际资金占用数量 + 下年度计划投资额) × 预计资金利润率

(4 - 36)

利润预测还有许多方法，如因素分析法、营业杠杆系数法等。限于篇幅，此处不做介绍。

4.5 财务预测案例

4.5.1 利用回归分析法预测销售额的案例

1. 利用 Python 预测销售额案例一

【实例 4-2】 A 公司 2010—2020 年销售额数据见表 4-3。试预测 A 公司 2021 年的销售额。

表 4-3　A 公司 2010—2020 年销售额

年份	销售额/万元	年份	销售额/万元	年份	销售额/万元
2010	6 694.23	2014	12 494.01	2018	19 195.00
2011	8 072.83	2015	14 069.87	2019	20 181.00
2012	9 247.66	2016	15 046.45	2020	21 602.00
2013	10 572.24	2017	17 165.00	—	—

解　利用 Python 求解本实例的步骤如下：

第一，从 Excel 读取工作表中数据到 DataFrame 数据框。

df0 = read_excel(bookname,sheetname,na_values = ['NA'])

xt,yt = df0[xname],df0[yname]

这里 bookname 为 Excel 工作簿名，sheetname 为工作簿 bookname 中的工作表名。

xt 为时间序列，yt 为销售额。

第二，利用 plt.plt() 绘制曲线图（如图 4-2 所示），以观察是不是具有线性趋势。

plt.plot(xt,yt,color = 'blue',linewidth = 3)

plt.plot(xt,yt,'D',color = 'red',label = yname)

从上图可知，A 公司销售额随着逐年递增，呈线性增长趋势。

第三，利用函数 smf.ols().fit() 进行回归模拟，并利用 model.summary() 输出分析结果。

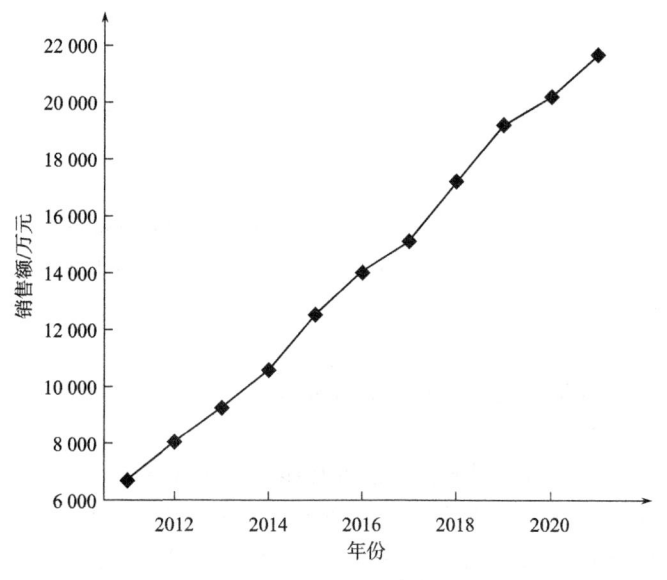

图 4-2　A 公司 2010—2020 年销售额趋势图

```
model=smf.ols(formula=formula0,data=df0).fit()
print(model.summary()) #输出模型结果
```
输出结果如下所示。

```
                            OLS Regression Results
==============================================================================
Dep.Variable:              销售额   R-squared:                       0.996
Model:                       OLS   Adj.R-squared:                   0.996
Method:            Least Squares   F-statistic:                     2503.
Date:            Fri,05 Nov 2021   Prob (F-statistic):           2.55e-12
Time:                   10:50:00   Log-Likelihood:                -77.997
No.Observations:               1   AIC:160.0
Df Residuals:                  9   BIC:160.8
Df Model:1
Covariance Type:nonrobust
==============================================================================
                    coef    std err          t      P>|t|      [0.025      0.975]
------------------------------------------------------------------------------
Intercept     -3.074e+06   6.17e+04    -49.806      0.000   -3.21e+06   -2.93e+06
年份            1532.2865     30.625     50.033      0.000    1463.007    1601.566
==============================================================================
Omnibus:                        0.243   Durbin-Watson:                   1.679
Prob(Omnibus):                  0.885   Jarque-Bera (JB):                0.045
```

| Skew: | 0.058 | Prob(JB): | 0.978 |
| Kurtosis: | 2.708 | Cond.No. | 1.28e+06 |

说明：

上述汇总结果的每部分可以单独获取。例如，model.rsquared 对应 R^2 值，model.tvalues 和 model.pvalues 分别对应系数的 t 值及其 P 值，model.fvalue 和 model.f_pvalue 分别对应 F 值及其 P 值等。

特别说明：

（1）可决系数 R^2 定量描述了 x 对 y 的解释程度，是评价两个变量之间线性相关关系强弱的一个指标，$0 \leq R^2 \leq 1$。

本实例 $R^2=0.996$ 接近 1，说明模型的解释能力是非常高的。

（2）P 值即概率，反映某一事件发生的可能性大小。统计学根据显著性检验方法所得到的 P 值，一般以 $P<0.05$ 为有统计学差异，$P<0.01$ 为有显著统计学差异，$P<0.001$ 为有极其显著的统计学差异。

（3）t 值是 t 检验的统计量值。对形如 $y=a+bx$ 的模型，t 检验就是用 t 统计量对回归系数 b 进行检验，其目的是检验变量 x 与变量 y 之间是否确实有关系，即 x 是否影响 y。一般利用 t 值对应的 P 值进行检测，P 值越接近 0，则认为 x 对 y 有显著影响，即回归系数是显著的。

本实例 t 值及其 P 值分别为：

t-statistic ('年份') = 50.033，P 值 ≈ 0

P 值近似为 0，因此回归系数是非常显著的，95% 的置信区间为 [1463.007, 1601.566]

（4）F 值是 F 检验的统计量值。F 检验用于判断模型是否成立。F 值近似等于可解释变差与未解释变差之比，该比值越大越好。一般利用 F 值对应的 P 值进行检测，P 值越接近 0，则模型越显著的。

本实例 F 值及其 P 值，分别为

F-statistic = 2503，Prob (F-statistic) = 2.55e-12

P 值（Prob (F-statistic)）= 2.55e-12，接近于 0，说明模型整体上是非常显著的。

（5）本书后面所涉及的这些值的含义与此类似，因此在后面就不再赘述。此外，本书第 1 章给出了基本的统计知识，有关统计知识的详细知识可参见贾俊平编写的《统计学（第 8 版）》。

第四，进行检验。

从输出结果可以看出，

$R^2=0.996$

t-statistic ('年份') = 50.033

P 值 ≈ 0

F-statistic = 2503

Prob (F-statistic) = 2.55e-12

因此，检验通过。

最后，按照 y=a+bx 进行预测。

模型系数 a、b 分别为

a =model.params[0]= -3073526.2705

b=model.params[1]= 1532.2865

模型为

y=-3073526.2705+1532.2865t

因此，2021 年销售量预测为

yt=-3073526.2705+1532.2865×2021=23224.6542(万元)

实例 4-2 对应的完整 Python 程序如下：

```
#【实例 4-2】
#程序名称:epd4501.py
#功能:一元回归分析
#用于数值计算的库
import numpy as np
import pandas as pd
import scipy as sp
from scipy import stats
from pandas import Series,DataFrame,read_excel
#用于绘图的库
import matplotlib as mpl
from matplotlib import pyplot as plt
import seaborn as sns
sns.set()
#用于统计分析的库
import statsmodels.formula.api as smf
import statsmodels.api as sm
#支持中文设置
mpl.rcParams['font.sans-serif']=['SimHei']   #用来正常显示中文标签
mpl.rcParams['axes.unicode_minus']=False    #用来正常显示负号
#写入 txt 文件
def to_txt(fname,inform):
    fp=open(fname,'w')
    print(inform,file=fp)

#参数变量设置
bookname='财务预测.xlsx' #工作簿名称
sheetname='一元回归分析' #工作表名称
xname='年份' #工作表中表头:对应 t
```

```python
yname='销售额' #工作表中表头:对应GDP
resultname=sheetname+'-result.xlsx' #输出结果保存文件
#读取工作表中数据到数据框
df0=read_excel(bookname,sheetname,na_values=['NA'])
xt,yt=df0[xname],df0[yname]
#绘制曲线图:散点图+折线图
plt.plot(xt,yt,color='blue',linewidth=3)
plt.plot(xt,yt,'D',color='red',label=yname)
plt.legend()
plt.savefig('图:'+sheetname+'.png')
#模型分析
formula0=yname+'~'+xname
model=smf.ols(formula=formula0,data=df0).fit()
print(model.summary()) #输出模型结果
to_txt(sheetname+'-sumarry.txt',model.summary())
#计算系数a和b
a,b=model.params[0],model.params[1]
sf1="y=%.4f+%.4fx"
print("模型为:\n"+sf1%(a,b))
#检验
n,m=len(xt),1
alpha=0.05
#t检验
ta=stats.t.ppf(q=1-alpha/2,df=n-m-1)
if abs(model.tvalues[xname])>ta and model.pvalues[xname]<0.05:
    print("t检验通过!")
else:
    print("t检验不通过!")
#F检验
fa=stats.f.ppf(q=1-alpha,dfn=m,dfd=n-m-1)
if model.fvalue>fa and model.f_pvalue<0.05:
    print("F检验通过!")
else:
    print("F检验不通过!")
#预测
t=int(input("输入n年份="))
sf2="yt=%.4f+%.4fx%d=%.4f"
print(sf2%(a,b,t,a+b*t))
df0['预测值']=model.predict(xt)
```

```
df0['相对误差']=abs((df0['预测值']-yt)/yt)
df0.to_excel(resultname)
```
说明：

（1）Python 实现所需数据保存在其工作簿"财务预测.xlsx"中"一元回归分析"工作表，形式如图 4-3 所示。

工作表中第一行为表头。使用时，表头不要变动，表头下面的数据可以根据需要进行修改，但要求年份升序排列。

（2）使用时，可根据实际修改下列参数变量的值。

```
bookname='财务预测.xlsx' #工作簿名称
sheetname='一元回归分析' #工作表名称
xname='年份' #工作表中 A 列表头
yname='销售额' #工作表中 B 列表头
resultname=sheetname+'-result.xlsx'
#输出结果保存文件
```

序号	A	B
1	年份	销售额
2	2010	6694.23
3	2011	8072.83
4	2012	9247.66
5	2013	10572.24
6	2014	12494.01
7	2015	14069.87
8	2016	15046.45
9	2017	17165.00
10	2018	19195.00
11	2019	20181.00
12	2020	21602.00

图 4-3 "一元回归分析"工作表

（3）对工作表及 Python 程序进行修改，必须保存后再运行 Python 程序，才能使得修改有效。

（4）输出结果保存在工作簿 resultname 的工作表 Sheet1 中。

2．利用 Python 预测销售额案例二

【实例 4-3】2012—2020 年 B 公司销售额见表 4-4。试预测 2021 年 B 公司的销售额。

表 4-4 B 公司 2012—2020 年销售额

年份	销售额/万元	年份	销售额/万元	年份	销售额/万元
2012	3 467.72	2015	5 793.66	2018	10 011.13
2013	3 907.23	2016	6 530.01	2019	11 459.00
2014	4 676.13	2017	7 925.58	2020	12 656.69

解 利用 Python 求解本实例的步骤如下：

第一，从 Excel 读取工作表中数据到 DataFrame 数据框。

```
df0=read_excel(bookname,sheetname,na_values=['NA'])
xt,yt=df0[xname],df0[yname]
```

这里 bookname 为 Excel 工作簿名，sheetname 为工作簿 bookname 中的工作表名。xt 为时间序列，yt 为销售额。

第二，利用 plt.plt()绘制曲线图（如图 4-4 所示），观察是不是具有线性趋势。

```
plt.plot(xt,yt,color='blue',linewidth=3)
plt.plot(xt,yt,'D',color='red',label=yname)
```

从图 4-4 可知，B 公司销售额随着逐年递增，呈二次曲线增长趋势。因此，可以利用

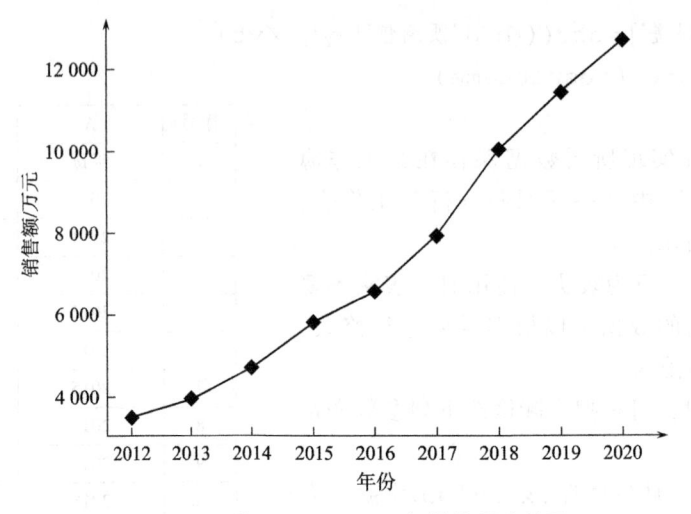

图 4-4　B 公司 2012—2020 年销售额趋势图

多元回归方法进行回归分析。模型为

销售额 = a + b * 年份 + c * 年份2

这里，年份2对应年份的平方值。

第三，利用函数 smf.ols( ).fit( )进行回归模拟，并利用 model.summary( )输出分析结果。

model = smf.ols(formula = formula0,data = df0).fit()
print(model.summary()) #输出模型结果

输出结果如下所示。

OLS Regression Results

Dep. Variable:	销售额	R-squared:	0.994
Model:	OLS	Adj.R-squared:	0.992
Method:	Least Squares	F-statistic:	507.4
Date:	Fri,05 Nov 2021	Prob (F-statistic):	2.03e-07
Time:	11:24:57	Log-Likelihood:	-62.168
No.Observations:	9	AIC:	130.3
Df Residuals:	6	BIC:	130.9
Df Model:	2		
Covariance Type:	nonrobust		

	coef	std err	t	P>|t|	[0.025	0.975]
Intercept	3.394e+08	6.86e+07	4.947	0.003	1.72e+08	5.07e+08
年份	-3.379e+05	6.81e+04	-4.965	0.003	-5.05e+05	-1.71e+05
年份2	84.1144	16.883	4.982	0.002	42.804	125.425

Omnibus：	0.483	Durbin-Watson：	1.895
Prob(Omnibus)：	0.786	Jarque-Bera (JB)：	0.504
Skew：	0.370	Prob(JB)：	0.777
Kurtosis：	2.107	Cond.No.	2.82e+12

说明：

上述汇总结果的每个部分可以单独获取。例如，model.rsquared 对应 R^2 值，model.tvalues 和 model.pvalues 分别对应系数的 t 值及其 P 值，model.fvalue 和 model.f_pvalue 分别对应 F 值及其 P 值等。

第四，进行检验。

从输出结果可知

$R^2 = 0.994$

t-statistic ('年份') = -4.965，P 值 = 0.003

t-statistic ('年份2') = 4.982，P 值 = 0.002

F-statistic = 507.4，Prob (F-statistic) = 2.03e-07

因此，检验通过。

最后，按照 $y = a + bt + ct^2$ 进行预测。

模型系数 a、b 分别为

a = model.params[0] = 339443021.7462

b = model.params[1] = -337945.8154

c = model.params[2] = 84.1144

模型为

$y_t = 339443021.7462 + -337945.8154t + 84.1144t^2$

因此，2021 年销售量预测为

$y_t = 339443021.7462 - 337945.8154t + 84.1144t^2 = 14940.6512$（万元）

实例 4-3 对应的完整 Python 程序如下：

```
#【实例 4-3】
#程序名称：epd4502.py
#功能：二元回归分析
#用于数值计算的库
import numpy as np
import pandas as pd
import scipy as sp
from scipy import stats
from pandas import Series,DataFrame,read_excel
#用于绘图的库
import matplotlib as mpl
```

```python
from matplotlib import pyplot as plt
import seaborn as sns
sns.set()
#用于统计分析的库
import statsmodels.formula.api as smf
import statsmodels.api as sm
#设置浮点打印精度
#%precision 3
#支持中文设置
mpl.rcParams['font.sans-serif']=['SimHei']    #用来正常显示中文标签
mpl.rcParams['axes.unicode_minus']=False      #用来正常显示负号
#写入 txt 文件
def to_txt(fname,inform):
    fp=open(fname,'w')
    print(inform,file=fp)
#参数变量设置
bookname='财务预测.xlsx' #工作簿名称
sheetname='二元回归分析' #工作表名称
xname='年份' #工作表中表头
yname='销售额' #工作表中表头
resultname=sheetname+'-result.xlsx' #输出结果保存文件
#读取工作表中数据到数据框
df0=read_excel(bookname,sheetname,na_values=['NA'])
xt,yt=df0[xname],df0[yname]
#绘制曲线图:散点图+折线图
plt.plot(xt,yt,linewidth=3,color='blue')
plt.plot(xt,yt,'*',color='red',label=yname)
plt.legend()
plt.savefig('图:'+sheetname+'.png')
xname2=xname+'2'
df0[xname2]=df0[xname]**2
#模型分析
formula0=yname+'~'+xname+'+'+xname2
model=smf.ols(formula=formula0,data=df0).fit()
print(model.summary()) #输出模型结果
to_txt(sheetname+'-sumarry.txt',model.summary())
#计算系数 a 和 b
a,b,c=model.params[0],model.params[1],model.params[2]
print("模型为:")
```

```
sf1="yt=%.4f+%.4ft+%.4ft2"
print(sf1%(a,b,c))
#预测
t=int(input("请输入年份:"))
sf2="yt=%.4f+%.4ft+%.4ft2=%.4f"
print(sf2%(a,b,c,a+b*t+c*t*t))
df0['预测值']=a+b*xt+c*xt*xt
df0['相对误差']=abs((df0['预测值']-yt)/yt)
df0.to_excel(resultname)
print("df0=\n",df0)
```

说明:

(1) Python 实现所需数据保存在工作簿"财务预测.xlsx"中"二元回归分析"工作表,形式如图 4-5 所示。

工作表中第一行为表头。使用时,表头不要变动,表头下面的数据可以根据需要进行修改,但要求年份升序排列。

(2) 使用时,可根据实际需要修改下列参数变量的值。

```
bookname='财务预测.xlsx' #工作簿名称
sheetname='二元回归分析' #工作表名称
xname='年份' #工作表中表头
yname='销售额' #工作表中表头
resultname=sheetname+'-result.xlsx'
#输出结果保存文件
```

序号	A	B
1	年份	销售额/万元
2	2010	6694.23
3	2011	8072.83
4	2012	9247.66
5	2013	10572.24
6	2014	12494.01
7	2015	14069.87
8	2016	15046.45
9	2017	17165.00
10	2018	19195.00
11	2019	20181.00
12	2020	21602.00

图 4-5 二元回归分析工作表

(3) 对工作表及 Python 程序进行修改,必须保存后再运行 Python 程序,才能使得修改有效。

(4) 输出结果保存在工作簿 resultname 的工作表 Sheet1 中。

4.5.2 利用指数平滑法预测销售额的案例

【实例 4-4】2005—2020 年 C 公司产品的销售情况见表 4-5。要求根据指数平滑法预测明年的销售量。

表 4-5 C 公司产品在 2005—2020 年的销售情况

年份	2005	2006	2007	2008	2009	2010	2011	2012	2013	2014	2015	2016	2017	2018	2019	2020
销售量 y_t	99	144	110	114	152	193	234	257	298	315	341	345	538	689	797	917

1. Python 在一次指数平滑法中的应用

利用 Python 求解实例 4-4 的步骤如下：

第一，从 Excel 读取工作表中数据到 DataFrame 数据框。

df0=read_excel(bookname,sheetname,na_values=['NA'])

xt,yt=df0[xname],df0[yname]

这里 bookname 为 Excel 工作簿名，sheetname 为工作簿 bookname 中的工作表名。

xt 为时间数据，yt 为待分析的数据（销售量）。

第二，调用函数 to_esm1(YT,a) 分别计算 $a=0.1$、0.3 和 0.5 下的一次指数平滑值，并计算误差平方。

len0=len(yt)

es1=to_esm1(yt,0.1) #一次指数平滑值, $\alpha=0.1$

es1e=(yt[1:len0-1]-es1[1:len0-1])**2

es1e[len0-1]=np.sum(es1e[1:len0-1])

es2=to_esm1(yt,0.3) #一次指数平滑值, $\alpha=0.3$

es2e=(yt[1:len0-1]-es2[1:len0-1])**2

es2e[len0-1]=np.sum(es2e[1:len0-1])

es3=to_esm1(yt,0.5) #一次指数平滑值, $\alpha=0.5$

es3e=(yt[1:len0-1]-es3[1:len0-1])**2

es3e[len0-1]=np.sum(es3e[1:len0-1])

最后，将结果输出到 Excel 文件。

最终输出结果见表 4-6 所示。

表 4-6 输出结果

年份	销售量	预测值 1	误差平方 1	预测值 2	误差平方 2	预测值 3	误差平方 3
2005	99	0	—	0	—	0	—
2006	144	99.00	2 025.00	99.00	2 025.00	99.00	2 025.00
2007	110	103.50	42.25	112.5	6.25	121.50	132.25
2008	114	104.15	97.02	111.75	5.06	115.75	3.06
2009	152	105.14	2 196.33	112.42	1 566.18	114.88	1 378.27
2010	193	109.82	6 918.66	124.30	4 720.03	133.44	3 547.69
2011	234	118.14	13 423.69	144.91	7 937.34	163.22	5 009.99
2012	257	129.73	16 198.82	171.64	7 287.05	198.61	3 409.47
2013	298	142.45	24 194.91	197.25	10 151.56	227.80	4 927.38
2014	315	158.01	24 646.62	227.47	7 661.23	262.90	2 714.17
2015	341	173.71	27 987.01	253.73	7 616.04	288.95	2 709.08
2016	345	190.44	23 889.99	279.91	4 236.57	314.98	901.47
2017	538	205.89	110 295.40	299.44	56 911.95	329.99	43 269.08

续表

年份	销售量	预测值1	误差平方1	预测值2	误差平方2	预测值3	误差平方3
2018	689	239.10	202 407.10	371.01	101 119.90	433.99	65 028.11
2019	797	284.09	263 073.60	466.40	109 293.40	561.50	55 461.69
2020	917	335.38	338 277.60	565.58	123 493.80	679.25	56 525.79
2021	0	393.55	1 053 649.00	671.01	442 006.40	798.12	245 017.50

预测值 1 和误差平方 1 对应 $\alpha=0.1$ 时一次指数平滑预测值和平方误差。预测值 2 和误差平方 2 对应 $\alpha=0.3$ 时一次指数平滑预测值和平方误差。预测值 3 和误差平方 3 对应 $\alpha=0.5$ 时一次指数平滑预测值和平方误差。

$\alpha=0.5$ 时误差平方最小，因此，可选择 $\alpha=0.5$ 时对应的预测值最为 2021 年公司销售量的预测值。

实例 4-4 对应的完整 Python 程序如下：

```python
#【实例4-4】Python实现
#程序名称:pfa4503.py
#功能:一次指数平滑法
#用于数值计算的库
import numpy as np
import pandas as pd
import scipy as sp
from scipy import stats
from pandas import Series,DataFrame,read_excel
#用于绘图的库
import matplotlib as mpl
from matplotlib import pyplot as plt
import seaborn as sns
sns.set()
#用于统计分析的库
import statsmodels.formula.api as smf
import statsmodels.api as sm
#支持中文设置
mpl.rcParams['font.sans-serif']=['SimHei'] #用来正常显示中文标签
mpl.rcParams['axes.unicode_minus']=False #用来正常显示负号
#返回YT的一次指数平滑法
def to_esm1(YT,a):
    len0=len(YT)
    y0=np.zeros(len0)
    y0[1]=YT[0]
```

```
        for i in range(1,len0-1):
            y0[i+1]=a*YT[i]+(1-a)*y0[i]
    return y0
#参数变量设置
bookname='财务预测.xlsx' #工作簿名称
sheetname='指数平滑法' #工作表名称
xname='年份' #工作表中表头
yname='销售量' #工作表中表头
resultname=sheetname+'-result.xlsx' #输出结果保存文件
#读取工作表中数据到数据框
df0=read_excel(bookname,sheetname,na_values=['NA'])
xt,yt=df0[xname],df0[yname]
#计算一次指数平滑值
len0=len(yt)
es1=to_esm1(yt,0.1) #一次指数平滑值,α=0.1
es1e=(yt[1:len0-1]-es1[1:len0-1])**2
es1e[len0-1]=np.sum(es1e[1:len0-1])
es2=to_esm1(yt,0.3) #一次指数平滑值,α=0.3
es2e=(yt[1:len0-1]-es2[1:len0-1])**2
es2e[len0-1]=np.sum(es2e[1:len0-1])
es3=to_esm1(yt,0.5) #一次指数平滑值,α=0.5
es3e=(yt[1:len0-1]-es3[1:len0-1])**2
es3e[len0-1]=np.sum(es3e[1:len0-1])
#小数保留2位,结果输出到Excel文件
df0['预测值1']=np.round(es1,2)
df0['误差平方1']=np.round(es1e,2)
df0['预测值2']=np.round(es2,2)
df0['误差平方2']=np.round(es2e,2)
df0['预测值3']=np.round(es3,2)
df0['误差平方3']=np.round(es3e,2)
df0.to_excel(resultname)
print("df0=",df0)
```

序号	A	B
	年份	销售量
1	2005	99
2	2006	144
3	2007	110
4	2008	114
5	2009	152
6	2010	193
7	2011	234
8	2012	257
9	2013	298
10	2014	315
11	2015	341
12	2016	345
13	2017	538
14	2018	689
15	2019	797
16	2020	917
17	2021	0

图4-6 "指数平滑法"工作表

说明:

(1) Python 分析所需数据保存在工作簿"财务预测.xlsx"中"指数平滑法"工作表,形式如图4-6所示。

工作表中第一行为表头。使用时,表头不要变动,表头下面的数据可以根据需要进行修改,但要求年份升序排列。

（2）使用时，可根据实际修改下列参数变量的值。
bookname='财务预测.xlsx' #工作簿名称
sheetname='指数平滑法' #工作表名称
xname='年份' #工作表中 A 列表头
yname='销售量' #工作表中 B 列表头
resultname=sheetname+'-result.xlsx' #输出结果保存文件
（3）对工作表及 Python 程序进行修改，必须保存后再运行 Python 程序，才能使得修改有效。
（4）输出结果保存在工作簿 resultname 的工作表 Sheet1 中。

2. Python 在二次指数平滑法中的应用

利用 Python 求解实例 4-4 的步骤如下：

第一，从 Excel 读取工作表中数据到 DataFrame 数据框。

df0=read_excel(bookname,sheetname,na_values=['NA'])
xt,yt=df0[xname],df0[yname]

这里 bookname 为 Excel 工作簿名，sheetname 为工作簿 bookname 中的工作表名。xt 为时间数据，yt 为待分析的数据。

第二，调用函数 to_esm2(YT,a)计算特定 a 下的二次指数平滑值。

a=0.5
len0=len(yt)
s1=to_esm2(yt,a) #一次指数平滑值
s2=to_esm2(s1,a) #二次指数平滑值

第三，计算 aT 和 bT。

aT=2*s1-s2
bT=a*(s1-s2)/(1-a)

最后，按模型 y=aT+bT*L 进行预测，并将结果保存到 Excel 文件。

最终输出结果见表 4-7。

表 4-7　实例 4-4 二次指数平滑法输出结果

年份	销售量	s1	s2	aT	bT	预测值	误差平方
2005	99	99.00	99.00	99.00	0	0	0
2006	144	121.50	110.25	132.75	11.25	99.00	2 025.00
2007	110	115.75	113.00	118.50	2.75	144.00	1 156.00
2008	114	114.88	113.94	115.81	0.94	121.25	52.56
2009	152	133.44	123.69	143.19	9.75	116.75	1 242.56
2010	193	163.22	143.45	182.98	19.77	152.94	1 605.00
2011	234	198.61	171.03	226.19	27.58	202.75	976.56
2012	257	227.80	199.42	256.19	28.39	253.77	10.46
2013	298	262.90	231.16	294.64	31.74	284.58	180.15

续表

年份	销售量	s1	s2	aT	bT	预测值	误差平方
2014	315	288.95	260.06	317.85	28.90	326.39	129.66
2015	341	314.98	287.52	342.44	27.46	346.74	32.97
2016	345	329.99	308.75	351.22	21.24	369.90	619.79
2017	538	433.99	371.37	496.61	62.62	372.46	27 403.5
2018	689	561.50	466.43	656.56	95.06	559.24	16 838.67
2019	797	679.25	572.84	785.66	106.41	751.62	2 059.25
2020	917	798.12	685.48	910.77	112.64	892.06	621.90
2021	0	0	0	0	0	1 023.41	0

注：s1 列为 α=0.5 时一次指数平滑预测值，s2 列为 α=0.5 时二次指数平滑预测值。

序号	A	B
1	年份	销售量
2	2005	99
3	2006	144
4	2007	110
5	2008	114
6	2009	152
7	2010	193
8	2011	234
9	2012	257
10	2013	298
11	2014	315
12	2015	341
13	2016	345
14	2017	538
15	2018	689
16	2019	797
17	2020	917
18	2021	0

图 4-7 "指数平滑法"工作表

从上面输出结果看，α=0.5 时，使用二次平滑移动法得到 2021 年的预测值为 1023.41。

说明：

（1）Python 分析所需数据保存在工作簿"财务预测.xlsx"中"指数平滑法"工作表，形式如图 4-7 所示。

工作表中第一行为表头。使用时，表头不要变动，表头下面的数据可以根据需要进行修改，但要求年份升序排列。

（2）使用时，可根据实际修改下列参数变量的值。

bookname='财务预测.xlsx' #工作簿名称
sheetname='指数平滑法' #工作表名称
xname='年份' #工作表中 A 列表头
yname='销售量' #工作表中 B 列表头
resultname=sheetname+'-result.xls' #输出结果保存文件

（3）对工作表及 Python 程序进行修改，必须保存后再运行 Python 程序，才能使得修改有效。

（4）输出结果保存在工作簿 resultname 的工作表 Sheet1 中。

4.5.3 利用德尔斐法预测销售额的案例

【实例 4-5】假定某公司准备于计划期间推出一种新型切削工具，该工具过去没有销售记录。现聘请工具专家、销售部经理、外地经销商负责人等 9 人采用德尔斐法来预测计划期间该项新型切削工具的全年销售量。假定对专家进行 3 次征询，且每次征询中最高、最可能、最低的销售量所占权数分别为 0.3、0.5、0.2。

解 利用 Python 求解实例 4-5 的步骤如下：

第一，从 Excel 读取工作表中数据到 DataFrame 数据框。

df0 = read_excel(bookname,sheetname,na_values = ['NA'])

这里 bookname 为 Excel 工作簿名，sheetname 为工作簿 bookname 中的工作表名。

第二，计算平均值。

mean0 = df0.mean()

第三，进行预测。

a1,a2,a3 = 0.3,0.5,0.2
predict1 = mean0[6] * a1+mean0[7] * a2+mean0[8] * a3

最后，整理 DataFrame 数据框内容，输出到 Excel 文件。

最终输出结果见表 4-8。

表 4-8 实例 4-5 输出结果

专家编号	最高 1	最可能 1	最低 1	最高 2	最可能 2	最低 2	最高 3	最可能 3	最低 3
BH01	1800	1500	100	1800	1500	1200	1800	1500	1100
BH02	1200	900	400	1300	1000	600	1300	1000	800
BH03	1600	1200	800	1600	1400	1000	1600	1400	1000
BH04	3000	1800	1500	3000	1500	1200	2500	1200	1000
BH05	700	400	200	1000	800	400	1200	1000	600
BH06	1500	1000	600	1500	1000	600	1500	1200	600
BH07	800	600	500	1000	800	500	1200	1000	800
BH08	1000	600	500	1200	800	700	1200	800	700
BH09	1900	1000	800	2000	1100	1000	1200	800	600
平均值	1500	1000	600	1600	1100	800	1500	1100	800
预测值	1160	—	—	—	—	—	—	—	—

预测值为 1160。

4.5.4 利用资金习性法预测资金需求量的案例

【**实例 4-6**】某公司产销数量和资金占用的历史资料见表 4-9。已知该公司 2021 年预计产量为 9.6 万件，要求用高低点法预测 2021 年的资金占用量。

表 4-9 某公司产销数量和资金占用的历史资料

年度	产量 x/万件	资金占用量 y/万元	年度	产量 x/万件	资金占用量 y/万元
2016	7.5	700	2019	8.5	790
2017	7.0	660	2020	9.0	820
2018	8.0	730	—	—	—

解 利用 Python 求解实例 4-6 的步骤如下：

第一，从 Excel 读取工作表中数据到 DataFrame 数据框。

df0=read_excel(bookname,sheetname,na_values=['NA'])

这里 bookname 为 Excel 工作簿名，sheetname 为工作簿 bookname 中的工作表名。

第二，利用高低点法计算 a 和 b。

b=(df0[yname].max()-df0[yname].min())/(df0[xname].max()-df0[xname].min())

a=df0[yname].max()-b*df0[xname].max()

第三，进行预测。

x=int(input('输入预计产量 x='))

y=a+b*x

最后，将结果输出到 Excel 文件。

最终输出结果如图 4-8 所示。

年份	产量/件	资金占用量/元
2016	75000	7000000
2017	70000	6600000
2018	80000	7300000
2019	85000	7900000
2020	90000	8200000
a	1000000	
b	80	
预计产量	96000	
预计资金占用量	8680000	

图 4-8　实例 4-6 输出结果

从上可知：

a=1 000 000

b=80

预计产量 x 为 96 000 件时，预计资金占用量=$a+bx$=8 680 000（元）

说明：

通过绘制产量与资金占用量的关系，二者可以呈现一元线性关系，如图 4-9 所示。

因此，也可以利用 4.5.1 介绍的回归分析法进行预测。此时只需将程序 pfa4501.py 中的参数变量设置部分按如下修改即可。

#参数变量设置

bookname='财务预测.xlsx' #工作簿名称

sheetname='高低点法' #工作表名称

xname='产量'

yname='资金占用量'

resultname=sheetname+'-result2.xlsx' #输出结果保存文件

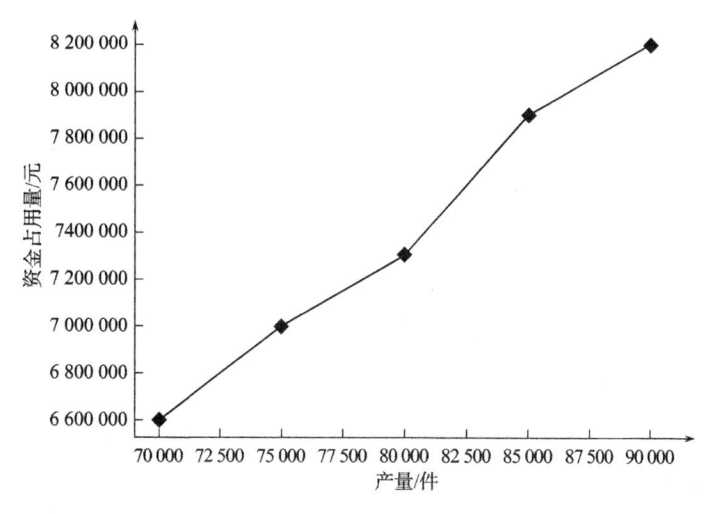

图 4-9 产量与资金占用量的关系

利用回归分析得到的模型为

y=840000.0000+82.0000x

t 检验通过！

F 检验通过！

当输入产量 x=96 000 时，预计资金占用量 = 840 000.000 0+82.000 0×96 000 = 8 712 000（元），显然这个结果与高低点法预测的结果 8 680 000 元相差不大。

实例 4-6 对应的完整的 Python 程序如下：

```
#【实例 4-6】Python 实现
#程序名称:pfa4506.py
#功能:高低点法
#用于数值计算的库
import numpy as np
import pandas as pd
import scipy as sp
from scipy import stats
from pandas import Series,DataFrame,read_excel
#用于绘图的库
import matplotlib as mpl
from matplotlib import pyplot as plt
import seaborn as sns
sns.set()
#用于统计分析的库
import statsmodels.formula.api as smf
import statsmodels.api as sm
#用于读取 Excel 文件
```

```
import openpyxl
#支持中文设置
mpl.rcParams['font.sans-serif']=['SimHei'] #用来正常显示中文标签
mpl.rcParams['axes.unicode_minus']=False #用来正常显示负号
#参数变量设置
bookname='财务预测.xlsx' #工作簿名称
sheetname='高低点法' #工作表名称
xname='产量'
yname='资金占用量'
resultname=sheetname+'-result.xlsx' #输出结果保存文件
#读取工作表中数据到数据框
df0=read_excel(bookname,sheetname,na_values=['NA'])
#高低点法计算a和b
b=(df0[yname].max()-df0[yname].min())/(df0[xname].max()-df0[xname].min())
a=df0[yname].max()-b*df0[xname].max()
x=int(input('输入预计产量x='))
y=a+b*x
fld1,fld2=df0.columns[0],df0.columns[1]
dict1={}
df0=df0.append(dict1,ignore_index=True)
dict1={fld1:'a',fld2:a}
df0=df0.append(dict1,ignore_index=True)
dict1={fld1:'b',fld2:b}
df0=df0.append(dict1,ignore_index=True)
dict1={fld1:'预计产量',fld2:x}
df0=df0.append(dict1,ignore_index=True)
dict1={fld1:'预计资金占用量',fld2:y}
df0=df0.append(dict1,ignore_index=True)
df0.to_excel(resultname,index=False)
print("df0=",df0)
```

A	B	C
年份	产量/件	资金占用量/元
2016	75000	7000000
2017	70000	6600000
2018	80000	7300000
2019	85000	7900000
2020	90000	8200000

图4-10 "高低点法"工作表

说明：

（1）Python分析所需数据保存在工作簿"财务预测.xlsx"中"高低点法"工作表，形式如图4-10所示。

工作表中第一行为表头。使用时，表头不要变动，表头下面的数据可以根据需要进行修改，但要求年份升序排列。

(2) 使用时，可根据实际修改下列参数变量的值。

bookname='财务预测.xlsx' #工作簿名称
sheetname='指数平滑法' #工作表名称
xname='产量' #工作表中 B 列表头
yname='资金占用量' #工作表中 C 列表头
resultname=sheetname+'-result.xlsx' #输出结果保存文件

(3) 对工作表及 Python 程序进行修改，必须保存后再运行 Python 程序，才能使得修改有效。

(4) 输出结果保存在工作簿 resultname 的工作表 Sheet1 中。

4.5.5 利用因素分析法预测成本的案例

【实例4-7】 某企业计划年度生产甲、乙两种产品，甲产品计划生产 5000 台，乙产品计划生产 3500 台。上年度的成本资料见表 4-10。

表 4-10 上年度的成本资料 　　　　　　　　　　　　　单位：元

产品	原材料成本	燃料动力	直接人工	间接人工	平均单位成本
甲	263.8	4.7	115.2	18.9	402.6
乙	1 045.2	18.3	351.6	64.5	1 479.6

有关技术经济指标的变动情况预计如下。
① 计划年度生产增长 10%；
② 原材料消耗定额降低 5%；
③ 燃料和动力消耗定额降低 8%；
④ 劳动生产率提高 6%；
⑤ 直接人工增长 4%；
⑥ 间接费用增长 3%；
⑦ 原材料价格预计上升 2%。

根据上述资料，预测该公司计划年度的总成本费用。

解 利用 Python 求解实例 4-7 的步骤如下：

第一，从 Excel 读取工作表中数据到 DataFrame 数据框。

df0=read_excel(bookname,sheetname,na_values=['NA'])

这里 bookname 为 Excel 工作簿名，sheetname 为工作簿 bookname 中的工作表名。

第二，定义初始值。

list0=['生产增长率','原材料消耗','燃料和动力消耗','劳动生产率','直接人工','间接费用','原材料价格']

rates0=[0.1,-0.05,-0.08,0.06,0.04,0.03,0.02]

第三，按上年平均单位成本计算计划年度总成本。

total_cost=sum(df0['平均单位成本']*df0['预计产量'])

第四，按上年平均单位成本计算计划年度总成本中各项目的比重。

```
names1 = f1d[0:4]
rates1 = [sum(df0[f1d[i+1]] * df0['预计产量'])/total_cost for i in range(len(names1))]
```

第五，计算由于各项技术指标变动引起的成本降低率和降低额。

```
names2 = ['原材料消耗','燃料和动力消耗','劳动率与直接工资','生产增长与间接费用','原材料价格']
rates2 = np.zeros(len(names2))
rates2[0] = -rates0[1] * rates1[0]  #原材料消耗
rates2[1] = -rates0[2] * rates1[1]  #燃料和动力消耗
rates2[2] = (1-(1+rates0[4])/(1+rates0[3])) * rates1[2]  #劳动率与直接工资
rates2[3] = (1-(1+rates0[5])/(1+rates0[0])) * rates1[3]  #生产增长与间接费用
rates2[4] = -rates0[6] * (1+rates0[1]) * rates1[0]  #原材料价格
quantitys2 = rates2 * total_cost
```

第六，计算计划年度成本的成本降低率和降低额。

```
total_rate = sum(rates2)
total_quantity = sum(quantitys2)
```

第七，计算预测值。

```
predict_value = total_cost * (1-total_rate)
```

最后，整理 DataFrame 数据框内容，输出到 Excel 文件。

最终输出结果见图 4-11。

序号	A	B	C	D	E	F	G
1	原始数据区						
2	产品	原材料成本	燃料动力	直接人工	间接人工	平均单位成本	预计产量
3	甲	263.8	4.7	115.2	18.9	402.6	5000
4	乙	1045.2	18.3	351.6	64.5	1479.6	3500
5	计划年度各指标的变动率（正数表示增长，负数表示下降）						
6	生产增长率	原材料消耗	燃料动力消耗	劳动生产率	直接人工	间接费用	原材料价格
7	10%	-5%	-8%	6%	4%	3%	2%
8	计算区						
10	总成本	7191600					
11	2. 按上年平均单位成本计算计划年度总成本中各项目的比重						
12	原材料		69.2%		直接工资		25.1%
13	材料和动力		1.2%		间接费用		4.5%
14	3. 计算由于各项技术指标变动引起的成本降低率和降低额						
15	技术指标		降低率		降低额		

图 4-11 实例 4-7 输出结果

序号	A	B	C	D	E	F	G
16	原材料消耗		3.46%		248860.00		
17	燃料和动力消耗		0.10%		7004.00		
18	劳动率与直接工资		0.47%		34086.79		
19	生产增长与间接费用		0.28%		20379.55		
20	原材料价格		-1.31%		-94566.80		
21	4. 计算计划年度成本的成本降低率和降低额						
22	总降低率	3.00%				
23	总降低额	215763.54				
24	确定计划年度成本预测值						
25	预测值	6975836.5					

图 4-11 实例 4-7 输出结果（续）

实例 4-7 对应的完整的 Python 程序如下：

```python
#【实例 4-7】Python 实现
#程序名称:pfa4508.py
#功能:因素分析法
#用于数值计算的库
import numpy as np
import pandas as pd
import scipy as sp
from scipy import stats
from pandas import Series,DataFrame,read_excel
#用于绘图的库
import matplotlib as mpl
from matplotlib import pyplot as plt
import seaborn as sns
sns.set()
#用于统计分析的库
import statsmodels.formula.api as smf
import statsmodels.api as sm
#用于读取 Excel 文件
import openpyxl

#支持中文设置
mpl.rcParams['font.sans-serif']=['SimHei'] #用来正常显示中文标签
mpl.rcParams['axes.unicode_minus']=False #用来正常显示负号
#给数据框 df 增加一行
def append1(df,fld,list1):
    fld0=fld[0:len(list1)]
```

```python
        dict1=dict(zip(fld0,list1))
        df=df.append(dict1,ignore_index=True)
    return df
#参数变量设置
bookname='财务预测.xlsx'  #工作簿名称
sheetname='因素分析法' #工作表名称
resultname=sheetname+'-result.xlsx'  #输出结果保存文件
#读取工作表中数据到数据框
df0=read_excel(bookname,sheetname,na_values=['NA'])
fld=df0.columns
#初始值
list0=['生产增长率','原材料消耗','燃料和动力消耗','劳动生产率','直接人工','间接费用','原材料价格']
rates0=[0.1,-0.05,-0.08,0.06,0.04,0.03,0.02]
#1.按上年平均单位成本计算计划年度总成本
total_cost=sum(df0['平均单位成本']*df0['预计产量'])
#2.按上年平均单位成本计算计划年度总成本中各项目的比重
names1=fld[0:4]
rates1=[sum(df0[fld[i+1]]*df0['预计产量'])/total_cost for i in range(len(names1))]
#3.计算由于各项技术指标变动引起的成本降低率和降低额
names2=['原材料消耗','燃料和动力消耗','劳动率与直接工资','生产增长与间接费用','原材料价格']
rates2=np.zeros(len(names2))
rates2[0]=-rates0[1]*rates1[0] #原材料消耗
rates2[1]=-rates0[2]*rates1[1] #燃料和动力消耗
rates2[2]=(1-(1+rates0[4])/(1+rates0[3]))*rates1[2]   #劳动率与直接工资
rates2[3]=(1-(1+rates0[5])/(1+rates0[0]))*rates1[3]   #生产增长与间接费用
rates2[4]=-rates0[6]*(1+rates0[1])*rates1[0]    #原材料价格
quantitys2=rates2*total_cost
#4.计算计划年度成本的成本降低率和降低额
total_rate=sum(rates2)
total_quantity=sum(quantitys2)
predict_value=total_cost*(1-total_rate)
#整理DataFrame数据框内容,输出到Excel文件
df0=append1(df0,fld,['计划年度各指标的变动率(正数表示增长,负数表示下降)'])
```

```
df0=append1(df0,fld,list0)
df0=append1(df0,fld,rates0)
df0=append1(df0,fld,['1.按上年平均单位成本计算计划年度总成本'])
df0=append1(df0,fld,['总成本',total_cost])
df0=append1(df0,fld,['2.按上年平均单位成本计算计划年度总成本中各项目的比重'])
df0=append1(df0,fld,['原材料',rates1[0],'材料和动力',rates1[1]])
df0=append1(df0,fld,['直接工资',rates1[2],'间接费用',rates1[3]])
df0=append1(df0,fld,['3.计算由于各项技术指标变动引起的成本降低率和降低额'])
df0=append1(df0,fld,['技术指标','降低率','降低额'])
for i in range(len(names2)):
    df0=append1(df0,fld,[names2[i],rates2[i],quantitys2[i]])
df0=append1(df0,fld,['4.计算计划年度成本的成本降低率和降低额'])
df0=append1(df0,fld,['总降低率',total_rate])
df0=append1(df0,fld,['总降低额',total_quantity])
df0=append1(df0,fld,['5.确定计划年度成本预测值'])
df0=append1(df0,fld,['预测值',predict_value])
df0.to_excel(resultname,index=False)
print("df0=",df0)
```

说明：

(1) Python 分析所需数据保存在工作簿"财务预测.xlsx"中"因素分析法"工作表，形式如图 4-12 所示。

序号	A	B	C	D	E	F	G
1	产品	原材料成本	燃料动力	直接人工	间接人工	平均单位成本	预计产量
2	甲	263.8	4.7	115.2	18.9	402.6	5000
3	乙	1045.2	18.3	351.6	64.5	1479.6	3500

图 4-12 "因素分析法"工作表

工作表中第一行为表头。使用时，表头不要变动，表头下面的数据可以根据需要进行修改，但要求年份升序排列。

(2) 使用时，可根据实际修改下列参数变量的值。

bookname='财务预测.xlsx' #工作簿名称
sheetname='因素分析法' #工作表名称
resultname=sheetname+'-result.xlsx' #输出结果保存文件

(3) 对工作表及 Python 程序进行修改，必须保存后再运行 Python 程序，才能使得修改有效。

(4) 输出结果保存在工作簿 resultname 的工作表 Sheet1 中。

第 5 章　融资决策

融资决策是企业财务管理的重要组成部分,并贯穿于企业财务管理的全过程。本章主要介绍常见的融资方式、融资成本、融资决策,以及如何使用 Excel 进行融资决策分析。

5.1　融资方式

本章讨论长期融资方式。公司常用的长期融资方式主要有普通股、优先股、长期债券、长期借款和留存收益等。按资金来源于公司内部和外部划分,融资方式可分为内部融资方式和外部融资方式。长期融资方式中,前 4 种属于外部融资方式,留存收益属于内部融资方式。按所筹集的资金是自有的还是借入的划分,普通股、优先股和留存收益属于自有资金,一般称为权益资本;长期债券和长期借款属于借入资金,一般称为债务资本。

5.1.1　普通股融资

普通股是股份有限公司发行的无特别权利的股份,也是最基本、最标准的股份。普通股的持有人是公司的股东,他们是公司的最终所有者,对公司的经营收益或公司清算时的资产分配拥有最后的请求权,是公司风险的主要承担者。

1. 普通股及其股东权利

依《中华人民共和国公司法》的规定,普通股股东主要有如下权利。

(1) 对公司的管理权。

(2) 股份转让权。

(3) 股利分配权。

(4) 对公司账目和股东大会决议的审查权和对公司实物的质询权。

(5) 分配公司剩余财产的权利。

(6) 公司章程规定的其他权利。

2. 普通股的种类

股份有限公司根据有关法规的规定,以及筹资和投资者的需要,可以发行不同种类的普通股。通常,普通股有以下几种分类。

(1) 按股票有无记名,可分为记名股票和不记名股票

记名股票是在股票票面上记载股东姓名或名称的股票。这类股票除了股票上所记载的股东外,其他人不得行使其股权,且股份的转让有严格的法律程序与手续,需办理过户。《中华人民共和国公司法》规定,向发起人、国家授权机构投资的机构、法人发行的股票

应为记名股票。不记名股票是票面上不记载股东姓名的股票，这类股票的持有人具有股东资格，股票的转让也比较自由、方便，无须办理过户手续。

（2）按股票是否标明金额，分为面值股票和无面值股票

面值股票是在票面上标有一定金额的股票；无面值股票是不在票面上标有一定金额，只载明所占公司股本总额的比例或股份数的股票。

（3）按投资主体的不同，可分为国家股、法人股、个人股和外资股

国家股是有权代表国家投资的部门或机构以国有资产向公司投入而形成的股份；法人股是企业法人依法以其可支配的财产向公司投入而形成的股份；个人股是社会个人或公司内部职工以个人合法财产权投入公司而形成的股份；外资股是外国和我国港、澳、台地区投资者购买人民币特种股票而形成的股份。

（4）按发行对象和上市地区，又可将股票分为 A 股、B 股、H 股和 N 股

A 股是供我国大陆地区个人或法人买卖的、以人民币标明票面金额并以人民币认购和交易的股票。B 股、H 股和 N 股是供外国和我国香港、澳门、台湾地区投资者买卖的，以人民币标明票面金额但以外币认购和交易的股票。其中，B 股在上海、深圳上市；H 股在香港上市；N 股在纽约上市。

3. 普通股融资的特点

（1）普通股融资的优点

与其他筹资方式相比，普通股筹资具有如下优点。

① 所筹集的资本具有永久性，无到期日，无须归还。

② 没有固定的股利负担，股利是否支付和支付多少，视公司有无盈利和经营需要而定。

③ 能增加公司的信誉，增强公司的举债能力。

④ 由于普通股的预期收益较高并可一定程度上抵消通货膨胀的影响，因此普通股筹资容易吸收资金。

（2）普通股融资的缺点

① 资本成本较高。首先，从投资者的角度讲，投资于普通股风险较高，相应地，所要求的投资报酬率也较高；其次，对于筹资公司来讲，普通股股利从税后利润中支付，不像债券利息那样作为费用从税前支付，因而不具有抵税作用；最后，普通股的发行费用也高于其他筹资方式。

② 以普通股筹资会增加新股东，这可能分散公司的控制权；另外，新股东分享公司未发行新股前积累的盈余，会降低普通股的每股净收益，从而可能引发股价的下跌。

4. 股票发行的条件

按照《股票发行与交易管理暂行条例》，我国设立股份有限公司申请公开发行股票应当符合以下条件。

① 生产经营符合国家产业政策。

② 发行的普通股限于一种，同股同权，同股同利。

③ 发行人认购的股本数额不少于公司拟发行的股本总额的 35%。

④ 在公司拟发行的股本总额中，发行人认购的部分不少于人民币 3000 万元，但是国家另有规定的除外。

⑤ 向社会公众发行部分不少于公司拟发行股本总额的 25%，其中公司职工认购的股

本数额不得超过拟向社会公众发行的股本总额的 10%；公司拟发行股本总额超过人民币 4 亿元的，证监会按照规定可以酌情降低向社会公众发行部分的比例，但是最低不少于公司拟发行股本总额的 15%。

⑥ 发起人在近 3 年内没有重大违法行为。

⑦ 其他条件。

5. 股票发行的程序

股份有限公司在设立时发行股票与增资发行新股，程序上有所不同。

（1）设立时发行股票的程序

① 提出募集股份申请。

② 公告招股说明书，制作认股书，签订承销协议和代收股款协议。

③ 招认股份，缴纳股款。

④ 召开大会，选举董事会、监事会。

⑤ 办理设立登记，交割股票。

（2）增资发行新股的程序

① 股东大会做出发行新股的决议。

② 由董事会向国务院授权的部门或省级人民政府申请并批准。

③ 公司经批准向社会公开发行新股时，必须公告新股招股说明书和财务会计报表及附属明细表，并制作认股书。

④ 招认股份，缴纳股款。

⑤ 改组董事会、监事会，办理变更登记并向社会公告。

6. 股票上市的目的

股份公司申请股票上市，一般出自下列目的。

（1）资本大众化，分散风险。

（2）提高股票的变现力。

（3）便于筹措新资金。

（4）提高公司知名度，吸引更多顾客。

（5）便于确定公司价值。

7. 股票上市的条件

公司公开发行的股票进入证券交易所挂牌买卖（即股票上市），须受严格的条件限制。《中华人民共和国公司法》规定，股份有限公司申请其股票上市，必须符合下列条件。

① 股票经国务院证券管理部门批准已向社会公开发行，不允许公司在设立时直接申请股票上市。

② 公司股本总额不得少于人民币 5000 万元。

③ 开业时间在 3 年以上，最近 3 年连续盈利，属国有企业依法改建后设立股份有限公司的，或者在公司法实施后新组建成立，其主要发行人为国有大中型企业的股份有限公司，可连续计算。

④ 持有股票面值人民币 1000 元以上的股东不少于 1000 人，向社会公开发行的股份达股份总数的 25% 以上；公开拟发行股本总额超过人民币 4 亿元的，其向社会公开发行股份的比例为 15% 以上。

⑤ 公司在最近3年内无重大违法行为，财务会计报告无虚假记载。
⑥ 国务院规定的其他条件。

5.1.2 长期债券筹资

1. 债券的基本要素

债券是发行人依照法定程序发行的，约定在一定期限向债券持有人还本付息的有价证券。债券是一种债务凭证，反映了发行者与购买者之间的债权债务关系。债券尽管种类多种多样，但是在内容上都要包含一些基本的要素，这些要素是指发行的债券上必须载明的基本内容，这是明确债权人和债务人权利和义务的主要约定，具体包括以下4点。

（1）债券面值

债券的面值是指债券的票面价值，是发行人对债券持有人在债券到期后应偿还的本金数额，也是企业向债券持有人按期支付利息的计算依据。债券的面值与债券实际的发行价格并不一定是一致的，发行价格大于面值称为溢价发行，小于面值称为折价发行。

（2）票面利率

债券的票面利率是指债券利息与债券面值的比率，是发行人承诺以后一定时期支付给债券持有人报酬的计算标准。债券票面利率的确定主要受银行利率、发行者的资信状况、偿还期限和利息计算方法及当时资金市场上资金供求情况等因素的影响。

（3）付息期

债券的付息期是指企业发行债券后的利息支付的时间。它可以是到期一次支付，或1年、半年、3个月支付一次。在考虑货币时间价值和通货膨胀因素情况下，付息期对债券投资者的实际收益有很大影响。到期一次付息的债券，其利息通常是按单利计算的；而年内分期付息的债券，其利息是按复利计算的。

（4）偿还期

债券偿还期是指企业债券上载明的偿还债券本金的期限，即债券发行日和到期日之间的时间间隔。公司要结合自身资金周转状况及外部资本市场的各种影响因素来制定公司债券的偿还期。

2. 债券的种类

（1）按是否有财产担保，债券可以分为抵押债券和信用债券

① 抵押债券是以企业财产作为担保的债券，按抵押品的不同又可以分为一般抵押债券、不动产抵押债券、动产抵押债券和证券信用抵押债券。抵押债券可以分为封闭式和开放式两种。封闭式抵押债券发行额会受到限制，即不能超过其抵押资产的价值；开放式抵押债券发行额不受限制。抵押债券的价值取决于担保资产的价值。抵押品的价值一般超过它所提供担保债券价值的25%~35%。

② 信用债券是不以任何公司财产作为担保、完全凭信用发行的债券。其持有人只对公司的非抵押资产具有追索权，企业的盈利能力是这些债券投资人的主要担保。因为信用债券没有财产担保，所以在债券契约中都要加入保护性条款。例如：不能将资产抵押其他债权人，不能兼并其他企业，未经债权人同意不能出售资产，不能发行其他长期债券，等等。

（2）按是否能转换为公司股票，债券可以分为可转换债券和不可转换债券

① 可转换债券是指在特定时期内可以按某一固定的比例转换成普通股的债券，它具有债务与权益双重属性，属于一种混合性筹资方式。由于可转换债券赋予债券持有人将来成为公司股东的权利，因此其利率通常低于不可转换债券。若将来转换成功，在转换前发行企业达到了低成本筹资的目的，转换后又可节省股票的发行成本。根据《中华人民共和国公司法》的规定，发行可转换债券应由国务院证券管理部门批准，发行公司应同时具备发行公司债券和发行股票的条件。

② 不可转换债券是指不能转换为普通股的债券，又称为普通债券。由于其没有赋予债券持有人将来成为公司股东的权利，所以其利率一般高于可转换债券。本部分所讨论的债券的有关问题主要是针对普通债券的。

（3）按利率是否固定，债券可以分为固定利率债券和浮动利率债券

① 固定利率债券是将利率印在票面上并按其向债券持有人支付利息的债券，该利率不随市场利率的变化而调整，因而固定利率债券可以较好地抵制通货紧缩风险。

② 浮动利率债券的息票率是随市场利率变动而调整的利率。因为浮动利率债券的利率与当前市场利率挂钩，而当前市场利率又考虑到了通货膨胀率的影响，所以浮动利率债券可以较好地抵制通货膨胀风险。

（4）按是否能够提前偿还，债券可以分为可赎回债券和不可赎回债券

可赎回债券是指在债券到期前，发行人可以以事先约定的赎回价格收回的债券。公司发行可赎回债券主要是考虑到公司未来的投资机会和回避利率风险等问题，以增加公司资本结构调整的灵活性。发行可赎回债券最关键的问题是赎回期限和赎回价格的制定。

不可赎回债券是指不能在债券到期前收回的债券。

（5）按偿还方式不同，债券可以分为一次到期债券和分期到期债券

一次到期债券是发行公司于债券到期日一次偿还全部债券本金的债券；分期到期债券是指在债券发行的当时就规定有不同到期日的债券，即分批偿还本金的债券。分期到期债券可以减轻发行公司集中还本的财务负担。

3. 债券的发行

（1）债券发行的条件

《中华人民共和国公司法》规定，我国债券发行的主体主要是公司制企业和国有企业。企业发行债券的条件如下。

① 股份有限公司的净资产额不低于人民币 3000 万元，有限责任公司的净资产额不低于人民币 6000 万元。

② 累计债券总额不超过净资产的 40%。

③ 最近 3 年平均可分配利润足以支付公司债券 1 年的利息。

④ 筹资的资金投向符合国家的产业政策。

⑤ 债券利息率不得超过国务院限定的利率水平。

⑥ 其他条件。

（2）债券的发行价格

债券的发行价格，是指债券原始投资者购入债券时应支付的市场价格，它与债券的面值可能一致也可能不一致。理论上，债券发行价格是债券的面值和要支付的年利息按发行

时的市场利率折现所得到的现值,计算的基本公式为

$$债券发行价格 = \sum_{t=1}^{n} \frac{面值 \times 票面利率}{(1+市场利率)^t} + \frac{面值}{(1+市场利率)^t} \qquad (5-1)$$

式中,n 为债券发行期限;t 为债券支付利息的总期数。

由此可见,票面利率和市场利率的关系影响到债券的发行价格。当债券票面利率等于市场利率时,债券发行价格等于面值;当债券票面利率低于市场利率时,企业仍以面值发行就不能吸引投资者了,故一般要折价发行;当债券票面利率高于市场利率时,企业仍以面值发行会增加发行成本,故一般要溢价发行。

在实务中,根据式(5-1)计算的发行价格一般是确定实际发行价格的基础,还要结合发行公司自身的信誉情况、对资金的急需程度和对市场利率变化趋势的预测等各种因素来确定最合适的债券发行价格。

4. 债券筹资的特点

(1) 债券筹资的优点

① 资本成本低。债券的利息可以税前列支,具有抵税作用;另外,债券投资人比股票投资人的投资风险低,因此其要求的报酬率也较低。故公司债券的资本成本要低于普通股。

② 具有财务杠杆作用。债券的利息是固定的费用,债券持有人除获取利息外,不能参与公司净利润的分配,因而具有财务杠杆作用,在息税前利润增加的情况下会使股东的收益以更快的速度增加。

③ 所筹集资金属于长期资金。发行债券所筹集的资金一般属于长期资金,可供企业在一年以上的时间内使用,这为企业安排投资项目提供了有力的资金支持。

④ 债券筹资的范围广、金额大。债券筹资的对象十分广泛,它既可以向各类银行或非银行金融机构筹资,也可以向其他法人单位、个人筹资,因此筹资比较容易并可筹集较大金额的资金。

(2) 债券筹资的缺点

① 财务风险大。债券有固定的到期日和固定的利息支出,当企业资金周转出现困难时,易使产业陷入财务困境,甚至破产清算。因此筹资企业在发行债券筹资时,必须考虑利用债券筹资方式筹集的资金进行的投资项目未来收益的稳定性和增长性问题。

② 限制性条款多,资金使用缺乏灵活性。因为债权人没有参与企业管理的权利,为了保障债权人债权的安全,通常会在债券合同中包括各种限制性条款。这些限制性条款会影响企业资金使用的灵活性。

5.1.3 长期借款筹资

长期借款是指向银行或其他非银行金融机构借入的、期限在 1 年以上的各种借款。长期借款主要用于购建固定资产和满足企业营运资金的需要。在西方国家,银行长期借款的初始贷款期是 3~5 年;长期贷款利率较短期贷款利率高 0.25%~0.50%;人寿保险公司等非银行机构的贷款期限一般在 7 年以上,利率比银行贷款要高些,而且要求借款人预付违约金。

1. 借款合同的内容

借款合同是规定借贷当事人双方权利和义务的契约。借款合同具有法律约束力,借贷当事人双方必须遵守合同条款,履行合同约定的义务。借款合同中包括基础条款和限制性条款。

(1) 借款合同的基础条款

根据我国有关法规规定,借款合同应具备下列基本条款:借款种类、借款用途、借款金额、借款利率、借款期限、还款资金来源及还款方式、保证条款、违约责任等。

(2) 借款合同的限制性条款

借款合同中包含的保护贷款人利益的条款称为限制性条款。

没有任何一项条款只靠自身就能够发挥保护作用,但是这些条款结合在一起就能够确保借款企业的整体资产的流动性与偿还能力。限制性条款归纳起来主要有以下3类。

① 一般性限制条款,主要包括:企业需持有一定限度的营运资金,保持其资产的合理流动性及支付能力;限制企业支付现金股利;限制企业固定资产投资的规模;限制企业借入其他长期资金,特别是抵押举债;等等。

② 例行性限制条款,主要包括:企业定期向银行报送财务报表并投保足够的保险;不能出售其资产的重大部分;债务到期要及时偿付;禁止应收账款的贴现和出售;等等。

③ 特殊性限制条款,主要包括:公司要为高级管理人员投人身保险;在贷款期内公司不得解聘关键管理人员;限制高级管理人员的薪水和奖金;不得改变借款用途;等等。

2. 长期借款的偿还方式

长期借款的偿还方式由借贷双方共同商定。一般主要有以下几种方式。

(1) 定期支付利息、到期偿还本金

这是最普通、最具代表性的偿还方式。采用这种方式,对于借款企业来说,分期支付利息的压力较小,但借款到期后偿还本金的压力较大。

(2) 定期等额偿还方式,即在债务期限内均匀偿还本利

这种偿还方式减轻了一次性偿还本金的压力,但是可供借款企业使用的借款额会逐期减少,因此会提高企业使用借款的实际利率。

(3) 在债务期限内,每年偿还相等的本金再加上当年的利息

这是与第二种方式类似的一种偿还方式。

(4) 到期一次还本付息

这种方式的优点是企业平时没有支付利息和本金的压力,有利于企业合理安排资金的使用,但到期还本付息的压力较大。

不同偿还方式使企业在借款期内偿还的本息总额是不同的,在整个偿还过程中现金流量分布也是不同的,企业应该根据自身的实际情况,合理选择偿还方式。

3. 长期借款的信用条款

按照国际惯例,银行借款往往附加一些信用条款,主要有授信额度、周转授信协议、补偿性余额等。

(1) 授信额度

授信额度是借款企业与银行间正式或非正式协议规定的企业借款的最高限额。在授信

额度内，企业可随时按需要向银行申请借款，但在非正式协议下，银行并不承担按最高借款限额贷款的法律义务。

（2）周转授信协议

周转授信协议一般是银行对大公司使用的正式授信额度。与一般授信额度不同，银行对周转信用额度负有法律义务，并因此向企业收取一定的承诺费用，一般按企业未使用的授信额度的一定比率（通常为0.2%左右）计算。

（3）补偿性余额

补偿性余额是银行要求企业将借款的10%~20%的平均余额以无息回存的方式留存银行，目的是降低银行贷款风险。补偿性余额使借款企业的实际借款利率有所提高。

4. 长期借款筹资的特点

（1）长期借款筹资的优点

① 筹资速度快。通过发行各种证券来筹集长期资金需要证券发行前的准备时间和发行时间，而银行借款与发行证券相比，一般所需时间都较短，可以迅速地获取资金。

② 资本成本较低。长期借款利息可在税前支付，另外，借款的手续费低于证券的发行费用。因而相对于其他长期筹资方式，长期借款的资本成本是最低的。

③ 弹性较大。借款企业面对的是银行而不是广大的债券持有人，而且可以与银行直接接触，确定贷款的时间、数量和利息；另外，在借款期间如果情况发生了变化，企业也可与银行再进行协商，修改借款数量及条件等，与其他筹资方式方式相比有较大的弹性。

④ 具有财务杠杆作用。因为银行借款利息属于固定性融资成本，在息税前利润增加时，会使税后利润以更大的幅度增加。

（2）长期借款筹资的缺点

① 财务风险较大。因为财务杠杆的作用，在息税前利润减少时，会使税后利润以更大的幅度减少，另外借款会增加企业还本付息的压力。

② 限制条款较多。银行长期借款都有很多的限制条款，这些条款可能会限制企业的经营活动，包括筹资活动和投资活动。

③ 筹资数量有限。银行一般不愿进行巨额的长期贷款，另外，当企业财务状况不好时借款利率会很高，甚至根本不可能得到贷款。

5.1.4 短期负债方式

企业除了采用发行债券、发行股票、长期借款等方式筹集长期资本外，还要采取短期借款、商业信用等方式筹集短期资本。

1. 短期借款

短期借款是企业向银行和其他非银行金融机构借入的期限在一年以内的借款。

（1）短期借款的种类

目前我国短期借款按照目的和用途分为生产周转借款、临时借款、结算借款等。按照国际惯例，短期借款往往按偿还方式不同分为一次性偿还借款和分期偿还借款；按利息支付方式不同分为收款法借款、贴现法借款和加息法借款；按有无担保分为抵押借款和信用借款等。下面主要介绍信用借款和抵押借款。

① 信用借款。信用借款指企业凭借自身的信誉从银行取得的借款。银行在对企业的财务报表、现金预算等资料分析的基础之上，决定是否向企业贷款。一般只有信誉好、规模大的公司才可能得到信用借款。这种信用借款一般都带有一些信用条件，如信用额度、周转信用协议和补偿性余额等。

② 抵押借款。为了降低风险，银行发放贷款时往往需要有抵押品担保。短期借款的抵押品主要有应收账款、存货、应收票据、债券等。银行将根据抵押品面值的 30%~90% 发放贷款，具体比例取决于抵押品的变现能力和银行对风险的态度。抵押借款的利率通常高于信用借款，因为银行主要向信誉好的客户提供信用贷款，而将抵押贷款看作一种风险投资，故收取较高的利率；另外，银行管理抵押贷款要比信用贷款困难，往往为此另外收取手续费。抵押借款的种类主要有应收账款的担保借款、应收账款让售借款、应收票据贴现借款和存货担保贷款。

（2）短期借款的成本

短期借款成本主要包括利息、手续费等。短期借款成本的高低主要取决于贷款利率的高低和利息的支付方式。短期贷款利息的支付方式有收款法、贴现法和加息法3种，方式不同短期借款成本计算也有所不同。

① 收款法。收款法是在借款到期时向银行支付利息的方法。银行向企业贷款一般都采用这种方法收取利息。采用收款法时，短期贷款的实际利率就是名义利率。

② 贴现法。贴现法又称折价法，是指银行向企业发放贷款时，先从本金中扣除利息部分，而到期时借款企业则要偿还贷款全部本金的一种利息支付方法。在这种利息支付方式下，企业可以利用的贷款只是本金减去利息部分后的差额，因此，贷款的实际利率要高于名义利率。

③ 加息法。加息法是银行发放分期等额偿还贷款时采用的利息收取方法。在分期等额偿还贷款情况下，银行将根据名义利率计算的利息加到贷款本金上，计算出贷款的本息和，要求企业在贷款期内分期偿还本息之和的金额。由于贷款本金分期均衡偿还，借款企业实际上只平均使用了贷款本金的一半，却支付了全额利息。这样企业所负担的实际利率便要高于名义利率大约1倍。

2．商业信用

商业信用是指在商品交易中由于延期付款或预收货款所形成的企业间的借贷关系，是企业间的一种直接信用行为。商业信用是伴随商品交易而产生的，属于自然性筹资。商业信用的具体形式有应付账款、应付票据、预收账款等。

（1）应付账款

① 应付账款的概念和种类。应付账款是企业购买货物暂未付款所形成的自然性筹资，即卖方允许买方在购货后一定时期内支付货款的一种形式。卖方利用这种形式促销，而买方延期付款则等于向卖方借用资金购买商品，以满足短期资金的需求。这种商业信用的形式一般建立在卖方对买方的信誉和财务状况比较了解的基础之上。

② 应付账款的成本。与应收账款相对应，应付账款也有付款期、折扣期限、折扣比例等信用条件。若企业在折扣期内付款，便可以享受免费信用，这时企业没有因为享受信用而付出代价，但若超过折扣期限付款，则企业要承受因放弃现金折扣而造成的隐含利息成本。其计算公式为

$$\text{放弃现金折扣的实际利率} = \frac{\text{折扣率}}{1-\text{折扣率}} \times \frac{360}{\text{信用期限} - \text{折扣期限}} \quad (5-2)$$

但若企业在放弃现金折扣的情况下,推迟付款的时间越长,其成本便会越小。

(2) 应付票据

应付票据是企业进行延期付款商品交易时开具的反映债权债务关系的票据。根据承兑人的不同,应付票据分为商业承兑票据和银行承兑票据;按是否带息分为带息票据和不带息票据。应付票据的承兑期由交易双方商定,最长不超过6个月。应付票据的利率一般低于短期贷款利率,且不用保持相应的补偿性余额和支付协议费、手续费等。但是应付票据到期必须归还,如延期要支付罚金,因而风险较大。

(3) 预收账款

预收账款是卖方企业在交付货物之前向买方预先收取的部分或全部货款的信用形式。对于卖方来说,预收账款相当于向买方借用资金后用货物抵偿。预收账款一般用于生产周期长、资金需求量大的货物的销售。

(4) 应计费用

除了以上商业信用形式外,企业在非商品交易中还形成一些应计费用,如应付工资、应付税金、应付利息、应付股利等。这些应计费用支付期晚于发生期,相当于企业享用了收款方的借款,是一种"自然性筹资"。从某种程度上来说,应计费用是一种无成本的筹资方式。但是对于企业来说,应计费用并不是真正可自由支配的,因为其期限通常都有强制性的规定,如按规定期限交纳税金和支付利息、每月按固定的日期支付工资等。因此应计费用不能作为企业主要的短期筹资方式来使用。

5.2 资本成本

5.2.1 资本成本的概念及意义

资本成本是指企业为筹集和使用资金而付出的代价。资本成本包括资金筹资费和资金占用费两部分。资金筹资费是指在资金筹资过程中支付的各项费用,如发行股票和债券支付的印刷费、发行手续费、律师费、资信评估费、公证费、担保费、广告费等;资金占用费是指占用资金支付的费用,如股票的股息、借款和债券的利息等。

资本成本是企业财务管理中的重要概念。对于企业筹资来讲,资金成本是选择资金来源、确定筹资方案的重要依据,企业要选择资金成本最低的筹资方式;对于企业投资来讲,资金成本是评价投资项目、决定投资取舍的重要标准,投资项目只有在其投资收益率高于资金成本时才是可接受的,否则将无利可图。资金成本还可作为衡量企业经营成果的尺度,即经营利润应高于资金成本,否则表明经营不力、业绩欠佳。

资本成本有多种计量形式,主要包括个别资本成本、综合资本成本和边际资本成本,不同计量形式所得出的资本成本有不同的用途。个别资本成本是各种筹资方式的资本成本,包括长期债券成本、长期借款成本、优先股成本、普通股成本和留存收益成本,其中前两种统称为债务资本成本,后三种统称为权益资本成本。个别资本成本主要用于评价各种筹资方式；综合资本成本是对各种个别资本成本进行加权平均所得到的平均资本成本，一般用于企业资本结构决策；边际资本成本是追加筹资部分的成本，也要采用加权平均的方法计算，一般用于追加筹资决策。

5.2.2 个别资本成本的计算

1. 长期借款的资本成本

长期借款的成本指借款利息和筹资费。由于借款利息计入税前成本费用，可以起到抵税的作用。

（1）不考虑货币时间价值时的长期借款资金成本计算模型

不考虑货币时间价值的长期借款资金成本计算公式为

$$K_1 = \frac{R_1(1-T)}{1-F_1} \tag{5-3}$$

或

$$K_1 = \frac{I_1(1-T)}{L(1-F_1)} \tag{5-4}$$

式中，K_1 为长期借款资本成本；I_1 为长期借款年利息；T 为所得税率；L 为长期借款筹资额（借款本金）；F_1 为长期借款筹资费用率；R_1 为长期借款的利率。

（2）考虑货币时间价值时的长期借款资金成本计算模型

在考虑货币时间价值时，长期借款资金成本计算公式为

$$L(1-F_1) = \sum_{t=1}^{n} \frac{I_t}{(1+K)^t} + \frac{P}{(1+K)^n} \tag{5-5}$$

$$K_1 = K(1-T) \tag{5-6}$$

式中，P 为第 n 年末应偿还的本金；K 为所得税前的长期借款资本成本；K_1 为所得税后的长期借款资本成本。

式（5-5）中，等号左边 $L(1-F_1)$ 是借款的实际现金流入，等号右边为借款引起的未来现金流出的现值总额，由各年利息支出的年金现值之和加上到期偿还本金的复利现值而得。

按照这种办法，实际上是将长期借款的资本成本看作使这一借款的现金流入现值等于其现金流出现值的贴现率。运用时，先通过式（5-5），采用内插法求解借款的税前资本成本，再通过式（5-6）将借款的税前资本成本调整为税后的资本成本。

2. 长期债券的资本成本

长期债券的资本成本主要是指债券利息和筹资费。由于债券利息计入税前成本费用，可以起到抵税的作用。

（1）不考虑货币时间价值时的债券成本计算模型

在不考虑货币的时间价值时，债券成本计算公式为

$$K_b = \frac{R_b(1-T)}{1-F_b} \tag{5-7}$$

或

$$K_b = \frac{I_b(1-T)}{B(1-F_b)} \tag{5-8}$$

式中，K_b 为债券资本成本；I_b 为债券年利息；T 为所得税率；B 为债券筹资额；F_b 为债券筹资费用率；R_b 为债券的利率。

（2）考虑货币时间价值时的债券成本计算模型

在考虑货币的时间价值时，债券成本计算公式为

$$B(1-F_b) = \sum_{t=1}^{n} \frac{I_b}{(1+K)^t} + \frac{P}{(1+K)^n} \tag{5-9}$$

$$K_b = K(1-T) \tag{5-10}$$

式中，P 为第 n 年末应偿还的本金；K 为所得税前的债券成本；K_b 为所得税后的债券成本。

3. 普通股资本成本

由于普通股的股利是不固定的，即未来现金流出是不确定的，因此很难准确估计出普通股的资本成本。常用的普通股资本成本估计的方法有股利折现模型法、资本资产定价模型法和债券收益率加风险报酬率。

（1）股利折现模型法

股利折现模型法是按照资本成本的基本概念来计算普通股资本成本的，即将企业发行股票所收到资金净额现值与预计未来资金流出现值相等的贴现率作为普通股资本成本，其中预计未来资金流出包括支付的股利和回收股票所支付的现金。因为一般情况下企业不得回购已发行的股票，所以运用股利折现模型法计算普通股资本成本时只考虑股利支付。普通股按股利支付方式的不同可以分为零成长股票、固定成长股票和非固定成长股票等，相应的资本成本计算也有所不同。具体如下。

① 零成长股票。零成长股票各年支付的股利相等，股利的增长率为 0。根据其估价模型可以得到其资本成本计算公式为

$$K_c = \frac{D}{P_0(1-f_c)} \tag{5-11}$$

式中，K_c 为普通股资本成本；P_0 为发行价格；f_c 为普通股筹资费用率；D 为固定股利。

②固定成长股票。固定成长股票是指每年的股利按固定的比例 g 增长。根据其估价模型得到的股票资本成本计算公式为

$$K_c = \frac{D}{P_0(1-f_c)} + g \tag{5-12}$$

使用该模型的关键是股利增长率 g 的确定。

③非固定成长股。某股票股利增长率从高于正常水平的增长率转为一个被认为正常水平的增长率，如高科技企业的股票，则其称为非固定成长股票。这种股票资本成本的计算不像固定成长股票和零成长股票有一个简单的公式，而是要通过解高次方程来计算。

例如，某企业股票预期股利在最初 5 年中按 10% 的速度增长，随后 5 年中增长率为 5%，然后再按 2% 的速度永远增长下去，则其资本成本应该是使下面等式成立的贴现率，即

$$P_0(1-f_c) = \sum_{t=1}^{5} \frac{D_0(1.10)^t}{(1+K_c)^t} + \sum_{t=6}^{10} \frac{D_5(1.05)^{t-5}}{(1+K_c)^t}$$
$$+ \sum_{t=11}^{\infty} \frac{D_{10}(1.02)^{t-10}}{(1+K_c)^t} \tag{5-13}$$

求出其中的 K_c,就是该股票的资本成本。

(2) 资本资产定价模型法

在市场均衡的条件下,投资者要求的报酬率与筹资者的资本成本是相等的,因此可以按照确定普通股预期报酬率的方法来计算普通股的资本成本。资本资产定价模型是计算普通预期报酬率的基本方法,即

$$R_i = R_f + \beta_i(R_m - R_f) \tag{5-14}$$

整理上式可以得到

$$K_c = R_f + \beta_i(R_m - R_f) \tag{5-15}$$

式中,R_f 为无风险报酬率;R_m 为市场上股票的平均报酬率;β_i 为第 i 种股票的贝他系数;(R_m-R_f) 为市场股票的平均风险报酬率。

该模型使用的关键是贝他系数和市场平均收益率的确定。

(3) 债券投资报酬率加股票投资风险报酬率

普通股必须提供给股东比同一公司的债券持有人更高的期望收益率,因为股东承担了更多的风险,因此可以在长期债券利率的基础上加上股票的风险溢价来计算普通股资本成本。用公式表示为

$$\text{普通股资本成本} = \text{长期债券收益率} + \text{风险溢价} \tag{5-16}$$

由于在此要计算的是股票的资本成本,而股利是税后支付,没有抵税作用。因此,是长期债券收益率而不是债券资本成本构成了普通股成本的基础。风险溢价可以根据历史数据进行估计。在美国,股票相对于债券的风险溢价大约为 4% ~ 6%。由于长期债券收益率能较准确地计算出来,在此基础上加上普通股风险溢价作为普通股资本成本的估计值还是有一定科学性的,而且计算比较简单。

4. 留存收益资本成本

留存收益是由公司税后净利润形成的。从表面上看,公司使用留存收益似乎没有什么成本,其实不然,留存收益资本成本是一种机会成本。留存收益属于股东对企业的追加投资,股东放弃一定的现金股利,意味着将来获得更多的股利,即要求与直接购买同一公司股票的股东取得同样的收益,也就是说公司留存收益的报酬率至少等于股东将股利进行再投资所能获得的收益率。因此,企业使用这部分资金的最低成本应该与普通股资本成本相同,唯一的差别就是留存收益没有筹资费用。

5.2.3 综合资本成本的计算

由于受多种因素的制约,企业不可能只使用某种单一的筹资方式,往往需要通过多种方式筹资所需资金。综合资金成本是以各种资金占全部资金的比重为权数,对个别资金成本进行加权平均确定的,其计算公式为

$$K_w = \sum K_j \omega_j \qquad (5-17)$$

式中，K_w 为综合资金成本；K_j 为第 j 种个别资金成本；ω_j 为第 j 种个别资金占全部资金的比重，可以选择账面价值、市场价值和目标价值。

5.2.4 边际资金成本

1. 边际资金成本的概念

企业无法以某一固定资金成本来筹措无限的资金，当以某种筹资方式筹集的资金超过一定限度时，该种筹资方式的资金成本就会增加。在企业追加筹资时，需要知道筹资额在什么数额上便会引起资金成本怎样的变化，这就要用到边际资金成本的概念。

边际资金成本是指资金每增加一个单位而增加的成本。边际资金成本也是按加权平均法计算的，是追加筹资时所使用的加权平均资本成本。

2. 边际资金成本的计算

（1）计算筹资突破点

筹资突破点是指在保持某资金成本率的条件下可以筹集到的资金总限额。在筹资突破点范围内，原来的资金成本率不会改变；一旦筹资额超过筹资突破点，即使维持现有的资本结构，其资金成本也会增加。筹资突破点的计算公式为

$$\text{筹资突破点} = \frac{\text{可用某一特定成本率筹资的某种资金额}}{\text{该种资金在资本结构中所占比重}} \qquad (5-18)$$

（2）计算边际资金成本

根据计算出的突破点可得出若干组新的筹资范围，对筹资范围分别计算加权平均资金成本，即可得到各种筹资范围的边际资金成本。

下面举例说明边际资金成本的计算和应用。

【实例 5-1】 某企业拥有长期资金 400 万元，其中，长期借款 60 万元、长期债券 100 万元、普通股 240 万元。由于扩大经营规模的需要，拟追加筹资。经分析，认为追加筹资后仍应保持目前的资本结构，即长期借款占 15%、长期债券占 25%、普通股占 60%，并测算出随着筹资数额的增加各种资金成本的变化。见表 5-1。

表 5-1 各种资金成本的变化表

资金种类	目标资本结构	新筹资额	资金成本
长期借款	15%	45 000 元内	3%
		45 000~90 000 元	5%
		90 000 元以上	7%
长期债券	25%	200 000 元内	10%
		200 000~400 000 元	11%
		400 000 元以上	12%
普通股	60%	300 000 元内	13%
		300 000~600 000 元	14%
		600 000 元以上	15%

分析：

①计算筹资突破点

按照式（5-19）计算筹资突破点。

$$\text{筹资突破点} = \frac{\text{可用某一特定成本率筹资的某种资金额}}{\text{该种资金在资本结构中所占比重}} \quad (5-19)$$

计算结果见表 5-2。

表 5-2 筹资突破点的计算结果

资金种类	目标资本结构	新筹资额	资金成本	筹资突破点
长期借款	15%	45 000 元内	3%	300 000 元
		45 000~90 000 元	5%	600 000 元
		90 000 元以上	7%	—
长期债券	25%	200 000 元内	10%	800 000 元
		200 000~400 000 元	11%	1 600 000 元
		400 000 元以上	12%	—
普通股	60%	300 000 元内	13%	500 000 元
		300 000~600 000 元	14%	1 000 000 元
		600 000 元以上	15%	—

例如，筹资突破点 300 000 元的含义是，只要追加筹资总额不超过 300 000 元，在保持 15% 长期借款的资本结构下，最多能筹集到 45 000 元的长期借款，而按表 5-2 提供的资料可知，长期借款的资本成本为 3%。换句话说就是，以 3% 的成本向银行申请长期借款，在保持目标资本结构不变的前提下，能筹集到的资金总额最高为 300 000 元，其中长期借款最多能筹集到 45 000 元，占筹资总额的 15%。

②计算边际资金成本

根据上一步计算出的筹资突破点，可以得到 7 组筹资总额范围：30 万元以内、30 万~50 万元、50 万~60 万元、60 万~80 万元、80 万~100 万元、100 万~160 万元、160 万元以上。对以上 7 组筹资范围分别计算加权平均资金成本，即得到各种筹资范围的综合资金成本。计算结果见表 5-3。

表 5-3 资金成本计算表

300 000 元内	长期借款	15%	3%	3%×15% = 0.45%
	长期债券	25%	10%	10%×25% = 2.5%
	普通股	60%	13%	13%×60% = 7.8%
				合计：10.75%
300 000~500 000 元	长期借款	15%	5%	5%×15% = 0.75%
	长期债券	25%	10%	10%×25% = 2.5%
	普通股	60%	13%	13%×60% = 7.8%
				合计：11.05%

续表

	长期借款	15%	3%	3%×15%=0.45%
300 000 元内	长期债券	25%	10%	10%×25%=2.5%
	普通股	60%	13%	13%×60%=7.8%
				合计：10.75%
	长期借款	15%	5%	5%×15%=0.75%
500 000~600 000 元	长期债券	25%	10%	10%×25%=2.5%
	普通股	60%	14%	14%×60%=8.4%
				合计：11.65%
	长期借款	15%	7%	7%×15%=1.05%
600 000~800 000 元	长期债券	25%	10%	10%×25%=2.5%
	普通股	60%	14%	14%×60%=8.4%
				合计：11.95%
	长期借款	15%	7%	7%×15%=1.05%
800 000~1 000 000 元	长期债券	25%	11%	11%×25%=2.75%
	普通股	60%	14%	14%×60%=8.4%
				合计：12.2%
	长期借款	15%	7%	7%×15%=1.05%
1 000 000~1 600 000 元	长期债券	25%	11%	11%×25%=2.75%
	普通股	60%	15%	15%×60%=9%
				合计：12.8%
	长期借款	15%	7%	7%×15%=1.05%
1 600 000 元以上	长期债券	25%	12%	12%×25%=3%
	普通股	60%	15%	15%×60%=9%
				合计：13.05%

有了边际资本成本规划后，可以将边际资本成本与投资报酬率进行比较，以判断有利的筹资和投资机会。

5.3 融资风险

融资风险是指筹资活动中由于筹资的规划而引起的收益变动的风险。融资风险受经营风险和财务风险的双重影响。

5.3.1 经营风险和经营杠杆

1. 经营风险和经营杠杆的概念

经营风险是指企业因经营上的原因而导致利润变动的风险。影响企业经营风险的主要因素有产品需求、产品售价、产品成本和固定成本等,其中最主要的因素是固定成本。

企业的经营成本可以分为固定成本和变动成本。变动成本是指随着产量的增加而增加的成本;固定成本是指在一定的生产规模内,不随产量的增加而增加的成本。由于固定成本的存在,使得销售量的变化与营业利润并不成比例变化。固定成本在一定销售量范围内不随销售量的增加而增加,所以随着销售量增加,单位销售量所负担的固定成本会相对减少,从而给企业带来额外的收益;相反,随着销售量的下降,单位销售量所负担的固定成本会相对增加,从而给企业带来额外的损失。如果不存在固定成本,总成本随产销量变动而成比例地变化,那么,企业营业利润变动率就会同产销量完全一致。这种由于存在固定成本而造成的营业利润变动率大于产销量变动率的现象,就叫作经营杠杆。由此可见,经营杠杆集中体现了经营风险的大小。

2. 经营杠杆系数

企业经营风险的大小常常使用经营杠杆来衡量,经营杠杆的大小一般用经营杠杆系数表示,它是企业息税前利润变动率与销售变动率的比率,其计算公式为

$$\text{DOL} = \frac{\Delta \text{EBIT}/\text{EBIT}}{\Delta Q/Q} \qquad (5-20)$$

式中,DOL 为经营杠杆系数;ΔEBIT 为息税前盈余变动额;EBIT 为变动前息税前盈余;ΔQ 为销售变动量;Q 为变动前销售量。

为了便于应用,经营杠杆系数可以通过销售额和成本来表示,具体有两个公式:

$$\text{DOL}_Q = \frac{Q(P-V)}{Q(P-V)-F} \qquad (5-21)$$

式中,DOL_Q 为销售量为 Q 时的经营杠杆系数;P 为产品单位销售价格;V 为产品单位变动成本;F 为总固定成本。

$$\text{DOL}_S = \frac{S-VC}{S-VC-F} \qquad (5-22)$$

式中,DOL_S 为销售额为 S 时的经营杠杆系数;S 为销售额;VC 为变动成本总额;F 为总固定成本。

3. 经营杠杆系数的含义和有关因素的关系

固定成本不变的情况下,经营杠杆系数说明了销售额增长(或减少)所引起利润增长(或减少)的幅度。销售额越大,经营杠杆系数越小,经营风险也就越小;反之,销售额越小,经营杠杆系数越大,经营风险也就越大。

销售规模在盈亏平衡点以下时,营业杠杆系数为负值,超过盈亏平衡点以后,营业杠杆系数均为正。盈亏平衡点的营业杠杆系数趋近于无穷大,离盈亏平衡点越远,营业杠杆系数的绝对值就越大。当销售量超过盈亏平衡点逐渐增长时,营业杠杆系数会越来越小,最后趋近于 1,这说明息税前利润对销售规模变动的敏感性越来越低,固定成本的存在对

营业利润的放大作用趋于 1 比 1 的关系。由此可见，企业即使有很大的固定成本 F，只要销售量远远超过盈亏平衡点，DOL 也会很低，即经营也是很安全的。但企业即使有很低的固定成本，而其销售量很接近于盈亏平衡点，DOL 也会很大，即经营风险也会很大。营业杠杆是由于固定经营成本的存在而产生的一种杠杆作用，但其大小主要取决于销售规模距离盈亏平衡点的远近，而不是固定成本总额本身的大小。

4. 控制经营杠杆的途径

一般企业可通过增加销售额、降低产品单位变动成本、降低固定成本比重等措施使经营杠杆率下降，降低经营风险。企业的财务经理应预先知道销售规模的一个可能变动对营业利润的影响，根据这种预先掌握的信息，对销售政策或成本结构作相应的调整。

5.3.2 财务杠杆和财务杠杆系数

1. 财务风险和财务杠杆

按固定成本取得的资金总额（债务资金）一定的情况下，从税前利润中支付的固定性资本成本（利息）是不变的。因此，当息税前利润增加时，每一元息税前利润所负担的固定性资本成本就会降低，扣除所得税后属于普通股的利润就会增加，从而给所有者带来额外的收益；相反，当息税前利润减少时，每一元息税前利润所负担的固定性资本成本就会上升，扣除所得税后属于普通股的利润就会减少，从而给所有者带来额外的损失。如果不存在固定融资成本，企业的息税前利润都是属于股东的，那么，普通股的利润与企业息税前利润变动率就会完全一致。这种由于固定融资成本的存在使普通股每股收益的变动幅度大于息税前利润变动幅度的现象，称为财务杠杆作用。

财务风险是指全部资本中债务资本比率的变化带来的风险。当债务资本比率较高时，筹资者将负担较多的债务成本，并经受较多的由财务杠杆作用引起的收益变动的冲击，从而财务风险较大；反之，当债务资本比率较低时，财务风险也较小。

2. 财务杠杆系数

财务杠杆作用的大小通常用财务杠杆系数表示。财务杠杆系数越大，表明财务杠杆作用越大，财务风险也就越大；财务杠杆系数越小，表明财务杠杆作用越小，财务风险也就越小。财务杠杆系数的计算公式为

$$\text{DFL} = \frac{\Delta \text{EPS}/\text{EPS}}{\Delta \text{EBIT}/\text{EBIT}} \quad (5-23)$$

式中，DFL 为财务杠杆系数；ΔEBIT 为息税前利润变动额；EBIT 为息税前利润；ΔEPS 为每股利润变动额；EPS 为每股利润。式（5-23）还可简化为

$$\text{DFL} = \frac{\text{EBIT}}{\text{EBIT} - I} \quad (5-24)$$

式中，I 为利息。

3. 财务杠杆系数的含义和有关因素的关系

① 财务杠杆系数表明息税前利润变化（增长或下降）引起的每股盈余变化（增长或下降）的幅度。在资本总额、息税前利润相同的情况下，负债比率、财务杠杆系数越高，预期每股盈余的变动也越大。

② 在息税前利润大于利息时，财务杠杆系数为正；在息税前利润小于利息时，财务杠杆系数为负；在息税前利润等于利息时，财务杠杆系数达到无穷大。在息税前利润超过利息支出后，随着息税前利润的增加，财务杠杆系数越来越小，逐渐趋近于1，即说明每股盈余对息税前利润变动的敏感性越来越低，固定融资成本的存在对每股盈余的放大作用趋于1比1的关系。由此可见，企业即使有很大的固定性融资成本（即利息支出I），只要息税前利润远远超过利息支出，财务杠杆也会很低，即负债经营也是很安全的；但企业即使有很低的固定性资金成本，且其息税前利润很接近于利息支出，财务杠杆也会很高，即负债经营风险也会很大。

4. 控制财务杠杆的途径

负债比率是可以控制的。企业可以通过合理安排资本结构，适度负债，使财务杠杆利益抵消其风险增大所带来的不利影响。

5.3.3 总杠杆系数的计算与意义

从以上分析可知，营业杠杆通过扩大销售规模来影响税息前利润，而财务杠杆通过扩大税息前利润来影响每股利润。营业杠杆和财务杠杆两者联合起来的效果是，销售的任何变动都会放大每股利润，使每股收益产生更大的变动，这就是总杠杆作用。

总杠杆作用可用总杠杆系数表示，它是经营杠杆系数和财务杠杆系数的乘积，其计算公式为

$$DCL = DOL \cdot DFL \tag{5-25}$$

总杠杆作用的意义首先在于其能够估计出销售额变动对每股盈余造成的影响。并且，它反映了经营杠杆与财务杠杆之间的相互关系，即为了达到一定总杠杆系数，经营杠杆和财务杠杆可以有很多不同的组合。高经营风险可以被低财务风险所抵消，高财务风险也可以被低经营风险所抵消，以使企业达到一个较合适的总风险水平。但实际工作中，财务杠杆往往可以选择，而营业杠杆却不行。企业的营业杠杆往往取决于其所在的行业及规模，一般不能轻易变动；而财务杠杆却始终是一个可以选择的项目。因此，企业往往在确定的营业杠杆下，通过调节财务杠杆来调节企业的总风险水平，而不是在确定的财务杠杆下，通过调节营业杠杆来调节企业的总风险。

5.4 资本结构

5.4.1 资本结构理论

资本结构是指企业各种长期资金筹资来源的构成和比率关系。短期资金的需求量和筹集量是经常变动的，在整个资金总量中所占比重不稳定，因此不列入资本结构的管理范围，而作为营运资金管理。通常情况下，企业的资本结构由长期债务资本和权益资本构成，资本比率关系指的是长期债务资本和权益资本各占多大比重。

1. 早期资本结构理论

资本结构理论要解决的问题是：能否通过改变企业的资本结构来提高企业的总价值，降低企业的总资本成本。这个问题一直存在很多争论。

通常把对资本结构理论的研究分为早期资本结构理论和现代资本结构理论两个阶段。早期资本结构理论又分为3种不同的学说，即净收入理论、净营运收入理论和传统理论。

净收入理论的观点是，由于负债资本的风险低于股权资本的风险，因此负债资本的成本低于股权资本的成本。在这种情况下，企业的加权平均资本成本会随着负债比率的增加而下降，或者说，公司的价值将随着负债比率的提高而增加。因为，公司的价值是公司未来现金流量的现值，是以加权平均资本成本作为贴现率计算的，负债越多，加权平均资本成本越低，公司价值就越大。当负债率达到100%时，公司价值达到最大。

净营运收入理论的观点是，随着负债的增加，股权资本的风险增大，股权资本的成本会提高。假设股权资本成本增加的部分正好抵消负债给公司带来的价值，则加权平均资本成本并不会因为负债比率的增加而下降，而是维持不变，从而公司价值也保持不变，即公司价值与资本结构无关。

传统理论是介于净收入理论和净营运收入理论之间的一种折中理论。该理论认为，公司在一定负债限度内，股权资本和债务资本的风险都不会显著增加，一旦超过这一限度，股权资本和债务资本开始上升，超过某一点后又开始下降，即企业存在一个最佳资本结构。

早期资本结构理论虽然对资本结构与公司价值和资本成本的关系进行一定的描述，但是这种关系没有抽象为简单的模型。

2. 现代资本结构理论

现代资本结构理论是以MM理论为标志的。美国的莫迪利安尼（Madigliani）和米勒（Miller）两位教授在1958年共同发表的论文《资本成本、公司财务与投资理论》提出了资本结构无关论，构成了现代资本结构理论的基础。现代资本结构理论的发展又分为无税收的MM理论（MMⅠ）、有税收的MM理论（MMⅡ）和权衡理论3个不同的阶段。

（1）无税收的MM理论

无税收的MM理论又称为资本结构无关论。资本结构无关论的假设条件是：没有公司所得税和个人所得税，资本市场上没有交易成本，没有破产成本和代理成本，个人和公司的借贷利率相同，等等。无税收的MM理论认为增加公司债务并不能提高公司价值，因为负债带来的好处完全为其同时带来的风险所抵消。其具体有两个主要命题。

命题1：总价值命题，即在没有公司所得税的情况下，杠杆企业的价值与无杠杆企业的价值相等，即公司价值不受资本结构的影响。用公式可以表示为

$$V_L = V_U \tag{5-26}$$

式中，V_L为杠杆企业的价值；V_U为无杠杆企业的价值。

无税收总价值命题成立的理论根据是套利原理，即两个公司除了资本结构和市场价值以外，其他条件均相同，则投资者将出售高估公司的股票，购买低估公司的股票。这个过程将一直持续到两个公司市场价值完全相同为止。

命题2：风险补偿命题，即杠杆企业的权益资本成本等于同一风险等级的无杠杆企业的权益资本成本加上风险溢价，风险溢价取决于负债比率的高低。用公式表示为

$$R_S = R_0 + (R_0 - R_B)\frac{B}{S} \tag{5-27}$$

式中，R_S 为杠杆企业的权益资本成本；R_0 为无杠杆企业的权益资本成本；R_B 为债务资本成本；B 为债务的市场价值；S 为股票的市场价值；$B+S$ 为企业总价值。

命题2表明，负债公司的权益资本成本会随着负债比率的提高而增加。这是因为权益持有者的风险会随着财务杠杆的增加而增加，因此股东所要求的报酬率也会随着财务杠杆的增加而增加。

命题2成立的前提条件是，随着负债比率的上升，虽然债务资本成本比权益资本成本低，但是企业的总资本成本不会降低。原因是，当债务比率增加时，剩余权益的风险也增加，权益资本的成本也就会随之增加。剩余权益资本成本的增加抵消了债务资本成本的降低。MM理论证明了这两种作用恰好相互抵消，因此企业总资本成本 R_{WACC} 与财务杠杆无关。

无税收的资本结构理论虽然只得出了盲目而简单的结论，但是它被认为是现代资本结构理论的起点。在此之前，人们认为资本结构与公司价值之间的关系复杂难解，而两位教授在建立了一定假设之后，找到了资本结构与公司价值之间的关系，为以后的资本结构理论研究奠定的一定基础。

（2）有税收的MM理论

莫迪利安尼（Madigliani）和米勒（Miller）二人在1963年又共同发表了一篇与资本结构有关的论文《公司所得税与资本成本：修正的模型》。在该论文的模型中去掉了没有公司所得税的假设。他们发现在考虑公司所得税情况下，由于债务利息可以抵税，使得流入投资者手中的现金流量增加，因此公司价值会随着负债比率的提高而增加。企业可以无限制地负债，负债100%时企业价值达到最大。具体也有两个命题：

命题1：总价值命题，即杠杆企业价值大于无杠杆企业价值，用公式表示为

$$V_L = V_U + TB \tag{5-28}$$

式中，T 为所得税率；B 为负债总额；TB 为债务利息抵税现值。

税法规定债务利息可以在税前列支，减少了企业的应纳税所得额，从而减少了上缴的所得税额。因此，负债企业比非负债企业在其他条件相同的情况下，流入投资者手中的现金流量要大，具体金额是 TBR_B。假设企业有永久性的债务，用债务的利息率作为贴现率对 TBR_B 进行贴现，就可以得到债务利息抵税现值为 TB。该命题表明，杠杆企业的价值会超过无杠杆企业的价值，且负债比率越高，这个差额就会越大。当负债达到100%时，公司价值达到最大。

命题2：风险补偿命题，即有税收时，杠杆企业的权益资本成本也等于同一风险等级的无杠杆企业的权益资本成本加上风险溢价，但风险溢价不仅取决于负债比率而且还取决于所得税率的高低。用公式表示为

$$R_S = R_0 + (R_0 - R_B)\frac{B}{S}(1-T) \tag{5-29}$$

命题2表明，考虑公司所得税后，虽然杠杆企业的权益资本成本会随着负债比率的提高而提高，但其上升的速度低于无税时上升的速度。将命题1和命题2结合起来，可得到杠杆企业的加权平均资本成本会随着负债率的上升而下降。加权平均资本成本的计算公式为

$$R_{WACC} = \left(\frac{B}{V_L}\right)R_B(1-T) + \left(\frac{S}{V_L}\right)R_S \tag{5-30}$$

式中，R_{WACC} 为加权平均资本成本；V_L 为企业价值，$V_L = B + S$。

（3）权衡理论

有税收的 MM 理论认为通过负债经营可以提高公司的价值，但这是建立在没有破产成本和代理成本假设基础上的。在 MM 理论基础上，财务学家又考虑了财务危机成本和代理成本，进一步发展了资本结构理论。同时考虑债务利息抵税、破产成本和代理成本的资本结构理论被称为权衡理论。

财务危机是指企业在履行债务方面遇到了极大的困难。财务危机的发生可能导致企业破产，也可能不会导致企业破产，但都会给企业造成很大的损失。这些损失我们称其为财务危机成本，具体分为直接成本和间接成本两种。直接成本是指企业为了处理财务危机而发生的各种费用以及财务危机给企业造成的资产贬值，包括有形资产和无形资产的贬值。间接成本是指企业因发生财务危机而在经营管理方面遇到的各种困难和损失，如债权人对企业的正常经营活动进行限制、原材料供应商要求企业必须用现金购买材料、顾客放弃购买企业的产品等。

债权人通常对企业没有控制权，只有对资金的收益权；而股东可以通过其代理人（董事会和经理会）对企业进行控制。因此股东与债权人的利益是不完全一致的，但在企业正常经营情况下，这种不一致表现得不是很明显。一旦企业陷入财务危机，股东与债权人利益不完全一致的矛盾就会激化，股东就可能采取有利于自身的利益而损害债权人利益的行为。为了防止股东与债权人之间的矛盾冲突，债权人事先将会从各方面对股东的行为进行限制，如限制企业现金股利发放的数额、限制企业出售或购买资产、限制企业进一步负债、保持最低的营运资本水平等。所有这些限制和监督都会增加签订债务合同的复杂性，使成本上升；另外这些限制在保护了债权人利益的同时也降低了企业经营的效率，从而使企业价值下降。这些成本就是代理成本。

以上分析说明，负债经营不但会因为其税收屏蔽而增加公司价值，而且也会因为其财务危机成本和代理成本而减少公司价值。在考虑公司所得税、财务危机成本和代理成本的情况下，负债企业价值与资本结构的关系应为

$$V_L = V_U + TB - (财务危机成本 + 代理成本) \quad (5-31)$$

式中的前两项代表 MM 理论的理论思想，即负债越多，由此带来的税收屏蔽也越大，企业价值就越大，但考虑了财务危机成本和代理成本之后，情况就不一样了。具体情况如图 5-1 所示。

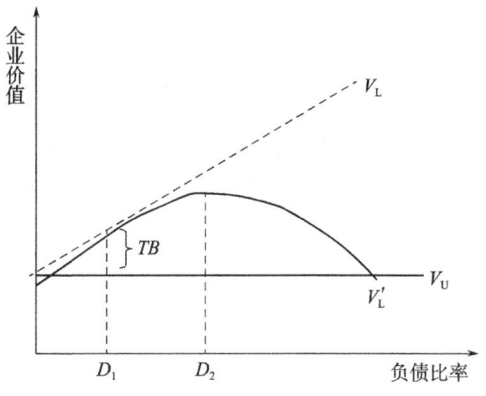

图 5-1 权衡理论示意图

图中，V_L 为只有负债税收屏蔽而没有破产成本和代理成本的企业价值；V_U 为无负债时的企业价值；V_L' 为同时存在负债税收屏蔽和破产成本与代理成本的企业价值；TB 为负债税收屏蔽的现值；D_1 为破产成本和代理成本变得重要时的负债水平；D_2 为最佳资本结构。

图 5-1 说明，$V_L(V_U+TB)$ 是负债企业价值的 MM 定理的理论值。当负债率很低时，财务危机成本和代理成本很低，公司价值 V_L 主要由 MM 理论决定；随着负债率上升，财务危机成本和代理成本逐渐增加，公司价值 V_L 越来越低于 MM 理论值，但由于债务增加带来的税收屏蔽的增加值仍大于因此而产生的财务危机成本和代理成本的增加值，故公司价值呈上升趋势；当负债总额达到 D_2 时，增加债务带来的税收屏蔽增加值与财务危机成本和代理成本的增加值正好相等，公司价值 V_L 达到最大，此时的负债总额 D_2 即为最优债务额，此时的资本结构为最佳资本结构；当债务权益比超过 D_2，债务的税收屏蔽增加值小于财务危机成本和代理成本的增加值时，公司价值 V_L 开始下降。

上述分析表明，理论上企业应该存在一个最佳资本结构，但由于财务危机成本和代理成本很难进行准确估计，所以最佳资本结构并不能靠计算和纯理论分析的方法得到，而需管理人员在考虑了影响资本结构的若干因素基础上来进行判断和选择。财务经理应结合公司理财目标，在资产数量一定的条件下，通过调整资本结构使企业价值达到最大。

在考虑税收不考虑财务危机成本和代理成本的情况下，企业的加权平均资本成本是随着负债比率的上升而下降的。但在考虑了财务危机成本和代理成本以后，情况就有所不同了。随着负债比率的上升，加权平均资本成本不会持续下降。这是因为随着负债比率的上升，债权人的风险也逐渐加大，他们所要求的报酬率也相应提高，从而使债务资本成本上升，最终使得加权平均资本成本反降为升。理论上，加权平均资本成本最低时企业价值达到最大，如图 5-2 所示。

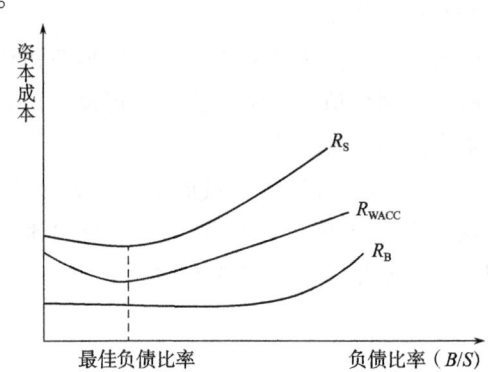

图 5-2 加权平均资本成本和负债权益比的关系

综上所述，理论上最佳的资本结构是使企业加权平均资本成本最低且企业价值最大的资本结构。实际上最佳资本结构的确定，还应该考虑除了企业价值和资本成本以外的各种影响资本结构的因素。

5.4.2 资本结构的决策

虽然资本结构理论的研究成果表明企业存在最佳资本结构，但是企业不可能根据确切的计算公式来确定最佳资本结构，这主要是因为还没有人们认可的用来估计财务危机成本和代理成本的模型。另外，最佳资本结构的理论研究是建立在若干假设基础上的，而实际情况是错综复杂的，很难保证所有假设都成立。因此，财务管理人员在确定企业最佳资本结构时，必须首先对影响企业资本结构的一系列因素进行分析，如企业的举债能力、企业的经营风险、公司的控制权、企业信用等级与债权人的态度、企业资产结构、政府税收、企业的成长率、企业的盈利能力和企业所属的行业等，然后再使用一些建立在资本结构理论基础上的简单的量化方法来确定最优资本结构，但在使用这些方法时要注意他们的局限性。目前，资本结构量化方法主要有比较资本成本法、每股收益分析法和总价值分析法。

资本结构理论研究结果说明，企业最优资本结构应该是使企业价值达到最大且资本成本最低时的资本结构。若此结论是成立的，在确定最优资本结构时可以有 3 种不同的考虑：第一种只考虑资本成本，即以综合资本成本最低作为资本结构决策的依据，这就是比较资本成本法；第二种只考虑企业价值，即以企业价值最大作为资本结构决策的依据，这就是每股收益分析法；第三种同时考虑资本成本和企业价值，即以资本成本最低和企业价值最大作为资本成本决策的依据，这就是总价值分析法。

下面重点介绍每股盈余分析法和总价值分析法。

1. 每股盈余分析法

资本结构是否合理，可以通过分析每股盈余的变化来衡量，即能提高每股盈余的资本结构是合理的，反之则不够合理。但每股盈余的高低不仅受资本结构的影响，还受销售水平和息税前利润的影响。处理以上三者的关系，可运用每股盈余分析法。

每股盈余分析是利用每股盈余的无差别点进行的。所谓每股盈余无差别点，是指每股盈余不受融资方式影响的销售水平或息税前利润。根据每股盈余无差别点，可以分析判断在什么样的销售或息税前利润水平下适合采用何种融资结构。

每股盈余 EPS 的计算公式为

$$\text{EPS} = \frac{(S - VC - F - I)(1 - T)}{N} \tag{5-32}$$

式中，S 为股票的市场价值；VC 为变动成本；F 为固定成本；I 为年利息额；T 为公司所得税率；N 为股票数量。

因为有 $\text{EBIT} = S - VC - F$，所以 EPS 也可以表示为

$$\text{EPS} = \frac{(\text{EBIT} - I)(1 - T)}{N} \tag{5-33}$$

式中，EBIT 为息税前盈余；I 为年利息额；T 为公司所得税率；N 为股票数量。

根据每股盈余无差别点的定义，能够满足下列条件的销售额或息税前盈余就是每盈余无差别点：

$$\frac{(S_1 - \text{VC}_1 - F_1 - I_1)(1 - T)}{N_1} = \frac{(S_2 - \text{VC}_2 - F_2 - I_2)(1 - T)}{N_2} \tag{5-34}$$

每股盈余无差别点分析可以通过图 5-3 来进行。该图所显示的负债融资的 EPS 和权益融资的 EPS 随着 EBIT 的增加以不同的速度增加，负债融资的 EPS 增长速度快于权益融资的 EPS，其原因是负债融资的财务杠杆作用。由图 5-3 可知，当销售额大于每股盈余无差别点的销售额时，运用负债融资可获得较高的每股盈余；反之，当销售额小于每股盈余无差别点的销售额时，运用权益融资可获得较高的每股盈余。

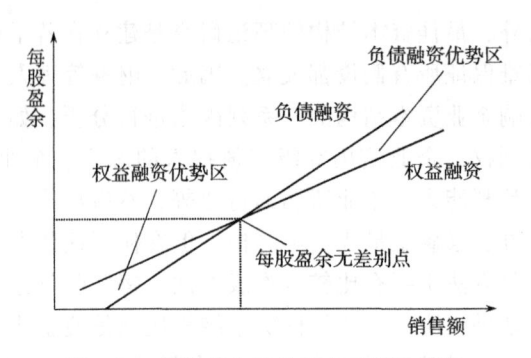

图 5-3 每股盈余无差别点分析示意图

但是，不要忘了筹资决策所面临的财务风险问题。在比较债务筹资和权益筹资两种方式时，要分析期望的 EBIT 或销售额水平实际降到每股利润无差别点以下的概率，该概率越大说明采用债务筹资风险就越大，否则就越小。影响该概率有两个因素：一是 EBIT 的期望水平超过其每股利润无差别点越多，其降到无差别点以下的概率就越小，采用债务筹资就越安全，否则就越不安全；二是 EBIT 的期望水平的波动性越小，其降到无差别点以下的概率就越小，采用债务筹资就越安全，否则就越不安全。

2. 总价值分析法

每股盈余分析法以每股收益的高低作为衡量标准对筹资方式进行选择。这种方法的缺陷在于没有考虑风险因素。从根本上讲，财务管理的目标在于追求公司价值的最大化或股价最大化。然而，只有在风险不变的情况下，每股收益的增长才会直接导致股价的上升，而实际上经常是随着每股收益的增长风险也加大。如果每股收益的增长不足以补偿风险增加所需的报酬，尽管每股收益增加，股价仍然会下降。所以，公司的最佳资本结构应当是可使公司总价值最高而不一定每股盈余最大的资本结构。同时，在公司总价值最大的资本结构下，公司的资金成本也是最低的。同时考虑企业价值、资本成本和风险的资本结构决策方法就是总价值分析法。

公司的市场总价值 V 应该等于其股票的总价值 S 加上债务的价值 B，即

$$V = S + B \tag{5-36}$$

为简化起见，假设债务的市场价值等于它的面值。股票的市场价值则可通过下式计算：

$$S = \frac{(EBIT - 1)(1 - T)}{K_S} \tag{5-37}$$

式中，EBIT 为息税前盈余；I 为年利息额；T 为公司所得税率；K_S 为权益资本成本。

其中的权益资本成本可以按资本资产定价模型法计算，公式为

$$K_S = R_F + \beta(R_m - R_F) \tag{5-38}$$

式中，R_F 为无风险报酬率；β 为股票的贝他系数；R_m 为股票的平均风险报酬率。

而公司的资本成本则应用加权平均资本成本 K_W 来计算，公式为

$$K_W = K_b\left(\frac{B}{V}\right)(1 - T) + K_S\left(\frac{S}{V}\right) \tag{5-39}$$

式中，K_b 为税前的债务资本成本。

根据总价值分析法确定企业最佳资本结构的过程是：首先测算出不同资本结构下的债务资本成本 K_b；其次确定不同资本结构下的股票贝他系数 β；再次计算不同资本结构下的股票市场价值 S；最后计算出不同资本结构下的公司总价值 $V(S+B)$ 和公司资本成本 K_w。其中，使公司价值达到最大的同时使资本成本达到最低的资本结构为最佳资本结构。

5.5 融资决策案例

5.5.1 资金成本计算案例

【实例 5-2】 某企业账面反映的长期资金共 1500 万元，其中 3 年期长期借款 200 万元，年利率 11%，每年付息一次，到期一次还本，筹资费用率为 0.5%；发行 10 年期债券共 500 万元，票面利率 12%，发行费用 5%；发行普通股 800 万元，预计第一年股利率 14%，以后每年增长 1%，筹资费用率 3%；此外，公司保留盈余 100 万元。公司所得税为 33%。要求计算各种筹资方式的资金成本和综合成本。

解 利用 Python 求解实例 5-2 的步骤如下：

第一，从 Excel 读取工作表中数据到 DataFrame 数据框。

df0 = read_excel(bookname,sheetname,na_values = ['NA'])

这里 bookname 为 Excel 工作簿名，sheetname 为工作簿 bookname 中的工作表名。

第二，定义初始值。

names = ['长期借款','债券','普通股','保留盈余']
quantitys = np.zeros(len(names)) #数量
costs = np.zeros(len(names)) #成本
B = df0.columns[1] #对应原数据工作表的第二列

第三，分别计算各类成本和综合资金成本。

#长期借款
quantitys[0] = df0[B][1]
costs[0] = df0[B][2]*(1-df0[B][3])/(1-df0[B][4])
#债券
quantitys[1] = df0[B][7]
costs[1] = df0[B][8]*(1-df0[B][9])/(1-df0[B][10])
#普通股
quantitys[2] = df0[B][14]
costs[2] = df0[B][13]/(1-df0[B][15])+df0[B][16]
#保留盈余
quantitys[3] = df0[B][20]
costs[3] = df0[B][20]*df0[B][19]/df0[B][20]+df0[B][21]
#综合资金成本
capital_cost = np.sum(quantitys*costs)/np.sum(quantitys)

最后，整理 DataFrame 数据框内容，输出到 Excel 文件。最终输出结果如图 5-4 所示。

项目名称	数量	C
长期借款成本		
长期借款	200	
长期借款利率 R	11%	
所得税 T	33%	
长期借款筹资费用率 F	0.50%	
长期借款资金成本 K	7.41%	
债券成本		
债券	500	
债券利率 R	12%	
所得税 T	33%	
债券筹资费用率 F	5%	
债券资金成本	8.46%	
普通股成本		
预期年股利额 D	14%	
普通股筹资额 P	800	
普通股筹资费用率 F	3%	
普通股年增长率 G	1%	
普通股资金成本 K	15.43%	
保留盈余资金成本		
预期年股利率 D	14%	
保留盈余	100	
普通股年增长率 G	1%	
保留盈余资金成本	15.00%	
综合资金成本		
长期借款	200	7.41%
债券	500	8.46%
普通股	800	15.43%
保留盈余	100	15.00%
综合资金成本	12.22%	

图 5-4 资金成本分析表（计算结果）

完成的 Python 程序如下：

```python
#【实例 5-2】Python 实现
#程序名称:pfa5501.py
#功能:资金成本案例
#用于数值计算的库
import numpy as np
import pandas as pd
import scipy as sp
from scipy import stats
from pandas import Series,DataFrame,read_excel
#用于绘图的库
import matplotlib as mpl
from matplotlib import pyplot as plt
import seaborn as sns
sns.set()
#用于统计分析的库
import statsmodels.formula.api as smf
import statsmodels.api as sm
#用于读取 Excel 文件
import openpyxl
#支持中文设置
mpl.rcParams['font.sans-serif']=['SimHei'] #用来正常显示中文标签
mpl.rcParams['axes.unicode_minus']=False #用来正常显示负号
#给数据框 df 增加一行
def append1(df,fld,list1):
    fld0=fld[0:len(list1)]
    dict1=dict(zip(fld0,list1))
    df=df.append(dict1,ignore_index=True)
    return df
#参数变量设置
bookname='融资决策.xlsx' #工作簿名称
sheetname='资金成本' #工作表名称
resultname=sheetname+'-result.xlsx' #输出结果保存文件
```

#读取工作表中数据到数据框
df0=read_excel(bookname,sheetname,na_values=['NA'])
df0['C']=None #增加一列,便于保存结果
fld=df0.columns
#初始值
names=['长期借款','债券','普通股','保留盈余']
quantitys=np.zeros(len(names)) #数量
costs=np.zeros(len(names)) #成本
B=df0.columns[1] #对应原数据工作表的第二列
#长期借款
quantitys[0]=df0[B][1]
costs[0]=df0[B][2]*(1-df0[B][3])/(1-df0[B][4])
#债券
quantitys[1]=df0[B][7]
costs[1]=df0[B][8]*(1-df0[B][9])/(1-df0[B][10])
#普通股
quantitys[2]=df0[B][14]
costs[2]=df0[B][13]/(1-df0[B][15])+df0[B][16]
#保留盈余
quantitys[3]=df0[B][20]
costs[3]=df0[B][20]*df0[B][19]/df0[B][20]+df0[B][21]
#综合资金成本
capital_cost=np.sum(quantitys*costs)/np.sum(quantitys)
#整理DataFrame数据框内容,输出到Excel文件
df0=append1(df0,fld,['综合资金成本'])
df0=append1(df0,fld,['项目','数量','资金成本'])
for i in range(len(names)):
    df0=append1(df0,fld,[names[i],quantitys[i],costs[i]])
df0=append1(df0,fld,['综合资金成本',capital_cost])
df0.to_excel(resultname,index=False)
print("df0=",df0)
```

| 序号 | A | B |
|---|---|---|
| 1 | 1 | 数量 |
| 2 | 2 | |
| 3 | 3 | 200 |
| 4 | 4 | 11% |
| 5 | 5 | 33% |
| 6 | 6 | 0.50% |
| 7 | 7 | |
| 8 | 8 | |
| 9 | 9 | 500 |
| 10 | 10 | 12% |
| 11 | 11 | 33% |
| 12 | 12 | 5% |
| 13 | 13 | |
| 14 | 14 | |
| 15 | 15 | 14% |
| 16 | 16 | 800 |
| 17 | 17 | 3% |
| 18 | 18 | 1% |
| 19 | 19 | |
| 20 | 20 | |
| 21 | 21 | 14% |
| 22 | 22 | 100 |
| 23 | 23 | 1% |
| 24 | 24 | |

说明:

(1) Python分析所需数据保存在工作簿"融资决策.xlsx"中"资金成本"工作表,形式如图5-5所示。

**图5-5 "资金成本"工作表**
```

工作表中第一行为表头。使用时，表头不要变动，表头下面的数据可以根据需要进行修改。

（2）使用时，可根据实际修改下列参数变量的值。

bookname='融资决策.xlsx' #工作簿名称

sheetname='资金成本' #工作表名称

resultname=sheetname+'-result.xlsx' #输出结果保存文件

（3）对工作表及 Python 程序进行修改，必须保存后再运行 Python 程序，才能使得修改有效。

（4）输出结果保存在工作簿 resultname 的工作表 Sheet1 中。

5.5.2 边际资本成本应用案例

【实例 5-3】 某企业拥有长期资金 400 万元，其中长期借款 60 万元，长期债券 100 万元，普通股 240 万元。由于扩大经营规模的需要，拟筹集新资金。经分析，认为筹资新资金后仍应保持目前的资本结构，即长期借款占 15%，长期债券占 25%，普通股占 60%，并测算出随着筹资的增加各种资金成本的变化。各种资金成本的变化见表 5-4。

表 5-4 各种资金成本的变化

资金种类	目标资本结构	新筹资额	资金成本
长期借款	15%	45 000 元内	3%
		45 000~90 000 元	5%
		90 000 元以上	7%
长期债券	25%	200 000 元内	10%
		200 000~400 000 元	11%
		400 000 元以上	12%
普通股	60%	300 000 元内	13%
		300 000~60 0000 元	14%
		600 000 元以上	15%

解 利用 Python 求解实例 5-3 的步骤如下：

第一，从 Excel 读取工作表中数据到 DataFrame 数据框。

df0=read_excel(bookname,sheetname,na_values=['NA'])

这里 bookname 为 Excel 工作簿名，sheetname 为工作簿 bookname 中的工作表名。

第二，定义初始值。

names=['长期借款','债券','普通股','保留盈余']

quantitys=np.zeros(len(names)) #数量

costs=np.zeros(len(names)) #成本

B=df0.columns[1] #对应原数据工作表的第二列

第三，分别计算各类成本和综合资金成本。
```
#长期借款
quantitys[0]=df0[B][1]
costs[0]=df0[B][2]*(1-df0[B][3])/(1-df0[B][4])
#债券
quantitys[1]=df0[B][7]
costs[1]=df0[B][8]*(1-df0[B][9])/(1-df0[B][10])
#普通股
quantitys[2]=df0[B][14]
costs[2]=df0[B][13]/(1-df0[B][15])+df0[B][16]
#保留盈余
quantitys[3]=df0[B][20]
costs[3]=df0[B][20]*df0[B][19]/df0[B][20]+df0[B][21]
#综合资金成本
capital_cost=np.sum(quantitys*costs)/np.sum(quantitys)
```
最后，整理 DataFrame 数据框内容，输出到 Excel 文件。最终输出结果如图 5-6 所示。

	A	B	C	D	E	F	G	H	I
1	资金种类	资本结构		新筹资额	资金成本	突破点			
2		下限	上限						
3	长期借款	15%		45000	3%	300000			
4			45000	90000	5%	600000			
5			90000		7%				
6	长期债券	25%		200000	10%	800000			
7			200000	400000	11%	1600000			
8			400000		12%				
9	普通股	60%		300000	13%	500000			
10			300000	600000	14%	1000000			
11			600000		15%				
12									
13		筹资范围		长期借款		长期债券		普通股	
14		下限	上限	资金种类	资本结构	资金种类	资本结构	资金种类	资本结构	综合资金成本
15	0	300000	15%	3%	25%	10%	60%	13%	10.75%
16	300000	500000	15%	5%	25%	10%	60%	13%	11.05%
17	500000	600000	15%	5%	25%	10%	60%	14%	11.65%
18	600000	800000	15%	7%	25%	10%	60%	14%	11.95%
19	800000	1000000	15%	7%	25%	11%	60%	14%	12.20%
20	1000000	1600000	15%	7%	25%	11%	60%	15%	12.80%
21	1600000		15%	7%	25%	12%	60%	15%	13.05%

图 5-6 边际资金成本分析表（计算结果）

完整的 Python 程序如下：
```python
#【实例5-3】Python 实现
#程序名称:pfa5501.py
#功能:资金成本案例
#用于数值计算的库
import numpy as np
import pandas as pd
import scipy as sp
from scipy import stats
from pandas import Series,DataFrame,read_excel
#用于绘图的库
import matplotlib as mpl
from matplotlib import pyplot as plt
import seaborn as sns
sns.set()
#用于统计分析的库
import statsmodels.formula.api as smf
import statsmodels.api as sm
#用于读取 Excel 文件
import openpyxl
#支持中文设置
mpl.rcParams['font.sans-serif']=['SimHei'] #用来正常显示中文标签
mpl.rcParams['axes.unicode_minus']=False #用来正常显示负号
#给数据框 df 增加一行
def append1(df,fld,list1):
    fld0=fld[0:len(list1)]
    dict1=dict(zip(fld0,list1))
    df=df.append(dict1,ignore_index=True)
    return df
#参数变量设置
bookname='融资决策.xlsx' #工作簿名称
sheetname='资金成本' #工作表名称
resultname=sheetname+'-result.xlsx' #输出结果保存文件
#读取工作表中数据到数据框
df0=read_excel(bookname,sheetname,na_values=['NA'])
df0['C']=None #增加一列,便于保存结果
fld=df0.columns
#初始值
names=['长期借款','债券','普通股','保留盈余']
```

```
quantitys=np.zeros(len(names)) #数量
costs=np.zeros(len(names)) #成本
B=df0.columns[1] #对应原数据工作表的第二列
#长期借款
quantitys[0]=df0[B][1]
costs[0]=df0[B][2]*(1-df0[B][3])/(1-df0[B][4])
#债券
quantitys[1]=df0[B][7]
costs[1]=df0[B][8]*(1-df0[B][9])/(1-df0[B][10])
#普通股
quantitys[2]=df0[B][14]
costs[2]=df0[B][13]/(1-df0[B][15])+df0[B][16]
#保留盈余
quantitys[3]=df0[B][20]
costs[3]=df0[B][20]*df0[B][19]/df0[B][20]+df0[B][21]
#综合资金成本
capital_cost=np.sum(quantitys*costs)/np.sum(quantitys)
#整理 DataFrame 数据框内容,输出到 Excel 文件
df0=append1(df0,fld,['综合资金成本'])
df0=append1(df0,fld,['项目','数量','资金成本'])
for i in range(len(names)):
    df0=append1(df0,fld,[names[i],quantitys[i],costs[i]])
df0=append1(df0,fld,['综合资金成本',capital_cost])
df0.to_excel(resultname,index=False)
print("df0=",df0)
```

说明：

(1) Python 分析所需数据保存在工作簿"融资决策.xlsx"中"资金成本"工作表，形式如图 5-7 所示。

工作表中第一行为表头。使用时，表头不要变动，表头下面的数据可以根据需要进行修改。

(2) 使用时，可根据实际修改下列参数变量的值。

```
bookname='融资决策.xlsx' #工作簿名称
sheetname='资金成本' #工作表名称
resultname=sheetname+'-result.xlsx' #输出结果保存文件
```

序号	A	B
1	1	数量
2	2	
3	3	200
4	4	11%
5	5	33%
6	6	0.50%
7	7	
8	8	
9	9	500
10	10	12%
11	11	33%
12	12	5%
13	13	
14	14	
15	15	14%
16	16	800
17	17	3%
18	18	1%
19	19	
20	20	
21	21	14%
22	22	100
23	23	1%
24	24	

图 5-7 "资金成本"工作表

（3）对工作表及 Python 程序进行修改，必须保存后再运行 Python 程序，才能使得修改有效。

（4）输出结果保存在工作簿 resultname 的工作表 Sheet1 中。

5.5.3 财务杠杆应用案例

【实例 5-4】 A、B、C 为三家经营业务相同的公司，它们的有关情况详见表 5-5。

表 5-5　三公司经营业务数据

数据项	A 公司	B 公司	C 公司
普通股数	2 000 000	1 500 000	1 000 000
发行股数	20 000	15 000	10 000
债务（利率8%）	0	500 000	1 000 000
资本总额/元	2 000 000	2 000 000	2 000 000
息税前盈余/元	200 000	200 000	200 000

解　利用 Python 求解实例 5-4 的步骤如下：

第一，读取工作表中数据到数据框。

```
df0 = read_excel(bookname,sheetname,na_values = ['NA'])
fld = df0.columns
```

第二，进行预处理。

```
label1 = ['债务利息','税前盈余','所得税','税后盈余']
label2 = ['财务杠杆系数','每股普通股盈余','息前税前盈余增加','债务利息','税前盈余','所得税','税后盈余','每股普通股盈余']
label = label1+label2
```

第三，计算资本总额。

```
index0 = df0[df0[fld[0]] = = '资本总额'].index[0]
for i in range(1,4):
    v1 = df0[df0[fld[0]] = = '普通股'][fld[i]].values[0]
    v2 = df0[df0[fld[0]] = = '债务'][fld[i]].values[0]
    df0.iloc[index0,i] = v1+v2
```

第四，计算其他数据。

```
data0 = np.array(df0.iloc[:,1:4])
data1 = np.zeros((len(label),3))
for i in range(0,3):
    data1[0,i] = data0[4,i] * data0[0,i]   #计算债务利息
    data1[1,i] = data0[6,i]-data1[0,i]     #计算税前盈余
    data1[2,i] = data1[1,i] * data0[1,i]   #计算所得税
    data1[3,i] = data1[1,i]-data1[2,i]     #计算税后盈余
```

```
data1[4,i]=data0[6,i]/(data0[6,i]-data1[0,i]) #计算财务杠杆系数
data1[5,i]=data1[3,i]/data0[3,i] #计算每股普通股盈余
data1[6,i]=data0[6,i] #计算息前税前盈余增加
data1[7,i]=data1[0,i] #计算债务利息
data1[8,i]=data1[1,i]+data1[6,i] #计算税前盈余
data1[9,i]=data1[8,i]*data0[1,i] #计算所得税(税率33%)
data1[10,i]=data1[8,i]-data1[9,i] #计算税后盈余
data1[11,i]=data1[10,i]/data0[3,i] #计算每股普通股盈余
```

最后，整理 DataFrame 数据框内容，输出到 Excel 文件。最终输出结果如图 5-8 所示。

序号	A	B	C	D
1		A公司	B公司	C公司
2	普通股	2000000	1500000	1000000
3	发行股数	20000	15000	10000
4	债务（利率8%）	0	500000	1000000
5	资本总额	2000000	2000000	2000000
6	息前税前盈余	200000	200000	200000
7	债务利息	0	40000	80000
8	税前盈余	200000	160000	120000
9	所得税	66000	52800	39600
10	税后盈余	134000	107200	80400
11		分析区		
12	财务杠杆系数	1	1.25	1.67
13	每股普通股盈余	6.7	7.15	8.04
14	息前税前盈余增加	200000	200000	200000
15	债务利息	0	40000	80000
16	税前盈余	400000	360000	320000
17	所得税（税率33%）	132000	118800	105600
18	税后盈余	268000	241200	214400
19	每股普通股盈余	13.4	16.08	21.44

图 5-8 财务杠杆分析表（计算结果）

由图 5-8 计算结果可看出：

① 财务杠杆系数表明息税前盈余增长引起的每股盈余的增长速度。比如，A 公司的息税前盈余增长 1 倍时，其每股盈余也增长 1 倍；B 公司的息税前盈余增长 1 倍时，其每股盈余也增长 1.25 倍；C 公司的息税前盈余增长 1 倍时，其每股盈余也增长 1.67 倍。

② 在资本总额、息税前盈余相同的情况下，负债比率越高，财务杠杆系数越高，但

预期每股盈余也越大。例如，B公司比起A公司来讲，负债比率高（B公司资本负债比率为25%，A公司资本负债比率为0），财务杠杆系数高（B公司为1.25，A公司为1），财务风险大，但每股盈余也高（B公司为7.15，A公司为6.7）；C公司比起B公司来讲，负债比率高（C公司资本负债比率为50%），财务杠杆系数高（C公司为1.67），财务风险大，但每股盈余也高（C公司为8.04）。

完整的Python程序如下：

```python
#【实例5-4】Python实现
#程序名称:pfa5503.py
#功能:财务杠杆案例
#用于数值计算的库
import numpy as np
import pandas as pd
import scipy as sp
from scipy import stats
from pandas import Series,DataFrame,read_excel
#用于绘图的库
import matplotlib as mpl
from matplotlib import pyplot as plt
import seaborn as sns
sns.set()
#用于统计分析的库
import statsmodels.formula.api as smf
import statsmodels.api as sm
#用于读取Excel文件
import openpyxl
#支持中文设置
mpl.rcParams['font.sans-serif']=['SimHei'] #用来正常显示中文标签
mpl.rcParams['axes.unicode_minus']=False #用来正常显示负号
#给数据框df增加一行
def append1(df,fld,list1):
    fld0=fld[0:len(list1)]
    dict1=dict(zip(fld0,list1))
    df=df.append(dict1,ignore_index=True)
    return df
#参数变量设置
bookname='融资决策.xlsx' #工作簿名称
sheetname='财务杠杆' #工作表名称
resultname=sheetname+'-result.xlsx' #输出结果保存文件
#读取工作表中数据到数据框
```

```
df0=read_excel(bookname,sheetname,na_values=['NA'])
fld=df0.columns
#预处理
label1=['债务利息','税前盈余','所得税','税后盈余']
label2=['财务杠杆系数','每股普通股盈余','息前税前盈余增加','债务利息','税前盈余',
'所得税','税后盈余','每股普通股盈余']
label=label1+label2
#计算资本总额
index0=df0[df0[fld[0]]=='资本总额'].index[0]
for i in range(1,4):
v1=df0[df0[fld[0]]=='普通股'][fld[i]].values[0]
v2=df0[df0[fld[0]]=='债务'][fld[i]].values[0]
df0.iloc[index0,i]=v1+v2
data0=np.array(df0.iloc[:,1:4])
data1=np.zeros((len(label),3))
for i in range(0,3):
data1[0,i]=data0[4,i]*data0[0,i] #计算债务利息
data1[1,i]=data0[6,i]-data1[0,i] #计算税前盈余
data1[2,i]=data1[1,i]*data0[1,i] #计算所得税
data1[3,i]=data1[1,i]-data1[2,i] #计算税后盈余
data1[4,i]=data0[6,i]/(data0[6,i]-data1[0,i]) #计算财务杠杆系数
data1[5,i]=data1[3,i]/data0[3,i] #计算每股普通股盈余
data1[6,i]=data0[6,i] #计算息前税前盈余增加
data1[7,i]=data1[0,i] #计算债务利息
data1[8,i]=data1[1,i]+data1[6,i] #计算税前盈余
data1[9,i]=data1[8,i]*data0[1,i] #计算所得税(税率33%)
data1[10,i]=data1[8,i]-data1[9,i] #计算税后盈余
data1[11,i]=data1[10,i]/data0[3,i] #计算每股普通股盈余
#整理DataFrame数据框内容,输出到Excel文件
df0=append1(df0,fld,['分析区'])
    for i in range(len(label)):
     list1=[label[i]]
     for j in range(0,data1.shape[1]):
     list1=list1+[data1[i,j]]
df0=append1(df0,fld,list1)
df0.to_excel(resultname,index=False)
print("df0=",df0)
```
说明:

(1) Python分析所需数据保存在工作簿"融资决策.xlsx"中"财务杠杆"工作表,

形式如图 5-9 所示。

序号	A	B	C	D
1	项目名称	A 公司	B 公司	C 公司
2	利率	0.08	0.08	0.08
3	税率	0.33	0.33	0.33
4	普通股	2000000	1500000	1000000
5	发行股数	20000	15000	10000
6	债务	0	500000	1000000
7	资本总额			
8	息前税前盈余	200000	200000	200NA

图 5-9 "财务杠杆"工作表

工作表中第一行为表头。使用时，表头不要变动，表头下面的数据可以根据需要进行修改。

（2）使用时，可根据实际修改下列参数变量的值。

bookname='融资决策.xlsx' #工作簿名称
sheetname='财务杠杆' #工作表名称
resultname=sheetname+'-result.xlsx' #输出结果保存文件

（3）对工作表及 Python 程序进行修改，必须保存后再运行 Python 程序，才能使得修改有效。

（4）输出结果保存在工作簿 resultname 的工作表 Sheet1 中。

5.5.4 最佳资本结构案例

【实例 5-5】A 公司预计在不同的负债比率下的普通股权益成本和负债成本见表 5-6。要求：确定该公司的最佳资本结构。

表 5-6 不同的负债比率下的普通股权益成本和负债成本

负债比率/%	负债成本 K_i/%	普通股成本 K_e/%	负债比率/%	负债成本 K_i/%	普通股成本 K_e/%
0	0	12.0	40	5.5	13.9
10	5.7	12.1	50	6.1	15.0
20	4.9	12.5	60	7.5	17.0
30	5.1	13.0	—	—	—

解 利用 Python 求解实例 5-5 的步骤如下：
第一，读取工作表中数据到数据框。
df0=read_excel(bookname,sheetname,na_values=['NA'])
fld=df0.columns
第二，计算资本成本。

df0['资本成本'] = df0['负债比率'] * df0['负债成本'] + (1 - df0['负债比率']) * df0['普通股成本']

temp = df0[df0['资本成本'] == df0['资本成本'].min()]

最后,整理 DataFrame 数据框内容,输出到 Excel 文件。最终输出结果详如图 5-10 所示。

状况	负债比率	负债成本	普通股成本	资本成本
case1	0	0	0.12	0.12
case2	0.1	0.047	0.121	0.1136
case3	0.2	0.049	0.125	0.1098
case4	0.3	0.051	0.13	0.1063
case5	0.4	0.055	0.139	0.1054
case6	0.5	0.061	0.15	0.1055
case7	0.6	0.075	0.17	0.113
最佳资本结构				
case5	0.4	0.055	0.139	0.1054

图 5-10 最佳资本结构(计算结果)

从显示结果可看出,该公司的最佳资本结构为:负债60%、普通股权益40%、此时资本成本为最低(10.54%)。

完整的 Python 程序如下:

```
#【实例 5-5】Python 实现
#程序名称:pfa5504.py
#功能:最佳资本结构案例
#用于数值计算的库
import numpy as np
import pandas as pd
import scipy as sp
from scipy import stats
from pandas import Series,DataFrame,read_excel
#用于绘图的库
import matplotlib as mpl
from matplotlib import pyplot as plt
import seaborn as sns
sns.set()
#用于统计分析的库
import statsmodels.formula.api as smf
import statsmodels.api as sm
#用于读取 Excel 文件
import openpyxl
```

```python
#支持中文设置
mpl.rcParams['font.sans-serif']=['SimHei'] #用来正常显示中文标签
mpl.rcParams['axes.unicode_minus']=False #用来正常显示负号
#给数据框df增加一行
def append1(df,fld,list1):
    fld0=fld[0:len(list1)]
    dict1=dict(zip(fld0,list1))
    df=df.append(dict1,ignore_index=True)
    return df
#参数变量设置
bookname='融资决策.xlsx' #工作簿名称
sheetname='最佳资本结构' #工作表名称
resultname=sheetname+'-result.xlsx' #输出结果保存文件
#读取工作表中数据到数据框
df0=read_excel(bookname,sheetname,na_values=['NA'])
#计算资本成本
df0['资本成本']=df0['负债比率']*df0['负债成本']+(1-df0['负债比率'])*df0['普通股成本']
fld=df0.columns
temp=df0[df0['资本成本']==df0['资本成本'].min()]
#整理DataFrame数据框内容,输出到Excel文件
df0=append1(df0,fld,['最佳资本结构'])
df0=append1(df0,fld,temp.values[0])
df0.to_excel(resultname,index=False)
print("df0=",df0)
```

说明:

(1) Python分析所需数据保存在工作簿"融资决策.xlsx"中"最佳资本结构"工作表,形式如图5-11所示。

序号	A	B	C	D
1	状况	负债比率/%	负债成本/%	普通股成本/%
2	case1	0.00	0.00	12.00
3	case2	10.00	4.70	12.10
4	case3	20.00	4.90	12.50
5	case4	30.00	5.10	13.00
6	case5	40.00	5.50	13.90
7	case6	50.00	6.10	15.00
8	case7	60.00	7.50	17.00

图5-11 "最佳资本结构"工作表

工作表中第一行为表头。使用时，表头不要变动，表头下面的数据可以根据需要进行修改。

（2）使用时，可根据实际修改下列参数变量的值。

bookname='融资决策.xlsx' #工作簿名称
sheetname='最佳资本结构' #工作表名称
resultname=sheetname+'-result.xlsx' #输出结果保存文件

（3）对工作表及Python程序进行修改，必须保存后再运行Python程序，才能使得修改有效。

（4）输出结果保存在工作簿resultname的工作表Sheet1中。

5.5.5 综合案例

【实例5-6】 某公司的有关资料如下。

① 税息前利润800万元。
② 所得税率40%。
③ 预计普通股报酬率为15%。
④ 总负债200万元，均为长期债券，平均利息率10%。
⑤ 发行股数600 000股，每股1元。
⑥ 每股账面价值为10元。

该公司产品市场相当稳定，预期无增长，所有盈余全部用于发放股利，并假定股票价格与其内在价值相等。

要求：

① 计算该公司每股盈余及股票价格。
② 计算该公司的加权平均资金成本。
③ 该公司可以增加400万元的负债，使负债总额成为600万元，以便在现行价格下购回股票（购回股票数四舍五入取整）。假设此项举措将使负债平均利息率上升至12%，普通股权益成本由15%提高到16%，息税前利润保持不变。试问该公司应否改变其资本结构（注：以股票价格作为判断标准）。
④ 计算该公司资本结构改变前后的已获利息倍数。

解 利用Python求解实例5-6的步骤如下：

第一，读取工作表中数据到数据框

df0=read_excel(bookname,sheetname,na_values=['NA'])
fld=df0.columns

第二，计算。

#计算
data1[0,j]=data0[4,j]*data0[5,j] #利息
data1[1,j]=data0[7,j]-data1[0,j] #税前利润
data1[2,j]=data1[1,j]*data0[6,j] #所得税(40%)
data1[3,j]=data1[1,j]-data1[2,j] #税后利润

data1[4,j]=data1[3,j]/(data0[0,j]*data0[2,j]) #每股盈余

data1[5,j]=data1[4,j]/data0[1,j] #股票价格

temp=data0[4,j]+data0[0,j]*data0[3,j]

data1[6,j]=data0[4,j]*data0[5,j]/temp*(1-data0[6,j])+data0[1,j]*data0[0,j]*data0[3,j]/temp #加权平均资金成本

data1[7,j]=data0[7,j]/data1[0,j] #已获利息倍数

项目名称	未增加负债	增加负债
普通股股数	600000	523077
报酬率	0.15	0.16
每股面值	1	1
每股账面价值	10	10
长期债券数量	2000000	6000000
长期债券利息	0.1	0.12
所得税率	0.4	0.4
税息前利润	8000000	8000000
计算分析		
利息	200000	720000
税前利润	7800000	7280000
所得税	3120000	2912000
税后利润	4680000	4368000
每股盈余	7.80	8.35
股票价格	52.00	52.19
加权平均资金成本	12.75%	11.30%
已获利息倍数	40.00	11.11

图 5-12 综合案例（计算结果）

最后，整理 DataFrame 数据框内容，输出到 Excel 文件。运行后输出结果如图 5-12 所示。

从上述计算结果表可看出，未增加负债前股票价格为 52 元，每股盈余为 7.8 元，加权平均资金成本为 12.75%，已获利息倍数为 40 倍；增加负债后股票价格为 52.19 元，每股盈余为 8.35 元，加权平均资金成本为 11.30%，已获利息倍数为 11.11 倍。由于增加负债后，股票价格上升，加权平均资金成本降低，故该公司应该改变资本结构。

完整的 Python 程序如下：

```
#【实例 5-3】Python 实现
#程序名称:pfa5505.py
#功能:综合案例
#用于数值计算的库
import numpy as np
import pandas as pd
import scipy as sp
from scipy import stats
from pandas import Series,DataFrame,read_excel
#用于绘图的库
import matplotlib as mpl
from matplotlib import pyplot as plt
import seaborn as sns
sns.set()
#用于统计分析的库
import statsmodels.formula.api as smf
import statsmodels.api as sm
#用于读取 Excel 文件
import openpyxl
#支持中文设置
```

```python
mpl.rcParams['font.sans-serif']=['SimHei'] #用来正常显示中文标签
mpl.rcParams['axes.unicode_minus']=False #用来正常显示负号
#给数据框df增加一行
def append1(df,fld,list1):
    fld0=fld[0:len(list1)]
    dict1=dict(zip(fld0,list1))
    df.loc[len(df)] = dict1
    return df
#参数变量设置
bookname='融资决策.xlsx' #工作簿名称
sheetname='综合案例' #工作表名称
resultname=sheetname+'-result.xlsx' #输出结果保存文件
#读取工作表中数据到数据框
df0=read_excel(bookname,sheetname,na_values=['NA'])
print("df0 = ",df0)
fld=df0.columns
#预处理
label=['利息','税前利润','所得税','税后利润','每股盈余','股票价格','加权平均资金成本','已获利息倍数']
data1=np.zeros((len(label),2))
data0=np.array(df0.iloc[:,1:3])
#计算
for j in [0,1]:
    data1[0,j]=data0[4,j]*data0[5,j] #利息
    data1[1,j]=data0[7,j]-data1[0,j] #税前利润
    data1[2,j]=data1[1,j]*data0[6,j] #所得税(40%)
    data1[3,j]=data1[1,j]-data1[2,j] #税后利润
    data1[4,j]=data1[3,j]/(data0[0,j]*data0[2,j]) #每股盈余
    data1[5,j]=data1[4,j]/data0[1,j] #股票价格
    temp=data0[4,j]+data0[0,j]*data0[3,j]
    data1[6,j]=data0[4,j]*data0[5,j]/temp*(1-data0[6,j])+data0[1,j]*data0[0,j]*data0[3,j]/temp #加权平均资金成本
    data1[7,j]=data0[7,j]/data1[0,j] #已获利息倍数
#整理DataFrame数据框内容,输出到Excel文件
df0=append1(df0,fld,['计算分析'])
for i in range(len(label)):
    df0=append1(df0,fld,[label[i],data1[i,0],data1[i,1]])
df0.to_excel(resultname,index=False)
print("df0 = ",df0)
```

说明：

（1）Python 分析所需数据保存在工作簿"融资决策.xlsx"中"综合案例"工作表，形式如图 5-13 所示。

	A	B	C
1	项目名称	未增加负债	增加负债
2	普通股股数	600000	523077
3	报酬率	0.15	0.16
4	每股面值	1	1
5	每股账面价值	10	10
6	长期债券数量	2000000	6000000
7	长期债券利息	0.1	0.12
8	所得税率	0.4	0.4
9	税息前利润	8000000	8000000

图 5-13 "综合案例"工作表

工作表中第一行为表头。使用时，表头不要变动，表头下面的数据可以根据需要进行修改。

（2）使用时，可根据实际修改下列参数变量的值。

bookname='融资决策.xlsx' #工作簿名称

sheetname='综合案例' #工作表名称

resultname=sheetname+'-result.xlsx' #输出结果保存文件

（3）对工作表及 Python 程序进行修改，必须保存后再运行 Python 程序，才能使得修改有效。

（4）输出结果保存在工作簿 resultname 的工作表 Sheet1 中。

第6章 投资决策

投资决策是企业财务管理的一项重要内容。正确的投资决策是高效地投入和运用资金的关键,直接影响企业未来的经营状况,对提高企业利润、降低企业风险具有重要意义。本章介绍投资决策的常见方法及如何使用 Excel 进行投资决策分析。

6.1 投资项目的现金流量分析

6.1.1 现金流量的概念

在投资决策中,现金流量是指一个项目引起的企业现金流出和现金流入的增加量。这里的"现金"是广义的现金,它不仅包括各种货币资金,而且还包括项目投入企业拥有的非货币资源的变现价值或重置成本。

现金流量包括现金流出量、现金流入量和现金净流量。现金流出量是指一个项目引起的企业现金流出的增加额,现金流入量是指一个项目引起的企业现金流入的增加额。

现金净流量则是一定期间现金流入量和现金流出量的差额,即

$$现金净流量 = 现金流入量 - 现金流出量 \tag{6-1}$$

6.1.2 投资项目现金流量估计的原则

投资项目现金流量的估计必须遵循的原则有以下几点。

1. 现金流量原则

现金流量是指一定时期内,投资项目实际收到或付出的现金数。凡是由于该项投资而增加的现金收入额或现金支出节约额均称为现金流入;凡是由于该项投资引起的现金支出均称为现金流出;一定时期的现金流入减去现金流出的差额称为现金净流量。

任何一个投资项目的现金流量都包含如下3个要素:投资过程的有效期,即现金流量的时间域;发生在各个时刻的现金流量,即每一时刻的现金收入或支出额;平衡不同时点现金流量的资本成本(利率、贴现率)。

2. 增量现金流量原则

所谓增量现金流量,是指接受或拒绝某个投资方案后而发生的企业总现金流量变动。只有那些因采纳某个项目而引起的现金支出增加额才是该项目的现金流出;只有那些因采纳某个项目而引起的现金流入增加额才是该项目的现金流入。

为了正确计算投资方案的增量现金流量,需要正确判断哪些支出会引起公司总现金流量的变动,哪些支出不会引起公司总现金流量的变动。为此,必须注意以下4个问题。

（1）附加效应

在估计投资现金流量时，要以投资对企业所有经营活动产生的整体效果为基础进行分析，而不是孤立地考察某一项目。例如，本公司决定开发一种新型计算器，预计该计算器上市后，将冲击原来的普通型计算器。因此，在投资分析时，不应将新型计算器的销售收入作为增量收入，而应扣除普通型计算器因此而减少的销售收入。

（2）区分相关成本与非相关成本

相关成本是指与特定决策有关的、在分析评价时必须加以考虑的成本，例如，差额成本、未来成本、重置成本、机会成本等都属于相关成本；与此相反，与特定决策无关的、在分析评价时不必加以考虑的成本是非相关成本，例如，沉没成本、过去成本、账面成本等往往是非相关成本。

（3）不要忽视机会成本

机会成本是作出一项决策时所放弃的其他可供选择的最好用途，并不是企业生产经营活动中的实际支出或费用，而是失去的收益。这种收益不是实际发生的，而是潜在的。机会成本总是针对具体方案来说的，离开被放弃的方案就无从计量确定。机会成本在决策中的意义在于它有助于全面考虑可能采取的各种方案，以便使既定资源寻求到最为有利的使用途径。

（4）对净营运资金的影响

在一般情况下，当公司开创一个新业务并使销售额扩大后，对于存货和应收账款等流动资产的需求也会增加，公司必须筹集新的资金，以满足这种额外需求；同时，作为公司扩充的结果，应付账款与一些应付费用等流动负债也会增加，从而降低公司流动资金的实际需要。所谓净营运资金的需要，指增加的流动资产与增加的流动负债之间的差额。当投资方案的寿命周期快要结束时，公司将项目有关的存货出售，应收账款变为现金，应付账款和应付费用也随之偿付，净营运资金恢复到原有水平。通常，在投资分析时，假定开始投资时筹措的净营运资金在项目结束时收回。

（5）要考虑投资方案对公司其他部门的影响

当采纳一个新的项目后，该项目可对公司的其他部门造成有利或不利的影响。

3. 税后原则

如果企业向政府纳税，在评价投资项目时所使用的现金流量应当是税后现金流量，因为只有税后现金流量才与投资者的利益相关。

（1）税后收入和税后成本

凡是可以减免税负的项目，实际支付额并不是真实的成本，而应将因此而减少的所得税考虑进去。扣除了所得税影响以后的费用净额称为税后成本，其计算公式为

$$税后成本 = 实际支付 \times (1 - 税率) \qquad (6-2)$$

与税后成本相对应的概念是税后收入。由于所得税的作用，企业营业收入的金额有一部分会流出企业，企业实际得到的现金流入是税后收入，其计算公式为

$$税后收入 = 收入金额 \times (1 - 税率) \qquad (6-3)$$

而税后现金流量则可按式（6-4）计算：

$$营业现金流量 = 税后收入 - 税后成本 + 税负减少 \qquad (6-4)$$

（2）折旧的抵税作用

由于折旧是在税前扣除的，因此折旧可以起到减少税负的作用。这种作用称为折旧抵税或税收挡板。

6.2 投资决策的一般方法

投资方案评价时使用的指标分为贴现指标和非贴现指标。贴现指标是指考虑了时间价值因素的指标，主要包括净现值、现值指数、内含报酬率等。非贴现指标是指没有考虑时间价值因素的指标，主要包括回收期、会计收益期等。相应地，投资决策方法分为贴现的方法和非贴现的方法。

6.2.1 贴现的分析评价方法

贴现的分析评价方法是指考虑货币时间价值的分析评价方法，主要包括净现值法、现值指数法和内含报酬率法。

1. 净现值法

这种方法使用净现值作为评价方案优劣的指标。所谓净现值（NPV），是指特定方案未来现金流入的现值与未来现金流出的现值之间的差额。计算净现值 NPV 的公式为

$$\text{NPV} = \sum_{t=1}^{n} \frac{I_t}{(1+K)^t} - \sum_{t=1}^{n} \frac{O_t}{(1+K)^t} \tag{6-5}$$

式中，n 为为投资涉及的年限；I_t 为 t 年的现金流入量；O_t 为第 t 年的现金流出量；K 为预定的贴现率。

若净现值为正数，说明贴现后现金流入大于贴现后现金流出，该投资项目的报酬率大于预定的贴现率，项目是可行的；若净现值为负数，说明贴现后现金流入小于贴现后现金流出，该投资项目的报酬率小于预定的贴现率，项目是不可行的。

2. 现值指数法

这种方法使用现值指数作为评价方案的指标。所谓现值指数（PI），是未来现金流入现值与现金流出现值的比率，亦称现值比率、获利指数、贴现后收益-成本比率等，其计算公式为

$$\text{PI} = \sum_{t=1}^{n} \frac{I_t}{(1+K)^t} - \sum_{t=1}^{n} \frac{O_t}{(1+K)^t} \tag{6-6}$$

式中，n 为投资涉及的年限；I_t 为 t 年的现金流入量；O_t 为第 t 年的现金流出量；K 为预定的贴现率。

若现值指数大于 1，说明贴现后现金流入大于贴现后现金流出，该投资项目的报酬率大于预定的贴现率，项目是可行的；若现值指数小于 1，说明贴现后现金流入小于贴现后现金流出，该投资项目的报酬率小于预定的贴现率，项目是不可行的。

3. 内含报酬率法

内含报酬率法是根据方案本身内含报酬率来评价方案优劣的一种方法。所谓内含报酬

率（IRR）是指能够使未来现金流入量现值等于未来现金流出量的贴现率，或者说是使方案净现值为零的贴现率，又称为内部收益率。

若内含报酬率大于企业所要求的最低报酬率（即净现值中所使用的贴现率），则接受该投资项目；若内含报酬率小于企业所要求的最低报酬率，就放弃该项目。实际上内含报酬率大于贴现率时接受一个项目，也就是接受了一个净现值为正的项目。

净现值法和现值指数法虽然考虑了货币时间价值，可以说明方案高于或低于某一特定的标准，但没有揭示方案本身可以达到的真实的报酬率是多少。内含报酬率法是根据方案的现金流量计算出的，是方案本身的真实投资报酬率。

内涵报酬率法的计算通常需要使用"逐步测试法"，计算比较烦琐，不过在 Excel 中提供了计算内涵报酬率法的函数，使计算变得很简单。

6.2.2 非贴现的分析评价方法

非贴现的方法不考虑时间价值，把不同时间的货币收支看成是等效的，这些方法在投资项目评价时起到了辅助作用，主要有回收期法和会计收益率法。

1. 回收期法

回收期是投资引起的现金流入累计到与投资额相等所需要的时间，它代表收回投资所需要的年限。回收年限越短，方案越有利。

在原始投资一次性支出、每年现金净流量相等时，回收期的计算公式为

$$回收期 = 原始投资额 \div 每年现金净流量 \qquad (6-7)$$

如果每年现金净流量不相等，或原始投资是几年投入，则可使式（6-8）成立的 n 为回收期。

$$\sum_{t=1}^{n} I_t = \sum_{t=1}^{n} O_t \qquad (6-8)$$

式中，n 为投资涉及的年限；I_t 为 t 年的现金流入量；O_t 为第 t 年的现金流出量。

2. 会计收益率法

会计收益率是年平均净收益与原始投资额的比率。年平均净收益和原始投资额可以从财务会计报表得到。

$$会计收益率 = 年平均净收益 \div 原始投资额 \qquad (6-9)$$

6.2.3 NPV、IRR、PI 分析方法的比较和选择

在评估独立项目时，使用净现值（NPV）、IRR 和现值指数（PI）3 种方法得出的结论是一致的；而评估互斥项目时，使用这 3 种方法可能会得出不同的结论。以下详细分析和比较 3 种评价标准的联系和区别。

1. 净现值与内部收益率评价标准的比较

（1）NPV 和 IRR 评价结果一致的情形

如果投资项目的现金流量为传统型，即在投资有效期内只改变一次符号，而且先有现金流出后有现金流入，投资者只对某一投资项目是否可行单独做判断时，按净现值和按内

部收益率标准衡量投资项目的结论是一致的。在这种情况下，NPV 是贴现率（资本成本）的单调减函数，它反映了净现值与贴现率之间的关系。即随着贴现率 K 的增大，NPV 单调减少。其图形称为净现值特征线，如图 6-1 所示。

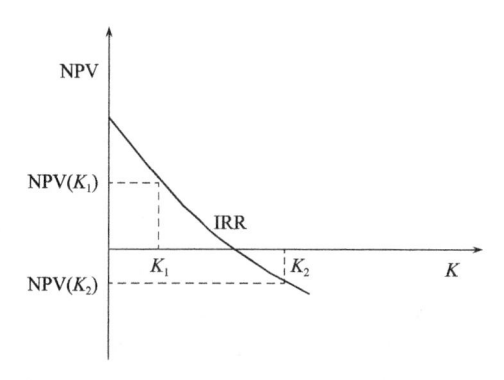

图 6-1 现金流量变动符号一次的净现值特征线

图 6-1 中 NPV 曲线与横轴的交点是内部效益率 IRR。显然，在 IRR 点左边的 NPV 均为正数，而在 IRR 点右边的 NPV 均为负数。也就是说，如果 NPV 大于零，IRR 必然大于贴现率 K；反之，如果 NPV 小于零，IRR 必然小于贴现率 K。因此，使用这两种判断标准，其结论是一致的。

（2）NPV 和 IRR 评价结果不一致的情形

在评估互斥项目排序时，使用净现值和内部收益率指标进行项目排序，有时会出现排序矛盾。产生这种现象的原因有两个：一是项目的投资规模不同；二是项目现金流量发生的时间不一致。以下将举例说明这种现象。

①项目投资规模不同。假设有两个投资项目 A 和 B，其有关资料见表 6-1。

表 6-1 两个投资项目 A 和 B 的有关资料

项目	NCF_0/元	NCF_1/元	NCF_2/元	NCF_3/元	NCF_4/元	IRR/%	NPV（12%）/元	PI
A	−27 000	10 000	10 000	10 000	10 000	18	3 473	1.12
B	−56 000	20 000	20 000	20 000	20 000	16	4 746	1.08

上述 A 和 B 两投资项目的内部收益率均大于资本成本（12%），净现值均大于零，如果可能，两者都应接受。如果两个项目只能选取一个，按内部收益率标准应选择 A 项目，按净现值标准应选择 B 项目，这两种标准的结论是矛盾的。

②项目现金流量发生时间不一致。当两个投资项目投资额相同但现金流量发生的时间不一致时，也会引起两种评价标准在互斥项目选择上的不一致。

假设有两个投资项目 C 和 D，其有关资料见表 6-2。

从表 6-2 可知，根据内部收益率标准，应选择项目 C，而根据净现值标准，应选择项目 D。造成这一差异的原因是这两个投资项目现金流量的发生时间不同而导致其时间价值不同。项目 C 总的现金流量小于项目 D，但发生的时间早，当投资贴现率较高时，远期现金流量的现值低、影响小，投资收益主要取决于近期现金流量的高低，这时项目 C 具有一定的优势。当投资贴现率较低时，远期现金流量的现值增大，这时项目 D 具有一定的优势。

表 6-2 两个投资项目 C 和 D 的有关资料

项目	NCF_0/元	NCF_1/元	NCF_2/元	NCF_3/元	IRR/%	NPV(8%)/元
C	-10 000	8 000	4 000	1 000	20	1 631
D	-10 000	1 000	4 500	9 700	18	2 484

此外，若一个投资项目的现金流量多次改变符号，现金流入和流出是交错型的，即该项目存在多个内部收益率，使用内部收益率指标存在着明显的不足。如图 6-2 所示，NPV 曲线与 K 轴的交点有两个，即存在两个内部收益率。此时，很难选择用哪一个 IRR 来评价项目。

另外，还存在没有任何实数利率能满足 NPV=0 的情况，即 IRR 无解，这时就无法找到评价投资项目的标准。相比之下，净现值标准采取已知的、确定的资本成本或所要求的最低报酬率作为贴现率，从而避免了这一问题。

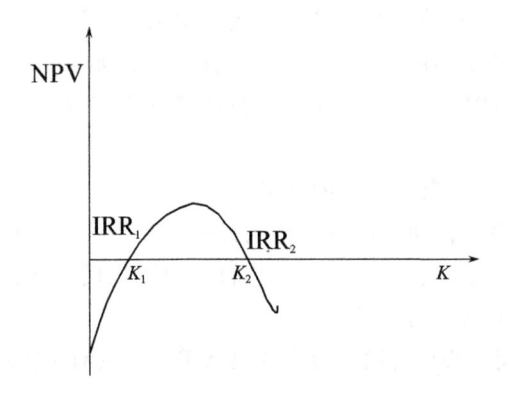

图 6-2 现金流量符号改变两次时的净现值特征线

3. NPV 与 IRR 排序矛盾的理论分析。NPV 与 IRR 标准产生矛盾的根本原因是这两种标准隐含的再投资利率不同。NPV 假设投资项目在第 t 期流入的现金以资本成本率或投资者要求的收益率进行再投资；IRR 假设再投资利率等于项目本身的 IRR。不论存在投资规模差异还是现金流量的时间差异，企业都将有数量不等的资金进行不等年限的投资，这一点取决于企业到底选择互斥项目中的哪一个。如果选择初始投资较小的项目，那么在 $t=0$ 时，企业将有更多的资金投资到别的方面。同样，对具有相同规模的投资项目来说，具有较多的早期现金流入量的项目就能提供较多的资金再投资于早期年度。因此，项目的再投资率的设定和选择是非常重要的。

假设对各项目产生的现金流入进行再投资（再投资利率为 K^*），则项目的 NPV 为

$$NPV = \sum_{t=0}^{n} \left[\frac{NCF_t}{(1+K)^t} \times \frac{(1+K^*)^{n-t}}{(1+K)^{n-t}} \right] \quad (6-10)$$

式 (6-10) 和前面所讲的计算 NPV 的式 (6-5) 的差别就在于此式存在着 $[(1+K^*)^{n-t}/(1+K)^{n-t}]$ 这一因子，要使前后两式相等，必须使

$$\frac{(1+K^*)^{n-t}}{(1+K)^{n-t}} = 1 \qquad (6-11)$$

这一等式表明，在 K 和 K^* 之间有一种内在联系，即 $K = K^*$。换句话说，前述计算 NPV 公式包含了这样一种假设：用于项目现金流入再投资的利率 K^* 等于企业资本成本或投资者要求的收益率。

同样，IRR 的计算假设项目产生的现金流量再投资利率就是项目本身的 IRR。

如果 NPV 和 IRR 两个指标采取共同的再投资利率，则排序矛盾就可以消除。

2. NPV 与 PI 比较

NPV 与 PI 评价标准之间的关系可表述为：如果 NPV>0，则 PI>1；如果 NPV=0，则 PI=1；如果 NPV<0，则 PI<1。在一般情况下，采用 NPV 和 PI 评价投资项目，得出的结论常常是一致的，但在投资规模不同的互斥项目的选择中，则有可能得出相反的结论。如前例的 A 和 B 两项目。如果按 PI 标准评价，则项目 A 优于 B；如果按 NPV 标准评价，则项目 B 优于 A。

6.3 投资方案决策分析

6.3.1 独立型方案的决策分析

独立型方案是指一组相互独立、互不排斥的方案。在独立型方案中，选择某一方案并不排斥选择另一方案。独立型方案的决策是指特定投资方案采纳与否的决策，这种决策可以不考虑任何其他方案是否得到采纳和实施。这种投资的收益和成本也不会因为其他方案的采纳和否决而受影响，即方案的取舍只取决于方案本身的经济价值。从财务的角度看，两种独立型投资所引起的现金流量是不相关的。

对于独立型方案的决策分析，可运用净现值、获利指数、内部收益率、投资回收期、会计收益率等任何一个合理的标准进行，决定方案的取舍。只要运用得当，一般能够作出正确的决策。

6.3.2 互斥型方案的决策分析

互斥型方案是指相互关联、互相排斥的方案，即在一组方案中，采用某一方案则完全排斥其他方案，则这些方案称为互斥型方案。互斥型方案的决策分析是指在两个或两个以上互相排斥的待选方案中选择其中之一进行决策分析。

在两个或两个以上方案比较时，选择最优投资方案的基本方法有以下几种。

1. 排列顺序法

在排列顺序法中，全部待选方案可以分别根据它们各自的 NPV、PI 或 IRR 按降级排序，然后进行项目挑选，通常选其中最大者为最优。按照 NPV、PI 或 IRR 这 3 种方法分别选择投资方案时，其排列顺序在一般情况下是一致的，但在某些情况下，运用 NPV、IRR 或 PI 会得出不同的结论，即出现排序矛盾。在这种情况下，通常应以净现值（NPV）

作为选择标准。

2. 增量收益分析法

对于互斥方案，可运用增量原理进行分析，即根据增量现金流量的净现值、增量现金流量的内部收益率或增量现金流量的获利指数任一标准进行方案比较。其判断标准是：如果增量投资净现值大于零，或增量内部收益率大于最低投资收益率，或增量获利指数大于1，则增量投资在经济上是可行的。这一标准可具体化为：对于投资规模不同的互斥方案，如果增量投资净现值大于零，或增量内部收益率大于最低投资收益率，或增量获利指数大于1，则投资额大的方案较优；反之，投资额小的方案较优。

对于重置型投资方案，通常站在新设备的角度进行分析，即对使用新设备的现金流量与继续使用旧设备的现金流量的差量（增量）进行分析。如果增量投资净现值大于零，或增量内部收益率大于最低投资收益率，或增量获利指数大于1，则应购置新设备；反之，则继续使用旧设备。

3. 总费用法

总费用法是指通过计算各备选方案中全部现金流出的现值来进行方案比较的一种方法。这种方法适用于现金流入量相同、项目寿命相同的方案之间的选择。总费用现值较小的方案最佳。

4. 年均费用法

年均费用法适用于现金流入量相同但项目寿命不同的方案的选择。这种方法先计算出项目的总费用现值，然后按照后付年金的方法，在已知年金现值（总费用现值）、贴现期数和贴现率的情况下，求出后付年金。计算结果即为年均费用。年均费用较小的方案较好。年均费用法也可以推广到现金流入量不同且项目寿命也不同的方案的选择，此时要计算不同项目的年均净现值，年均净现值较大的方案较好。年均净现值的计算，要先计算出项目的净现值，然后按照后付年金的方法，在已知年金现值（净现值）、贴现期数和贴现率的情况下，求出后付年金，即为年均净现值。

6.4 固定资产更新决策

6.4.1 固定资产更新概述

固定资产更新是对技术上或经济上不宜继续使用的旧资产，用新的资产更换或用先进的技术对原有设备进行局部改造。

固定资产更新决策主要研究两个问题：一个是决定是否更新，即继续使用旧资产还是更新资产；另一个是决定选择什么样的资产更新。实际上，这两个问题是结合在一起考虑的，如果市场上没有比现有设备更为适用的设备，那么就继续使用旧设备。由于旧设备总可以通过修理使用，所以更新决策是继续使用旧设备与购置新设备的选择。

6.4.2 固定资产折旧

在固定资产更新决策中，不论是购置新设备还是继续使用旧设备的现金流量都要涉及折旧额的计算。

固定资产的折旧是指固定资产在使用过程中，由于逐渐损耗而消失的那部分价值。固定资产损耗的这部分价值，应当在固定资产的有效使用年限内进行分摊，形成折旧费用，记入各期成本。

固定资产的折旧方法有平均年限法、工作量法、双倍余额递减法和年数总和法。

1. 平均年限法

平均年限法，又称直线法，是将固定资产的折旧均衡地分摊到各期的一种方法，其计算公式为

$$年折旧额 = (1 - 预期净残值率) \div 预计使用年限 \times 100\% \quad (6-13)$$

$$月折旧额 = 年折旧额 \div 12 \quad (6-14)$$

2. 工作量法

工作量法是根据实际工作量计提折旧额的一种方法，基本计算公式为

$$每一工作量折旧额 = 固定资产原值 \times (1 - 净残值率) \div 预计总工作量 \quad (6-15)$$

3. 双倍余额递减法

双倍余额递减法是在不考虑固定资产净残值的情况下，根据每期期初固定资产账面余额和双倍的直线折旧率计算固定资产折旧的一种方法，其计算公式为

$$年折旧率 = (2 \div 预计使用年限) \times 100\% \quad (6-16)$$

$$月折旧率 = 年折旧额 \div 12 \quad (6-17)$$

$$月折旧额 = 固定资产账面净值 \times 月折旧额 \quad (6-18)$$

实行双倍余额递减法计提折旧的固定资产，应当在其固定资产折旧年限到期以前两年内，将固定资产净值（扣除净残值）平均摊销。

4. 年数总和法

年数总和法，又称年数比例法，其将固定资产的原值减去净残值后的净额乘以一个逐年递减的分数计算每年的折旧额。这个分数的分子代表固定资产尚可使用的年数，分母代表使用年数的逐年数字总和。其计算公式为

$$年折旧率 = 尚可使用年限 \div 预计使用年限总和 \quad (8-19)$$

$$尚可使用年限 = 预计使用年限 - 已使用年限 \quad (8-20)$$

$$预计使用年限总和 = [预计使用年限 \times (预计使用年限 + 1)] \div 2 \quad (8-21)$$

6.4.3 固定资产经济寿命概述

通常固定资产的使用初期运行费用比较低，随着设备逐渐陈旧、性能变差，维护、修理、能源消耗等会逐步增加；与此同时，固定资产的价值逐渐减少，资产占用的资金应计利息会逐渐减少。由此可见，随着时间的递延，固定资产的运行成本和持有成本呈反向变化，两者之和呈马鞍形，因此必然存在一个最经济的使用年限，如图6-3所示。

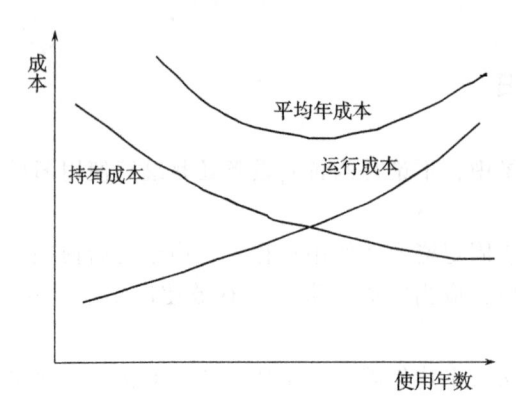

图 6-3 平均年成本与运行成本和持有成本关系

固定资产平均年成本 UAC 的计算公式为

$$\text{UAC} = \left[C - \frac{S_n}{(1+i)^n} + \sum \frac{C_n}{(1+i)^n} \right] / (P/A, i, n) \quad (6-22)$$

式中，C 为固定资产原值；S_n 为 n 年后固定资产余值；C_n 为第 n 年运行成本；n 为预计使用年限；i 为投资最低报酬率；$(P/A, i, n)$ 为年金现值因子。

固定资产经济寿命是式（6-22）UAC 值达到最小时的 n。

6.5 投资决策的风险分析

考虑到风险对投资项目的影响，可以按照投资风险的程度适当地调整投资贴现率或投资项目的现金流量，然后再进行评价。

6.5.1 风险调整贴现率法

投资风险分析最常用的方法是风险调整贴现率法，这种方法的基本思路是，对于高风险的项目，采用较高的贴现率去计算净现值，然后根据净现值法的规则来选择方案。问题的关键是如何根据风险的大小来确定包括了风险的贴现率即风险调整贴现率。确定一个含有风险的贴现率有若干不同的方法，如用资本成本定价模型、综合资本成本及项目本身的风险来估计贴现率等。下面说明运用第 3 种方法确定含有风险贴现率的过程，其计算公式为

$$k = r + b \cdot Q \quad (6-23)$$

式中，k 为风险调整贴现率；r 为无风险贴现率；b 为风险报酬斜率；Q 为风险程度。

从式（6-23）可知，在 r 已知时，为了确定 k，需要先确定 Q 和 b。

下面将通过一个例子来说明怎样计算风险程度 Q 和风险报酬斜率 b，以及根据风险调整斜率来选择方案。

【实例 6-1】某公司的最低报酬率（r）为 6%，现有 3 个投资机会，有关资料见表 6-3。

表 6-3 某公司的 3 种投资机会的有关数据

年份/t	A 方案 CAFT	A 方案 概率	B 方案 CAFT	B 方案 概率	C 方案 CAFT	C 方案 概率
0	-5 000	1	-2 000	1	-2 000	1
1	3 000 2 000 1 000	0.25 0.50 0.25	— — —	— — —	— — —	— — —
2	4 000 3 000 2 000	0.20 0.60 0.20	— — —	— — —	— — —	— — —
3	2 500 2 000 1 500	0.30 0.40 0.30	1 500 4 000 6 500	0.20 0.60 0.20	3 000 4 000 5 000	0.1 0.8 0.1

注：CFAT 指税后现金流量。

表 6-3 的资料表明，A、B、C 三个方案的现金流量都带有不确定性，即有风险。这种不确定性可以用标准离差率来反映。该决策的过程是：首先计算衡量风险的指标，即标准离差率（变化系数）；其次确定风险报酬斜率；再次计算含有风险的贴现率；最后求出净现值。

1. 计算风险程度

首先计算 A 方案的风险程度和风险报酬斜率。计算过程如下。

（1）计算各年现金流入量的期望值

记 $\bar{E}_i(i=1,2,3)$ 表示第 i 年现金流入量的期望值，E_{ij} 表示第 i 年第 j 种状态下的现金流入量，相应的概率为 p_{ij}，则

$$\bar{E}_i = \sum_{j=1}^{n} E_{ij} \cdot p_{ij} \qquad (6-24)$$

式中，i 为年份；j 为状态；n 为状态总数。可得计算结果为 $\bar{E}_1 = 2000$，$\bar{E}_2 = 3000$，$\bar{E}_3 = 2000$。

（2）计算各年现金流入量的标准差

计算标准差的公式为

$$d_i = \sqrt{\sum_{j=1}^{n} \left[(E_{ij} - \bar{E}_i) \cdot p_{ij} \right]} \qquad (6-25)$$

式中，$d_i(i=1,2,3)$ 为第 i 年现金流入量的标准差。可得计算结果为 $d_1 = 707.10$，$d_2 = 632.50$，$d_3 = 387.30$。

（3）计算年现金流入量的综合标准差

年现金流入量的综合标准差 D 的算式如下：

$$D = \sqrt{\sum_{i=1}^{m} \frac{d_i^2}{(1+r)^{2i}}} \qquad (6-26)$$

式中，i 为年份；d_i 为第 i 年现金流入量的标准差；r 为无风险贴现率；m 为年份总数。可

得计算结果为 $D = 931.40$。

(4) 计算标准离差率（变化系数）

标准差可以反映现金流量不确定性的大小，但是标准差是一个绝对数，其值受各种可能值的数值（现金流入量金额）大小的影响。如果各种可能值之间的比值及其概率分布相同，那么该数值越大，标准差也越大，因此，标准差不便于比较不同规模项目的风险大小。为了解决这个问题，引入了变化系数的概念。变化系数是标准差与期望值的比值，其计算公式为

$$q = \frac{d}{\bar{E}} \tag{6-27}$$

式中，q 为变化系数；d 为标准差；$\bar{E}$ 为期望值。

为了综合反映各年的风险，对有一系列现金流入的方案就用综合变化系数来描述。综合变化系数是综合标准差与现金流入预期现值的比值，其计算公式为

$$综合变化系数 = 综合标准差 \div 现金流入预期现值 \tag{6-28}$$

即

$$Q = \frac{D}{EPV} \tag{6-29}$$

式中，Q 为综合变化系数；D 为综合标准差；EPV 为现金流入预期现值。

而 EPV 可按下式计算：

$$EPV = \sum_{i=1}^{m} \frac{\bar{E}_i}{(1+r)^i} \tag{6-30}$$

式中，i 为年份；$\bar{E}_i$ 为第 i 年现金流入量的期望值；r 为无风险贴现率；m 为年份总数。

本例的现金流入预期现值 EPV 为

$$EPV_A = 6236 \tag{6-31}$$

$$D_A = 931.40 \tag{6-32}$$

A 方案的综合变化系数为

$$Q_A = 931.40 \div 6236 = 0.15 \tag{6-33}$$

2. 确定风险报酬斜率

风险报酬斜率是直线方程 $K = r + b \cdot Q$ 的系数，它的高低反映风险程度变化对风险调整贴现率影响的大小。b 值是经验数据，可根据历史数据用高低点法或直线回归法求出。

假设中等风险程度的项目系数为 0.5，通常要求的含有风险的最低报酬率为 11%，无风险报酬率为 6%，则风险报酬斜率为

$$b = (11\% - 6\%) \div 0.5 = 0.1 \tag{6-34}$$

3. 计算含有风险的贴现率

在已知无风险收益率、风险报酬斜率和代表项目风险程度的综合变化系数的情况下，根据公式 $k = r + b \cdot Q$ 可以计算出含有风险的贴现率，即 A 方案的风险调整贴现率为

$$K_A = 6\% + 0.1 \times 0.15 = 7.5\% \tag{6-35}$$

4. 计算项目的净现值

根据确定的风险调整贴现率计算项目的净现值 $\overline{NPV}$ 的计算公式为

$$\overline{\mathrm{NPV}} = \sum_{i=1}^{m} \frac{\overline{E}_i}{(1+K)^i} \qquad (6-36)$$

式中，i 为年份；$\overline{E}_i$ 为第 i 年现金流入量的期望值；K 为风险调整贴现率；m 为年份总数。

方案 A 的净现值为 $\overline{\mathrm{NPV}}_A = 1\,066$

根据同样方法可以对方案 B、C 进行分析。

方案 B、C 的现金流量的期望值分别为

$$E_B = 4000 \qquad (6-37)$$
$$E_C = 4000 \qquad (6-38)$$

方案 B、C 的现金流量的标准差分别为

$$D_B = 1581 \qquad (6-39)$$
$$D_C = 447 \qquad (6-40)$$

方案 B、C 的现金流量的变化系数分别为

$$Q_B = 1581 \div 4000 = 0.40 \qquad (6-41)$$
$$Q_C = 447 \div 4000 = 0.11 \qquad (6-42)$$

方案 B、C 含有风险的贴现率分别为

$$K_B = 6\% + 0.1 \times 0.40 = 10\% \qquad (6-43)$$
$$K_C = 6\% + 0.1 \times 0.11 = 7.1\% \qquad (6-44)$$

方案 B、C 的净现值分别为

$$\overline{\mathrm{NPV}}_B = \frac{4000}{1.100^3} - 2000 = 1005 \qquad (6-45)$$

$$\overline{\mathrm{NPV}}_C = \frac{4000}{1.071^3} - 2000 = 1256 \qquad (6-46)$$

通过比较 3 个投资方案的净现值，3 个方案的优先顺序为：方案 C>方案 A>方案 B。

采用贴现率调整法时，对风险大的项目采用较高的贴现率，对风险小的项目采用较小的贴现率。这种方法简单明了、符合逻辑，在实际中运用较为普遍，但是这种方法把风险报酬与时间价值混在一起，并依次进行现金流量的贴现，不论第 i 年为哪一年，第 $i+1$ 年的复利现值系数总是小于第 i 年的复利现值系数，这意味着风险必然随着时间的推移而被人为地逐年扩大，这样处理常常与实际情况相反。有的投资项目往往对前几年的现金流量没有把握，而对以后的现金流量反而较有把握，如果按贴现率调整，则将不能正确地反映项目的风险程度。

用资本资产定价模型来确定含有风险的贴现率适用于 100% 权益资本的企业，其理论依据是，企业用留存收益追加投资的决策规则是投资项目的预期收益率应大于风险相当的金融资产的预期收益率。而金融资产的收益率等价于项目的资本成本，可以按资本资产定价模型来确定。企业用权益资本和债务资本共同进行投资时，应用综合资本成本作为贴现率。综合资本成本是权益资本成本和债务资本成本的加权平均数，具体详见第 5 章融资决策。

6.5.2 肯定当量法

为了克服风险调整贴现率法的缺点，人们提出了肯定当量法。这种方法的基本思路是

先用一个系数把有风险的现金流量调整为无风险的现金流量，然后用无风险的贴现率去计算净现值。其计算公式为

$$\text{NPV} = \sum_{i=0}^{n} \frac{a_i \text{CFAT}_i}{(1+r)^i} \tag{6-47}$$

式中，a_i 为 i 年现金流量的肯定当量系数，它值为 0~1；r 为无风险的贴现率；CFAT 为税后现金流量。

肯定当量系数是指不确定的 1 元现金流量期望值相当于使投资者满意的金额的比值，它可以把各年不确定的现金流量换算成确定的现金流量。其计算公式为

$$a_i = 确定的现金流量 \div 不确定的现金流量期望值 \tag{6-48}$$

如果仍以变化系数表示现金流量的不确定性，则变化系数与肯定当量系数的经验关系详见表 6-4。

表 6-4 变化系数与肯定当量系数的经验关系

变化系数	肯定当量系数	变化系数	肯定当量系数
0.01~0.07	1	0.33~0.42	0.6
0.08~0.15	0.9	0.43~0.54	0.5
0.16~0.23	0.8	0.55~0.70	0.4
0.24~0.32	0.7	—	—

根据上述原理和经验关系，则实例 6-1 中 A 方案的净现值计算如下：

$$q_1 = d_1 \div \bar{E}_1 = 701.1 \div 2000 = 0.35 \tag{6-49}$$

$$q_2 = d_2 \div \bar{E}_2 = 632.5 \div 3000 = 0.21 \tag{6-50}$$

$$q_3 = d_3 \div \bar{E}_3 = 387.3 \div 2000 = 0.19 \tag{6-51}$$

查表 6-4 得 $a_1 = 0.6$，$a_2 = 0.8$，$a_3 = 0.8$。

A 方案的净现值为

$$\text{NPV}_A = \frac{0.6 \times 2000}{1.06} + \frac{0.8 \times 3000}{1.06^2} + \frac{0.8 \times 2000}{1.06^3} - 5000 = -389 \tag{6-52}$$

用同样方法可知：

$$q_B = d_B \div E_B = 1581 \div 4000 = 0.40 \tag{6-53}$$

$$q_C = d_C \div E_C = 447 \div 4000 = 0.11 \tag{6-54}$$

$$a_B = 0.6 \tag{6-55}$$

$$a_C = 0.9 \tag{6-56}$$

$$\text{NPV}_B = 15 \tag{6-57}$$

$$\text{NPV}_C = 1022 \tag{6-58}$$

计算结果表明，方案的优先次序为：方案 C>方案 B>方案 A，与风险调整率法不同（方案 C>方案 A>方案 B），主要差别是 A 和 B 互换了位置。其原因是风险调整法对远期现金流入予以较大的调整，使远期现金流入量大的 B 方案受到较大的影响。

肯定当量法通过对现金流量的调整来反映各年投资风险,并将风险因素与时间因素分开讨论,这在理论上是成立的,但是,肯定当量系数 a_t 很难确定,每个人都会有不同的估算,数值差别很大。因此,该方法在实际中很少应用。

6.6 使用 Python 进行投资决策案例

6.6.1 利用 NPA 法和 IRR 法进行投资方案决策实例

【实例 6-2】 某企业面临 A、B 和 C 三个方案,有一台旧设备,有关数据见表 6-5。假设该企业要求的最低报酬率为 10%。试利用 NPA 法和 IRR 法进行投资方案决策。

表 6-5 投资方案分析

时间	A 方案现金净流量/元	B 方案现金净流量/元	C 方案现金净流量/元
0	-20 000	-9 000	-12 000
1	11 800	1 200	4 600
2	13 240	6 000	4 600
3	0	6 000	4 600

解 利用 Python 求解实例 6-2 的步骤如下:
第一,读取工作表中数据到数据框。
df0=read_excel(bookname,sheetname,na_values=['NA'])
fld=df0.columns
第二,进行计算。
#预处理
names=['A 方案','B 方案','C 方案']
method=['净现值 NPV','内涵报酬率 IRR']
data1=np.zeros((len(method),len(names)))
#data1[0,:]→NPV-----data1[1,:]→IRR
#计算
#k=float(input('输入贴现率 k='))
k=0.1
for i in range(len(names)):
list1=df0[fld[i+1]].tolist()
data1[0,i]=npf.npv(k,list1) #计算各方案 NPV
data1[1,i]=npf.irr(list1) #计算个方案 IRR
最后,整理 DataFrame 数据框内容,输出到 Excel 文件。最终输出结果如图 6-4 所示。

时间	A 方案现金净流量	B 方案现金净流量	C 方案现金净流量
0	−20000	−9000	−12000
1	11800	1200	4600
2	13240	6000	4600
3	0	6000	4600
	A 方案	B 方案	C 方案
净现值 NPV	1669.421488	1557.475582	−560.4808415
净现值 NPV	选择：	A 方案	
内涵报酬率 IRR	0.160462304	0.178732486	0.073274265
内涵报酬率 IRR	选择：	B 方案	

图 6-4　投资方案决策（计算结果）

图 6-4 中计算结果表明：按照净现值法，企业应选择 A 方案，但按照内含报酬率法，企业应选择 B 方案。因此，按净现值法和内含报酬率法进行投资方案决策时，有时具有矛盾性，企业在进行投资方案决策时要综合多种方法进行权衡。

完整的 Python 程序如下：

```python
#【实例 6-2】Python 实现
#程序名称:pfa6500.py
#功能:基于 NPV 和 IRR 的投资方案决策
#用于数值计算的库
import numpy as np
import pandas as pd
import scipy as sp
from scipy import stats
from pandas import Series,DataFrame,read_excel
#用于绘图的库
import matplotlib as mpl
from matplotlib import pyplot as plt
import seaborn as sns
sns.set()
#用于统计分析的库
import statsmodels.formula.api as smf
import statsmodels.api as sm
#用于读取 Excel 文件
import openpyxl
#财务函数库
import numpy_financial as npf
#支持中文设置
mpl.rcParams['font.sans-serif']=['SimHei'] #用来正常显示中文标签
```

```python
mpl.rcParams['axes.unicode_minus']=False    #用来正常显示负号
#给数据框df增加一行
def append1(df,fld,list1):
    fld0=fld[0:len(list1)]
    dict1=dict(zip(fld0,list1))
    df=df.append(dict1,ignore_index=True)
    return df
#参数变量设置
bookname='投资决策.xlsx' #工作簿名称
sheetname='投资方案决策' #工作表名称
resultname=sheetname+'-result.xlsx'    #输出结果保存文件
#读取工作表中数据到数据框
df0=read_excel(bookname,sheetname,na_values=['NA'])
fld=df0.columns
#预处理
names=['A方案','B方案','C方案']
method=['净现值NPV','内涵报酬率IRR']
data1=np.zeros((len(method),len(names)))
#data1[0,:]→NPV-----data1[1,:]→IRR
#计算
#k=float(input('输入贴现率k='))
k=0.1
for i in range(len(names)):
    list1=df0[fld[i+1]].tolist()
    data1[0,i]=npf.npv(k,list1)    #计算各方案NPV
    data1[1,i]=npf.irr(list1)      #计算各方案IRR
#整理DataFrame数据框内容,输出到Excel文件
df0=append1(df0,fld,[])
df0=append1(df0,fld,['']+names)
jmax=np.nanargmax(data1,axis=1)
for i in range(len(method)):
    list1=[method[i]]
    for j in range(len(names)):
        list1.append(data1[i,j])
    df0=append1(df0,fld,list1)
    df0=append1(df0,fld,[method[i],'选择:',names[jmax[i]]])
df0=append1(df0,fld,[])
df0.to_excel(resultname,index=False)
print("df0=",df0)
```

说明：

（1）Python 分析所需数据保存在工作簿"投资决策.xlsx"中"固定资产年平均成本"工作表，形式如图 6-5 所示。

序号	A	B	C	D
1	时间	A 方案现金净流量	B 方案现金净流量	C 方案现金净流量
2	0	−20000	−9000	−12000
3	1	11800	1200	4600
4	2	13240	6000	4600
5	3	0	6000	4600

图 6-5 "固定资产年平均成本"工作表

工作表中第一行为表头。使用时，表头不要变动，表头下面的数据可以根据需要进行修改，但要求现金净流量按时间有序。

（2）使用时，可根据实际修改下列参数变量的值。

bookname='投资决策.xlsx'   #工作簿名称
sheetname='投资方案决策'   #工作表名称
resultname=sheetname+'-result.xlsx'   #输出结果保存文件

（3）对工作表及 Python 程序进行修改，必须保存后再运行 Python 程序，才能使得修改有效。

（4）输出结果保存在工作簿 resultname 的工作表 Sheet1 中。

6.6.2 固定资产更新决策实例

【实例 6-3】某企业有一台旧设备，工程技术人员提出更新要求，有关数据见表 6-6。

表 6-6 设备更新数据

项目	旧设备	新设备	项目	旧设备	新设备
原值/元	2200	2400	最终残值/元	200	300
预计使用年限	10	10	变现价值/元	600	2400
已经使用年限	4	0	年运行成本/元	700	400

假设该企业要求的最低报酬率为 15%，继续使用与更新的现金流量见表 6-7。

表 6-7 新、旧设备支出表   单位：元

年份	旧设备 现金流入	旧设备 现金流入	新设备 现金流出	新设备 现金流入	年份	旧设备 现金流入	旧设备 现金流入	新设备 现金流出	新设备 现金流入
0	600	—	2400	—	2	700	—	400	—
1	700	—	400	—	3	700	—	400	—

续表

年份	旧设备 现金流入	旧设备 现金流入	新设备 现金流出	新设备 现金流入	年份	旧设备 现金流入	旧设备 现金流入	新设备 现金流出	新设备 现金流入
4	700	—	400	—	8	—	—	400	—
5	700	—	400	—	9	—	—	400	—
6	700	200	400	—	10	—	—	400	300
7	—	—	400	—					

由于没有适当的现金流入，无法计算项目净现值和内含报酬率。实际上也没有必要通过净现值或内部收益率来进行决策。通常，在现金流入量相同时，认为现金流出量较低的方案是好方案。但要注意下面两种方法是不够妥当的。

第一，比较两个方案的总成本。因为，如表 6-6 所示，旧设备尚可使用 6 年，而新设备可使用 10 年，两个方案取得的"产出"并不相同。因此，我们应当比较某一年的成本，即获得一年的生产能力所付出的代价，据以判断方案的优劣。

第二，使用差额分析法。因为两个方案投资相差 1800 元，作为更新的现金流出，每年运行成本相差 300 元，是更新带来的成本节约，视同现金流入。问题在于旧设备第 6 年报废，新设备第 7~10 年仍可使用，后 4 年无法确定成本节约额。因此，这种方法也不妥。

那么，唯一的分析方法是比较继续使用和更新的年平均成本，以较低的一种情况作为好方案。所谓固定资产的年平均成本是指该资产引起的现金流出的年平均值。如果不考虑货币的时间价值，那么它是未来使用年限内的现金流出总额与使用年限的比值。如果考虑货币的时间价值，那么它是未来使用年限内的现金流出总现值与年现值系数的比值。

在现金流入量相同而寿命不同的互斥项目的决策分析时，应使用年平均成本法（年均费用）。

解 利用 Python 求解实例 6-3 的步骤如下：

第一，读取工作表中数据到数据框。

df0 = read_excel(bookname, sheetname, na_values = ['NA'])
fld = df0.columns
B = np.array(df0.values)

第二，计算。

①不考虑货币时间价值的旧设备的年平均成本 aver_cost_old1 和新设备的年平均成本 aver_cost_new1。

aver_cost_old1 = (B[4,1]+B[5,1]*(B[1,1]-B[2,1])-B[3,1])/(B[1,1]-B[2,1])

aver_cost_new1 = (B[4,2]+B[5,2]*(B[1,2]-B[2,2])-B[3,2])/(B[1,2]-B[2,2])

②考虑货币时间价值的旧设备的年平均成本 aver_cost_old2 和新设备的年平均成本 aver_cost_new2。

PV1 = npf.pv(B[6,1], B[1,1]-B[2,1], 1)

```
FV1=npf.fv(B[6,1],B[1,1]-B[2,1],1,0)
aver_cost_old2=-B[4,1]/PV1+B[5,1]+B[3,1]/FV1
PV2=npf.pv(B[6,2],B[1,2]-B[2,2],1)
FV2=npf.fv(B[6,2],B[1,2]-B[2,2],1,0)
aver_cost_new2=-B[4,2]/PV2+B[5,2]+B[3,2]/FV2
```

最后，整理 DataFrame 数据框内容，输出到 Excel 文件。最终输出结果如图 6-6 所示。

	A	B	C
1		旧设备	新设备
2	原值	2200	2400
3	预计使用年限	10	10
4	已经使用年限	4	0
5	最终残值	200	300
6	变现价值	600	2400
7	年运行成本	700	400
8	最低报酬率	0.15	
9			
10	不考虑货币时间价值		
11	旧设备的年平均成本	767	
12	新设备的年平均成本	610	
13			
14	考虑货币时间价值		
15	旧设备的年平均成本	836	
16	新设备的年平均成本	863	

图 6-6 年平均成本分析表（计算结果）

图 6-6 中计算结果表明：在不考虑货币的时间价值时，旧设备的年平均成本为 767 元，高于新设备的年平均成本 610 元。而考虑货币的时间价值时，在最低报酬率为 15% 的条件下，旧设备的年平均成本为 836 元，低于新设备的年平均成本 863 元。一般进行投资决策分析时，需要考虑货币的时间价值，因此，继续使用旧设备应优先考虑。

```
#【实例6-3】Python 实现
#程序名称:pfa6501.py
#功能:固定资产更新决策
#用于数值计算的库
import numpy as np
import pandas as pd
import scipy as sp
from scipy import stats
from pandas import Series,DataFrame,read_excel
```

```python
#用于绘图的库
import matplotlib as mpl
from matplotlib import pyplot as plt
import seaborn as sns
sns.set()
#用于统计分析的库
import statsmodels.formula.api as smf
import statsmodels.api as sm
#用于读取 Excel 文件
import openpyxl
#财务函数库
import numpy_financial as npf
#支持中文设置
mpl.rcParams['font.sans-serif']=['SimHei']    #用来正常显示中文标签
mpl.rcParams['axes.unicode_minus']=False    #用来正常显示负号
#给数据框 df 增加一行
def append1(df,fld,list1):
    fld0=fld[0:len(list1)]
    dict1=dict(zip(fld0,list1))
    df=df.append(dict1,ignore_index=True)
    return df
#参数变量设置
bookname='投资决策.xlsx'    #工作簿名称
sheetname='固定资产年平均成本'    #工作表名称
resultname=sheetname+'-result.xlsx'    #输出结果保存文件
#读取工作表中数据到数据框
df0=read_excel(bookname,sheetname,na_values=['NA'])
fld=df0.columns
B=np.array(df0.values)
print('B',B)
#计算
#aver_cost_old1=(B[4][1]+B[5][1]*(B[1][1]-B[2][1])-B[3][1])/
#(B[1][1]-B[2][1])
aver_cost_old1=(B[4,1]+B[5,1]*(B[1,1]-B[2,1])-B[3,1])/(B[1,1]-B[2,1])
aver_cost_new1=(B[4,2]+B[5,2]*(B[1,2]-B[2,2])-B[3,2])/(B[1,2]-B[2,2])
PV1=npf.pv(B[6,1],B[1,1]-B[2,1],1)
FV1=npf.fv(B[6,1],B[1,1]-B[2,1],1,0)
aver_cost_old2=-B[4,1]/PV1+B[5,1]+B[3,1]/FV1
```

```
PV2=npf.pv(B[6,2],B[1,2]-B[2,2],1)
FV2=npf.fv(B[6,2],B[1,2]-B[2,2],1,0)
aver_cost_new2=-B[4,2]/PV2+B[5,2]+B[3,2]/FV2
#整理 DataFrame 数据框内容,输出到 Excel 文件
df0=append1(df0,fld,['不考虑货币时间价值'])
df0=append1(df0,fld,['旧设备的年平均成本',aver_cost_old1])
df0=append1(df0,fld,['新设备的年平均成本',aver_cost_new1])
df0=append1(df0,fld,['考虑货币时间价值'])
df0=append1(df0,fld,['旧设备的年平均成本',aver_cost_old2])
df0=append1(df0,fld,['新设备的年平均成本',aver_cost_new2])
df0.to_excel(resultname,index=False)
print("df0=",df0)
```

说明:

(1) Python 分析所需数据保存在工作簿"投资决策.xlsx"中"固定资产年平均成本"工作表,形式如图 6-7 所示。

序号	A	B	C
1	项目名称	旧设备	新设备
2	原值	2200	2400
3	预计使用年限	10	10
4	已经使用年限	4	0
5	最终残值	200	300
6	变现价值	600	2400
7	年运行成本	700	400
8	最低报酬率	0.15	0.15

图 6-7 "固定资产年平均成本"工作表

工作表中第一行为表头。使用时,表头不要变动,表头下面的数据可以根据需要进行修改。

(2) 使用时,可根据实际修改下列参数变量的值。

bookname='投资决策.xlsx' #工作簿名称
sheetname='固定资产年平均成本' #工作表名称
resultname=sheetname+'-result.xlsx' #输出结果保存文件

(3) 对工作表及 Python 程序进行修改,必须保存后再运行 Python 程序,才能使得修改有效。

(4) 输出结果保存在工作簿 resultname 的工作表 Sheet1 中。

6.6.3 固定资产的经济寿命决策案例

【实例 6-4】设某资产原值为 1400 元,运行成本逐年增加,折余价值逐年下降,有关数据见表 6-8。

表 6-8 固定资产运行成本和折余价值

更新年限	原值/元	余值/元	运行成本/元	更新年限	原值/元	余值/元	运行成本/元
1	1400	1000	200	5	1400	340	340
2	1400	760	220	6	1400	240	400
3	1400	600	250	7	1400	160	450
4	1400	460	290	8	1400	100	500

为计算固定资产经济寿命，必须计算不同使用年限下的总成本，然后进行比较便可得到固定资产的经济寿命。因此，固定资产经济寿命计算模型就是用于计算不同使用年限下的总成本。

解 利用 Python 求解实例 6-4 的步骤如下：

第一，读取工作表中数据到数据框。

```
df0=read_excel(bookname,sheetname,na_values=['NA'])
```

第二，计算。

```
#k=float(input('输入折现率 k='))
k=0.08
df0['余值现值']=df0['余值']/((1+k)**df0['更新年限'])
temp=[df0['运行成本'][0:i+1] for i in range(len(df0['运行成本']))]
cash_list=[[0]+list(temp[i]) for i in range(len(temp))]
df0['运行成本现值']=[npf.npv(k,cash_list[i])
for i in range(len(cash_list))]
#df0['运行成本现值']=run_cost_pv
df0['总成本现值']=df0['原值']-df0['余值现值']+df0['运行成本现值']
df0['平均年成本']=-df0['总成本现值']/npf.pv(k,df0['更新年限'],1,0)
```

最后，整理 DataFrame 数据框内容，输出到 Excel 文件。最终输出结果如图 6-8 所示。

更新年限	原值	余值	运行成本	余值现值	运行成本现值	总成本现值	平均年成本
1	1400	1000	200	925.93	185.19	659.26	712
2	1400	760	220	651.58	373.8	1122.22	629.31
3	1400	600	250	476.3	572.26	1495.96	580.48
4	1400	460	290	338.11	785.42	1847.3	557.74
5	1400	340	340	231.4	1016.81	2185.42	547.35
6	1400	240	400	151.24	1268.88	2517.64	544.6
7	1400	160	450	93.36	1531.45	2838.09	545.12
8	1400	100	500	54.03	1801.59	3147.56	547.72

图 6-8 固定资产经济寿命（计算结果）

```python
#【实例6-4】Python实现
#程序名称:pfa6502.py
#功能:固定资产经济寿命
#用于数值计算的库
import numpy as np
import pandas as pd
import scipy as sp
from scipy import stats
from pandas import Series,DataFrame,read_excel
#用于绘图的库
import matplotlib as mpl
from matplotlib import pyplot as plt
import seaborn as sns
sns.set()
#用于统计分析的库
import statsmodels.formula.api as smf
import statsmodels.api as sm
#用于读取Excel文件
import openpyxl
#财务函数库
import numpy_financial as npf
#支持中文设置
mpl.rcParams['font.sans-serif']=['SimHei'] #用来正常显示中文标签
mpl.rcParams['axes.unicode_minus']=False #用来正常显示负号
#给数据框df增加一行
def append1(df,fld,list1):
    fld0=fld[0:len(list1)]
    dict1=dict(zip(fld0,list1))
    df=df.append(dict1,ignore_index=True)
    return df
#参数变量设置
bookname='投资决策.xlsx' #工作簿名称
sheetname='固定资产经济寿命' #工作表名称
resultname=sheetname+'-result.xlsx' #输出结果保存文件
#读取工作表中数据到数据框
df0=read_excel(bookname,sheetname,na_values=['NA'])
#计算
#k=float(input('输入折现率k='))
```

```
k=0.08
df0['余值现值']=df0['余值']/((1+k)**df0['更新年限'])
temp=[df0['运行成本'][0:i+1]
for i in range(len(df0['运行成本'])):
    cash_list=[[0]+list(temp[i])
for i in range(len(temp)):
    df0['运行成本现值']=[npf.npv(k,cash_list[i])
for i in range(len(cash_list)):
#df0['运行成本现值']=run_cost_pv
    df0['总成本现值']=df0['原值']-df0['余值现值']+df0['运行成本现值']
    df0['平均年成本']=-df0['总成本现值']/npf.pv(k,df0['更新年限'],1,0)
    #整理DataFrame数据框内容,输出到Excel文件
    df0['余值现值']=np.round(df0['余值现值'],2)
    df0['运行成本现值']=np.round(df0['运行成本现值'],2)
    df0['总成本现值']=np.round(df0['总成本现值'],2)
    df0['平均年成本']=np.round(df0['平均年成本'],2)
    df0.to_excel(resultname,index=False)
    print("df0=",df0)
```

说明:

(1) Python分析所需数据保存在工作簿"投资决策.xlsx"中"固定资产经济寿命"工作表,形式如图6-9所示。

序号	A	B	C	D
1	更新年限	原值	余值	运行成本
2	1	1400	1000	200
3	2	1400	760	220
4	3	1400	600	250
5	4	1400	460	290
6	5	1400	340	340
7	6	1400	240	400
8	7	1400	160	450
9	8	1400	100	500

图6-9 "固定资产经济寿命"工作表

工作表中第一行为表头。使用时,表头不要变动,表头下面的数据可以根据需要进行修改。

(2) 使用时,可根据实际修改下列参数变量的值。

```
bookname='投资决策.xlsx' #工作簿名称
sheetname='固定资产经济寿命' #工作表名称
```

```
resultname=sheetname+'-result.xlsx' #输出结果保存文件
```
（3）对工作表及 Python 程序进行修改，必须保存后再运行 Python 程序，才能使得修改有效。

（4）输出结果保存在工作簿 resultname 的工作表 Sheet1 中。

6.6.4 所得税和折旧对投资的影响的案例

【实例 6-5】 某公司有一台设备，购于两年前，现考虑是否更新。该公司所得税率为 40%，其他有关资料见表 6-9，此外假定两设备的生产能力相同，并且未来可使用年限相同，公司期望的最低报酬率为 10%。

表 6-9　某公司新、旧设备有关数据

项目	旧设备	新设备	项目	旧设备	新设备
原价/元	60 000	50 000	每年操作成本/元	8 600	5 000
税法规定残值率/%	10	10	两年后大修成本/元	2 800	0
税法规定使用年限/年	6	4	最终残值/元	700	10 000
已使用年限/年	2	0	目前变现价值/元	1 000	50 000
尚可使用年限/年	4	4	折旧方法	直线法	年数总和法

解　利用 Python 求解实例 6-5 的步骤如下：

第一，读取工作表中数据到数据框。
```
df0=read_excel(bookname,sheetname,na_values=['NA'])
```
第二，计算。
```
#k=float(input('输入折现率 k ='))
k=0.08
df0['余值现值']=df0['余值']/((1+k)**df0['更新年限'])
temp=[df0['运行成本'][0:i+1] for i in range(len(df0['运行成本']))]
cash_list=[[0]+list(temp[i]) for i in range(len(temp))]
df0['运行成本现值']=[npf.npv(k,cash_list[i]) for i in range(len(cash_list))]
#df0['运行成本现值']=run_cost_pv
df0['总成本现值']=df0['原值']-df0['余值现值']+df0['运行成本现值']
df0['平均年成本']=-df0['总成本现值']/npf.pv(k,df0['更新年限'],1,0)
```

最后，整理 DataFrame 数据框内容，输出到 Excel 文件。最终输出结果如图 6-10 所示。

图 6-10 中计算结果表明：更换新设备的现金流出总现值为 39 103.07 元，比继续使用旧设备的现金流出总现值 35 980.25 元要多出 3 122.82 元。因此，继续使用旧设备较好。值得指出的是，如果未来的尚可使用年限不同，则需要将总现值转换成年平均成本，

然后进行比较。

项目	旧设备	新设备
原价/元	60000	50000
税法规定残值率	0.1	0.1
税法规定使用年限	6	4
已使用年限	3	0
尚可使用年限	4	4
每年操作成本/元	8600	5000
两年后大修成本/元	28000	0
最终残值/元	7000	10000
目前变现价值/元	10000	50000
计算分析		
计算设备变现价值/元	−10000.00	−50000.00
计算设备变现损失减税/元	−9200.00	0.00
计算年付现成本变现/元	−16356.51	−9509.60
计算每年折旧抵税	0.00	0.00
计算第一年折旧/元	3600.00	7200.00
计算第二年折旧/元	3600.00	5400.00
计算第三年折旧/元	3600.00	3600.00
计算第四年折旧/元	0.00	1800.00
折旧变现合计/元	8952.67	14942.42
两年后大修成本变现/元	−13884.30	0.00
残值收入变现/元	4781.09	6830.13
残值收入纳税变现/元	−273.21	−1366.03
旧设备现金流量合计/元	−35980.25	−39103.07

图 6-10 投资决策分析表（计算结果）

完整的 Python 程序如下：

```
#【实例 6-5】Python 实现
#程序名称:pfa6503.py
#功能:所得税和折旧对投资决策影响的案例
#用于数值计算的库
import numpy as np
import pandas as pd
import scipy as sp
from scipy import stats
from pandas import Series,DataFrame,read_excel
#用于绘图的库
import matplotlib as mpl
from matplotlib import pyplot as plt
import seaborn as sns
```

```python
sns.set()
#用于统计分析的库
import statsmodels.formula.api as smf
import statsmodels.api as sm
#用于读取Excel文件
import openpyxl
#财务函数库
import numpy_financial as npf
#支持中文设置
mpl.rcParams['font.sans-serif']=['SimHei'] #用来正常显示中文标签
mpl.rcParams['axes.unicode_minus']=False #用来正常显示负号
#给数据框df增加一行
def append1(df,fld,list1):
    fld0=fld[0:len(list1)]
    dict1=dict(zip(fld0,list1))
    df=df.append(dict1,ignore_index=True)
    return df
#返回一项资产每期的直线折旧费
def SLN(cost,salvage,life):
    return (cost-salvage)/life
#返回某项资产按年限总和折旧法计算的某期的折旧值
def SYD(cost,salvage,life,per):
    n=(1+life)*life/2
    return (life-per+1)*(cost-salvage)/n
#参数变量设置
bookname='投资决策.xlsx' #工作簿名称
sheetname='税收折旧投资决策' #工作表名称
resultname=sheetname+'-result.xlsx' #输出结果保存文件
#读取工作表中数据到数据框
df0=read_excel(bookname,sheetname,na_values=['NA'])
fld=df0.columns
B=np.array(df0.values)
print('B',B)
#预处理
label=['计算设备变现价值','计算设备变现损失减税','计算年付现成本变现','计算每年折旧抵税','计算第一年折旧','计算第二年折旧','计算第三年折旧','计算第四年折旧','折旧变现合计','两年后大修成本变现','残值收入变现','残值收入纳税变现','旧设备现金流量合计']
data1=np.zeros((len(label),2))
```

```
    k,tax=0.1,0.4
    #计算
    #旧设备计算数据
    data1[0,0]=-B[8,1]   #计算设备变现价值
    data1[1,0]=(B[8,1]-B[0,1]+(B[0,1]*(1-B[1,1])/B[2,1])*B[3,1])
*tax
    #计算设备变现损失减税
    data1[2,0]=-npf.pv(k,B[4,1],-B[5,1])*(1-tax)    #计算年付现成本变现
    data1[3,0]=0    #计算每年折旧抵税
    data1[4,0]=SLN(B[0,1],B[0,1]*B[1,1],B[2,1])*tax    #计算第一年折旧
    data1[5,0]=data1[4,0]    #计算第二年折旧
    data1[6,0]=data1[4,0]    #计算第三年折旧
    data1[7,0]=0    #计算第四年折旧
    data1[8,0]=npf.npv(0.1,[0]+[data1[4,0]]*3+[0])  #折旧变现合计
    data1[9,0]=-B[6,1]*(1-tax)/((1+k)**2) #两年后大修成本变现
    data1[10,0]=B[7,1]/((1+k)**B[4,1]) #残值收入变现
    data1[11,0]=(B[0,1]*B[1,1]-B[7,1])*tax/((1+k)**B[4,1])   #残值
                                                              #收入纳税变现
    data1[12,0]=np.sum(data1[0:4,0])+np.sum(data1[8:12,0])    #旧设备现
                                                               #金流量合计
    #新设备计算数据
    data1[0,1]=-B[8,2]    #计算设备变现价值
    data1[1,1]=(B[8,2]-B[0,2]+(B[0,2]*(1-B[1,2])/B[2,2])*B[3,2])
*tax    #计算设备变现损失减税
    data1[2,1]=-npf.pv(k,B[4,2],-B[5,2])*(1-tax)    #计算年付现成本变现
    data1[3,1]=0    #计算每年折旧抵税
    data1[4,1]=SYD(B[0,2],B[0,2]*B[1,2],B[2,2],1)*tax    #计算第一年折旧
    data1[5,1]=SYD(B[0,2],B[0,2]*B[1,2],B[2,2],2)*tax    #计算第二年折旧
    data1[6,1]=SYD(B[0,2],B[0,2]*B[1,2],B[2,2],3)*tax    #计算第三年折旧
    data1[7,1]=SYD(B[0,2],B[0,2]*B[1,2],B[2,2],4)*tax    #计算第四年折旧
    data1[8,1]=npf.npv(0.1,[0,data1[4,1],data1[5,1],data1[6,1],da-
ta1[7,1]])   #折旧变现合计
    data1[9,1]=-B[6,2]*(1-tax)/((1+k)**2)    #两年后大修成本变现
    data1[10,1]=B[7,2]/((1+k)**B[4,2])    #残值收入变现
    data1[11,1]=(B[0,2]*B[1,2]-B[7,2])*tax/((1+k)**B[4,2])   #残值
                                                              #收入纳税变现
    data1[12,1]=np.sum(data1[0:4,1])+np.sum(data1[8:12,1])    #旧设备现
                                                               #金流量合计
```

```
#整理 DataFrame 数据框内容,输出到 Excel 文件
df0=append1(df0,fld,[])
df0=append1(df0,fld,['计算分析'])
for i in range(len(label)):
    df0=append1(df0,fld,[label[i],data1[i,0],data1[i,1]])
df0.to_excel(resultname,index=False)
print("df0=",df0)
```

说明：

（1）Python 分析所需数据保存在工作簿"投资决策.xlsx"中"税收折旧投资决策"工作表，形式如图 6-11 所示。

序号	A	B	C
1	项目	旧设备	新设备
2	原价	60000	50000
3	税法规定残值率	10%	10%
4	税法规定使用年限	6	4
5	已使用年限	3	0
6	尚可使用年限	4	4
7	每年操作成本	8600	5000
8	两年后大修成本	28000	0
9	最终残值	7000	10000
10	目前变现价值	10000	50000

图 6-11　"税收折旧投资决策"工作表

工作表中第一行为表头。使用时，表头不要变动，表头下面的数据可以根据需要进行修改。

（2）使用时，可根据实际修改下列参数变量的值。

bookname='投资决策.xlsx' #工作簿名称
sheetname='税收折旧投资决策' #工作表名称
resultname=sheetname+'-result.xlsx' #输出结果保存文件

（3）对工作表及 Python 程序进行修改，必须保存后再运行 Python 程序，才能使得修改有效。

（4）输出结果保存在工作簿 resultname 的工作表 Sheet1 中。

6.6.5　风险调整贴现率法案例

下面将用 Python 来求解【实例 6-1】。

解　利用 Python 求解实例 6-1 的步骤如下：

第一，读取工作表中数据到数据框。

```
df0 = read_excel(bookname,sheetname,na_values = ['NA'])
fld = df0.columns
```
第二,进行计算。

函数 solve_mean_std(df,T,C,P)返回数据框 df 中与列 T(时间)、C(CAFT)和 P(概率)相对应的期望值 E 和标准差 d。

函数 solve_NPV(rf,r,coef0,E,d)返回无风险利率为 rf、有风险利率为 r、项目变化系数为 coef0、期望值为 E 和标准差为 d 时的 NPV 值。

最后,整理 DataFrame 数据框内容,输出到 Excel 文件。最终输出结果如图 6-12 所示。

年份	A 方案 CAFT	概率 A	B 方案 CAFT	概率 B	C 方案 CAFT	概率 C
0	5000	1	2000	1	2000	1
1	3000	0.25	0	0	0	0
1	2000	0.5	0	0	0	0
1	1000	0.25	0	0	0	0
2	4000	0.2	0	0	0	0
2	3000	0.6	0	0	0	0
2	2000	0.2	0	0	0	0
3	2500	0.3	1500	0.2	3000	0.1
3	2000	0.4	4000	0.6	4000	0.8
3	1500	0.3	6500	0.2	5000	0.1
A 方案	1067.09					
B 方案	1009.13					
C 方案	1254.41					

图 6-12 投资方案决策(计算结果)

图 6-12 中的计算结果表明:C 投资机会所产生的净现值最大,A 投资机会次之,B 投资机会做所产生的净现值最少。因此,3 个投资机会的优先顺序为:方案 C>方案 A>方案 B。

```
#【实例 6-1】Python 实现
#程序名称:pfa6504.py
#功能:风险调整贴现率法
#用于数值计算的库
import numpy as np
import pandas as pd
import scipy as sp
from scipy import stats
from pandas import Series,DataFrame,read_excel
#用于绘图的库
import matplotlib as mpl
```

```python
from matplotlib import pyplot as plt
import seaborn as sns
sns.set()
#用于统计分析的库
import statsmodels.formula.api as smf
import statsmodels.api as sm
#用于读取Excel文件
import openpyxl
#财务函数库
import numpy_financial as npf
#支持中文设置
mpl.rcParams['font.sans-serif']=['SimHei']    #用来正常显示中文标签
mpl.rcParams['axes.unicode_minus']=False      #用来正常显示负号
#给数据框df增加一行
def append1(df,fld,list1):
    fld0=fld[0:len(list1)]
    dict1=dict(zip(fld0,list1))
    df=df.append(dict1,ignore_index=True)
    return df
#返回一项资产每期的直线折旧费
def SLN(cost,salvage,life):
    return (cost-salvage)/life
#返回某项资产按年限总和折旧法计算的某期的折旧值
def SYD(cost,salvage,life,per):
    n=(1+life)*life/2
    return (life-per+1)*(cost-salvage)/n
#参数变量设置
bookname='投资决策.xlsx'    #工作簿名称
sheetname='风险调整贴现率法'    #工作表名称
resultname=sheetname+'-result.xlsx'    #输出结果保存文件
rf=0.06    #无风险最低报酬率
r=0.11    #有风险最低报酬率
coef0=0.5    #项目变化系数
#读取工作表中数据到数据框
df0=read_excel(bookname,sheetname,na_values=['NA'])
fld=df0.columns
B=np.array(df0.values)
def solve_mean_std(df,T,C,P):
```

```python
    kinds=list(set(df[T]))
    kinds.remove(0)
    E=np.zeros(len(kinds))
    d=np.zeros(len(kinds))
    for i in range(len(kinds)):
        df1=df[df[T]==kinds[i]]
        E[i]=sum(df1[C]*df1[P])
        d[i]=np.sqrt(sum((df1[C]-E[i])**2*df1[P]))
    return E,d
def solve_NPV(rf,r,coef0,E,d):
    #计算综合标准差
    r0=[(1+rf)**(2*i) for i in range(1,len(d)+1)]
    D=np.sqrt(np.sum(d**2/r0))
    #q=d/E
    EPV=sum([E[i]/(1+rf)**(i+1) for i in range(len(E))])
    #计算综合变化系数
    Q=D/EPV
    #确定风险报酬效率
    b=(r-rf)/coef0
    #计算有风险的贴现率
    K=rf+b*Q
    #计算项目的净现值
    NPV=sum([E[i]/(1+K)**(i+1) for i in range(len(E))])
    return NPV
E,d=solve_mean_std(df0,fld[0],fld[1],fld[2])
NPVA=solve_NPV(rf,r,coef0,E,d)-B[0,1]
E,d=solve_mean_std(df0,fld[0],fld[3],fld[4])
NPVB=solve_NPV(rf,r,coef0,E,d)-B[0,3]
E,d=solve_mean_std(df0,fld[0],fld[5],fld[6])
NPVC=solve_NPV(rf,r,coef0,E,d)-B[0,5]
#整理DataFrame数据框内容,输出到Excel文件
df0=append1(df0,fld,[])
df0=append1(df0,fld,['A方案',round(NPVA,2)])
df0=append1(df0,fld,['B方案',round(NPVB,2)])
df0=append1(df0,fld,['C方案',round(NPVC,2)])
df0.to_excel(resultname,index=False)
print("df0=",df0)
```

说明：

（1）Python 分析所需数据保存在工作簿"投资决策.xlsx"中"风险调整贴现率法"工作表，形式如图 6-13 所示。

工作表中第一行为表头。使用时，表头不要变动，表头下面的数据可以根据需要进行修改，但要求现金净流量按时间有序。

（2）使用时，可根据实际修改下列参数变量的值。

bookname='投资决策.xlsx' #工作簿名称
sheetname='风险调整贴现率法' #工作表名称
resultname=sheetname+'-result.xlsx' #输出结果保存文件
rf=0.06 #无风险最低报酬率
r=0.11 #有风险最低报酬率
coef0=0.5 #项目变化系数

（3）对工作表及 Python 程序进行修改，必须保存后再运行 Python 程序，才能使得修改有效。

（4）输出结果保存在工作簿 resultname 的工作表 Sheet1 中。

序号	A	B	C	D	E	F	G
1	年份 t	A 方案 CAFT	概率 A	B 方案 CAFT	概率 B	C 方案 CAFT	概率 C
2	0	5000	1	2000	1	2000	1
3	1	3000	0.25	0	0	0	0
4	1	2000	0.5	0	0	0	0
5	1	1000	0.25	0	0	0	0
6	2	4000	0.2	0	0	0	0
7	2	3000	0.6	0	0	0	0
8	2	2000	0.2	0	0	0	0
9	3	2500	0.3	1500	0.2	3000	0.1
10	3	2000	0.4	4000	0.6	4000	0.8
11	3	1500	0.3	6500	0.2	5000	0.1

图 6-13 "风险调整贴现率法"工作表

6.6.6 综合案例

【实例 6-6】2017 年 1 月，ABC 飞机制造公司打算建立一条生产小型减震系统生产线。为此，公司要花费 1000 万元购买设备，另外还要支付 50 万元的安装费，该设备的经济寿命为 5 年，属于加速成本回收系统中回收年限为 5 年的资产类别（此案例所用的折旧率依次为 20%、34%、20%、14%、14%，此折旧系国外企业使用，对国内企业只需使用相应折旧方法就可算出折旧率）。

该项目要求公司增加营运资本，增加部分主要用于原材料及备用零件储存，但是，预计的原材料采购额也会增加公司的应付账款，其结果是需增加 5 万元净营运资本。

2016 年，该公司曾请咨询公司为该项目进行了一次论证，咨询费共计 5 万元。咨询公司认为，如果不实施该项目，公司仓库只能被卖掉。研究表明，除去各项费用和税金后，这个仓库能净卖 20 万元。尽管该项目投资大部分于 2017 年间支出，公司原则上假定所有投资引起的现金流量都发生在年末，而且假定每年的经营现金流量也发生在年末。新生产线于 2018 年初可安装完毕并投入生产。不包括折旧费在内的固定成本每年为 100 万元，变动成本为销售收入的 60%。公司适用 40% 的所得税，具有平均风险的投资项目的资本成本为 10%。

5 年后，公司计划拆除生产线和厂房，将地皮捐赠给某市作为公园用地。因公司的公益贡献，公司可免缴一部分税款，免缴额与清理费用大致相等。如果不捐赠，生产设备可以卖掉，其残值收入取决于经济状况。残值在经济不景气、经济状况一般和高涨时分别为 50 万元、100 万元和 200 万元。

工程技术人员和成本分析专家认为以上数据真实可靠。

另外，销售量取决于经济状况。如果经济保持目前增长水平，2018 年的销售收入可达 1000 万元（销售量为 1000 套，单价 1 万元）。5 年中，预计销售量稳定不变，但是销售收入预计随通货膨胀而增长，预计每年通货膨胀率为 5%。如果 2018 年经济不景气，销售量只有 900 套；反之，经济高涨，销售量可达 1100 套。5 年内各年销售量依据各种经济状况下的 2018 年的销售水平进行估计。该公司管理人员对经济状况的估计为：不景气的可能性为 25%，状况一般的可能性为 50%，状况高涨的可能性为 25%。

问题如下：

①假设该项目风险水平与公司一般项目风险水平相同，依据销售量和残值的期望值，请计算该项目的净现值。

②计算不同经济状况下该项目的净现值，并将他们用各自经济状况的概率加权求得期望净现值，并同第 1 个问题比较说明是否一致。

③试讨论对一个大公司中的许多小项目进行概率分析的作用与对一个小公司的一个大项目进行概率分析的作用是否相同。

④假设公司具有平均风险的项目的净现值变异系数为 0.5~1.0。关于项目的资本成本，公司的处理原则是：高于平均风险项目的资本成本为在平均风险项目的资本成本基础上增加 2%，低于平均风险项目的，则降低 1%。请根据问题①所得的净现值重新评价项目的风险水平，判断是否应该接受该项目。

分析：首先，分别计算期望净现金和各种经济状况下的净现值。这几种情况的计算过程比较类似，输入数据种类一样，输出结果种类一样，即可设计一个 Python 程序，只要输入数据变化，输出结果也相应变化。然后，计算各种经济状况下的净现值计算变异系数并对资本成本（贴现率）适当调整后重新计算，进行比较分析。

解 利用 Python 求解实例 6-6 的步骤如下：

第一，读取工作表中数据到数据框。

```
#读取工作表中数据到数据框
df0=read_excel(bookname,sheetname,na_values=['NA'])
df0['E'],df0['F']=None,None #增加 2 列，便于保存结果
fld=df0.columns
#预处理
```

```
#xh=int(input("选择分析类型序号:[1]预期经济[2]经济不景气[3]经济一般[4]经济高涨"))
xh=1
B=df0[fld[xh]]
#0 设备成本 1 安装费用 2 建筑物地皮机会成本 3 营运资本增加额 4 固定成本
#5 变动成本率 6 税率 7 通货膨胀率 8 贴现率 9 销售数量 10 单价 11 残值
#var_coe=int(input("输入变异系数:"))
var_coef=1  #变异系数
B[8]=B[8]*var_coef    #根据变异系数调整贴现率
year_start,year_end=2016,2020
depreciation_rate=[0.2,0.34,0.20,0.14,0.14]    #折旧率
```

第二，计算。

```
for j in range(len(x_items)):
if j==0:
    data1[0,j]=B[9]*B[10]    #计算现金收入=销售收入*单价
else:
        data1[0,j]=data1[0,j-1]*(1+B[7])    #计算现金收入
data1[1,j]=data1[0,j]*B[5]    #计算变动成本
data1[2,j]=B[4]    #计算固定成本
data1[3,j]=(B[0]+B[1])*depreciation_rate[j]    #计算折旧费用
data1[4,j]=data1[0,j]-sum(data1[1:4,j])    #计算税前利润
data1[5,j]=data1[4,j]*B[6]    #计算所得税
data1[6,j]=data1[4,j]-data1[5,j]    #计算税后利润
data1[7,j]=data1[3,j]    #计算折旧费
data1[8,j]=data1[6,j]+data1[7,j]    #计算现金净流量
data1[11,j]=data1[8,j]    #现金净流量合计
#残值处理
if j==len(x_items)-1:
    data1[9,j]=B[11]    #残值收入
    data1[10,j]=B[11]*B[6]    #残值收入税收
    data1[11,j]=data1[8,j]+B[11]*(1-B[6])    #现金净流量合计
data1[12,j]=(1+B[8])**(-1*(j+1))    #计算贴现系数
data1[13,j]=data1[11,j]*data1[12,j]    #计算现值
npv1=sum(data1[13,0:len(x_items)])-net_invest0    #计算净现值
```

最后，整理 DataFrame 数据框内容，输出到 Excel 文件。

最终输出结果如图 6-14 所示。

期望净现值和各种经济状况下的净现值如图 6-15~图 6-17 所示。

项目	经济预期	经济不景气	经济一般	经济高涨
设备成本/元	10000000	10000000	10000000	10000000
安装费用/元	500000	500000	500000	500000
建筑物地皮机会成本/元	200000	200000	200000	200000
营运资本增加额/元	50000	50000	50000	50000
固定成本/元	1000000	1000000	1000000	1000000
变动成本率	0.6	0.6	0.6	0.6
税率/%	0.4	0.4	0.4	0.4
通货膨胀率/%	0.05	0.05	0.05	0.05
贴现率	0.1	0.1	0.1	0.1
销售数量	1000	900	1000	1100
单价/元	10000	10000	10000	10000
残值/元	1125000	500000	1000000	2000000
计算分析	2016年	2017年	2018年	2019年	2020年
现金收入/元	10000000	10500000	11025000	11576250	12155062.5
变动成本/元	6000000	6300000	6615000	6945750	7293037.5
固定成本/元	1000000	1000000	1000000	1000000	1000000
折旧费用/元	2100000	3570000	2100000	1470000	1470000
税前利润/元	900000	-370000	1310000	2160500	2392025
所得税/元	360000	-148000	524000	864200	956810
税后利润/元	540000	-222000	786000	1296300	1435215
加:折旧费/元	2100000	3570000	2100000	1470000	1470000
现金净流量/元	2640000	3348000	2886000	2766300	2905215
残值收入/元	0	0	0	0	1125000
税收减少/元	0	0	0	0	450000
现金净流量合计/元	2640000	3348000	2886000	2766300	3580215
贴现系数	0.909090909	0.826446281	0.751314801	0.683013455	0.620921323
现金净流量现值/元	2400000	2766942.149	2168294.515	1889420.122	2223031.835
净现值/元	697688.6204				

图 6-14 期望净现值计算结果表

回答第 1~5 个问题:

①图 6-14 的计算结果表明,净现值为 697 688.60 元。这是期望净现值,是在给定了不同经济状况下现金流量的估计值和每种经济状况发生概率的条件下,并假设该项目具有平均风险的情况下得出的数值。

如果公司有其他盈利项目,那么 2018 年末发生的亏损额被其他项目的利润额抵偿,公司应税收益总额会降低，减税额即负所得税。如果公司只有这样一个亏损项目而没有有利可图的项目来抵偿这部分亏损，那么预计现金流量是不准确的。在这种情况下，公司只有等到赚取了可纳税的收入后才能提供纳税收益，由于这种收益不能立即成为现实，那么该项目的价值就降低了。

咨询费是沉没成本，与投资决策无关，不应包含在决策分析之中。

②从图 6-15~图 6-17 可以看出，经济不景气下净现值为-531 299 元，经济状况一般情况下净现值为 651 119.50 元，经济高涨情况下净现值 2 019 814 元。

项目	经济预期	经济不景气	经济一般	经济高涨	
设备成本	10000000	10000000	10000000	10000000	
安装费用	500000	500000	500000	500000	
建筑物地皮机会成本	200000	200000	200000	200000	
营运资本增加额	50000	50000	50000	50000	
固定成本	1000000	1000000	1000000	1000000	
变动成本率	0.6	0.6	0.6	0.6	
税率	0.4	0.4	0.4	0.4	
通货膨胀率	0.05	0.05	0.05	0.05	
贴现率	0.1	0.1	0.1	0.1	
销售数量	1000	900	1000	1100	
单价	10000	10000	10000	10000	
残值	1125000	500000	1000000	2000000	
计算分析	2016 年	2017 年	2018 年	2019 年	2020 年
现金收入	9000000	9450000	9922500	10418625	10939556.25
变动成本	5400000	5670000	5953500	6251175	6563733.75
固定成本	1000000	1000000	1000000	1000000	1000000
折旧费用	2100000	3570000	2100000	1470000	1470000
税前利润	500000	-790000	869000	1697450	1905822.5
所得税	200000	-316000	347600	678980	762329
税后利润	300000	-474000	521400	1018470	1143493.5
加：折旧费	2100000	3570000	2100000	1470000	1470000
现金净流量	2400000	3096000	2621400	2488470	2613493.5
残值收入	0	0	0	0	500000
税收减少	0	0	0	0	200000
现金净流量合计	2400000	3096000	2621400	2488470	2913493.5
贴现系数	0.909090909	0.826446281	0.751314801	0.683013455	0.620921323
现金净流量现值	2181818.182	2558677.686	1969496.619	1699658.493	1809050.239
净现值	-531298.7811				

图 6-15 经济不景气下期望净现值计算结果表

项目	经济预期	经济不景气	经济一般	经济高涨
设备成本	10000000	10000000	10000000	10000000
安装费用	500000	500000	500000	500000
建筑物地皮机会成本	200000	200000	200000	200000
营运资本增加额	50000	50000	50000	50000
固定成本	1000000	1000000	1000000	1000000
变动成本率	0.6	0.6	0.6	0.6
税率	0.4	0.4	0.4	0.4
通货膨胀率	0.05	0.05	0.05	0.05
贴现率	0.1	0.1	0.1	0.1
销售数量	1000	900	1000	1100
单价	10000	10000	10000	10000
残值	1125000	500000	1000000	2000000
计算分析	2016年	2017年	2018年	2019年	2020年
现金收入	10000000	10500000	11025000	11576250	12155062.5
变动成本	6000000	6300000	6615000	6945750	7293037.5
固定成本	1000000	1000000	1000000	1000000	1000000
折旧费用	2100000	3570000	2100000	1470000	1470000
税前利润	900000	-370000	1310000	2160500	2392025
所得税	360000	-148000	524000	864200	956810
税后利润	540000	-222000	786000	1296300	1435215
加：折旧费	2100000	3570000	2100000	1470000	1470000
现金净流量	2640000	3348000	2886000	2766300	2905215
残值收入	0	0	0	0	1000000
税收减少	0	0	0	0	400000
现金净流量合计	2640000	3348000	2886000	2766300	3505215
贴现系数	0.909090909	0.826446281	0.751314801	0.683013455	0.620921323
现金净流量现值	2400000	2766942.149	2168294.515	1889420.122	2176462.735
净现值	651119.5211				

图 6-16 经济一般期望净现值计算结果表

项目	经济预期	经济不景气	经济一般	经济高涨	
设备成本	10000000	10000000	10000000	10000000	
安装费用	500000	500000	500000	500000	
建筑物地皮机会成本	200000	200000	200000	200000	
营运资本增加额	50000	50000	50000	50000	
固定成本	1000000	1000000	1000000	1000000	
变动成本率	0.6	0.6	0.6	0.6	
税率	0.4	0.4	0.4	0.4	
通货膨胀率	0.05	0.05	0.05	0.05	
贴现率	0.1	0.1	0.1	0.1	
销售数量	1000	900	1000	1100	
单价	10000	10000	10000	10000	
残值	1125000	500000	1000000	2000000	
计算分析	2016年	2017年	2018年	2019年	2020年
现金收入	11000000	11550000	12127500	12733875	13370568.75
变动成本	6600000	6930000	7276500	7640325	8022341.25
固定成本	1000000	1000000	1000000	1000000	1000000
折旧费用	2100000	3570000	2100000	1470000	1470000
税前利润	1300000	50000	1751000	2623550	2878227.5
所得税	520000	20000	700400	1049420	1151291
税后利润	780000	30000	1050600	1574130	1726936.5
加：折旧费	2100000	3570000	2100000	1470000	1470000
现金净流量	2880000	3600000	3150600	3044130	3196936.5
残值收入	0	0	0	0	2000000
税收减少	0	0	0	0	800000
现金净流量合计	2880000	3600000	3150600	3044130	4396936.5
贴现系数	0.909090909	0.826446281	0.751314801	0.683013455	0.620921323
现金净流量现值	2618181.818	2975206.612	2367092.412	2079181.75	2730151.629
净现值	2019814.22				

图 6-17 经济高涨期望净现值计算结果表

期望净现值为

$$(0.25 \times (-531\ 298.78) + 0.5 \times 651\ 119.52 + \\ 0.25 \times 2\ 019\ 814.22) = 697\ 688.62\ 元 \qquad (6-59)$$

该结果与图6-14的计算结果相同。

③在现实生活中，经济状况可能在估计范围内任意变动，销售量和残值不可能只表现为3种估计值的一种。因此，依据离散数值计算出来的净现值不可能是真正有用的信息。

具有众多小型项目的大公司和只有一个大型项目的小公司相比较，概率分析对后者显得更为重要。在大公司，某个项目中高估的现金流量可能被另一个项目低估的现金流量抵消，此外，对某个小型项目现金流量的错误估计不可能像对大型项目现金流量的错误估计那样而导致破产。尽管概率分析对小型项目来说比较适用，但花费的成本可能要大于收益。

假定经济状况概率见表6-10。

表6-10 假定经济状况概率

经济状况	概率	经济状况	概率	经济状况	概率
一般	0.25	景气	0.50	高涨	0.25

下面利用简单的Python语句计算变异系数。
p=np.array([0.25,0.50,0.25])
npvs=np.array([-531299.00,651119.50,2019814.00])
mean0 = np.sum(p*npvs)
变异系数=np.sqrt(np.sum(p*(npvs-mean0)**2))/mean0

计算得到变异系数为1.29。该系数要比公司一般项目的变异系数0.5~1.0要大，该项目风险水平高于平均风险，资本成本应增加2%，用以贴现该项目的每年现金净流量。

因此，可将Python程序中的变异系数变量var_coef调整，令var_coef=1.2，重新执行程序风险调整后的净现值（贴现率为12%），如图6-18所示。

项目	经济预期	经济不景气	经济一般	经济高涨
设备成本	10000000	10000000	10000000	10000000
安装费用	500000	500000	500000	500000
建筑物地皮机会成本	200000	200000	200000	200000
营运资本增加额	50000	50000	50000	50000
固定成本	1000000	1000000	1000000	1000000
变动成本率	0.6	0.6	0.6	0.6
税率	0.4	0.4	0.4	0.4
通货膨胀率	0.05	0.05	0.05	0.05
贴现率	0.12	0.1	0.1	0.1
销售数量	1000	900	1000	1100
单价	10000	10000	10000	10000
残值	1125000	500000	1000000	2000000

图6-18 风险调整后期望净现值计算结果表

计算分析	2016年	2017年	2018年	2019年	2020年
现金收入	10000000	10500000	11025000	11576250	12155062.5
变动成本	6000000	6300000	6615000	6945750	7293037.5
固定成本	1000000	1000000	1000000	1000000	1000000
折旧费用	2100000	3570000	2100000	1470000	1470000
税前利润	900000	-370000	1310000	2160500	2392025
所得税	360000	-148000	524000	864200	956810
税后利润	540000	-222000	786000	1296300	1435215
加：折旧费	2100000	3570000	2100000	1470000	1470000
现金净流量	2640000	3348000	2886000	2766300	2905215
残值收入	0	0	0	0	1125000
税收减少	0	0	0	0	450000
现金净流量合计	2640000	3348000	2886000	2766300	3580215
贴现系数	0.892857143	0.797193878	0.711780248	0.635518078	0.567426856
现金净流量现值	2357142.857	2669005.102	2054197.795	1758033.66	2031510.14
净现值	119889.5549				

图 6-18 风险调整后期望净现值计算结果表（续）

由图可知净现值为 119 889.60 元，应该接受该项目。

6.7 常用函数

6.7.1 投资函数

1. PV

（1）含义：返回投资的现值。

现值为一系列未来付款当前值的累积和。例如，借入方的借入款即为贷出方贷款的现值。

（2）语法：PV（rate,nper,pmt,fv,type）。

rate 为各期利率。例如，如果按 10% 的年利率借入一笔贷款来购买汽车，并按月偿还贷款，则月利率为 10%/12（即 0.83%），可以在公式中输入 10%/12、0.83% 或 0.0083 作为 rate 的值。

nper 为总投资（或贷款）期，即该项投资（或贷款）的付款期总数。例如，对于一笔 4 年期按月偿还的汽车贷款，共有 4×12 个偿款期次。可在公式中输入 48 作为 nper 的值。

pmt 为各期所应付给（或得到）的金额，其数值在整个年金期间（或投资期内）保持不变。通常 pmt 包括本金和利息，但不包括其他费用及税款。例如，10 000 元的年利率为

12%的四年期汽车贷款的月偿还额为 263.33 元。可以在公式中输入 263.33 作为 pmt 的值。

fv 为未来值或在最后一次支付后希望得到的现金余额,如果省略 fv,则假设其值为零(一笔贷款的未来值即为零)。例如,如果需要在 18 年后支付 50 000 元,则 50 000 元就是未来值。可以根据保守估计的利率来决定每月的存款额。

type 为数字 0 或 1,用以指定各期的付款时间是在期初还是期末。如果省略 type,则假设其值为零,期末付款。

说明:应确认所指定的 rate 和 nper 单位的一致性。例如,同样是四年期年利率为 12%的贷款,如果按月支付,rate 应为 12%/12,nper 应为 4×12;如果按年支付,rate 应为 12%,nper 为 4。

(3)示例。

假设要购买一项保险年金,该保险可以在今后 20 年内于每月末回报 500 元。此项年金的购买成本为 60 000 元,假定投资回报率为 8%。现在可以通过函数 PV 计算一下这笔投资是否值得。该项年金的现值为

$$PV(0.08/12, 12 \times 20, 500, 0) = -59\ 777.15(元) \tag{6-60}$$

结果为负值,因为这是一笔付款,亦即支出现金流。年金(59 777.15 元)的现值小于实际支付的 60 000 元。因此,这不是一项合算的投资。

2. NPV

(1)含义:基于一系列现金流和固定的各期贴现率,返回一项投资的净现值。

投资的净现值是指未来各期支出(负值)和收入(正值)的当前值的总和。

(2)语法:NPV(rate,value1,value2,…)。

rate 为各期贴现率,是一固定值。

value1,value2,…代表 1 到 29 笔支出及收入的参数值。

①value1,value2,…所属各期间的长度必须相等,而且支付及收入的时间都发生在期末。

②NPV 按次序使用 value1,value2…来注释现金流的次序。所以一定要保证支出和收入的数额按正确的顺序输入。

③如果参数是数值、空白单元格、逻辑值或表示数值的文字表达式,则都会计算在内;如果参数是错误值或不能转化为数值的文字,则被忽略。

④如果参数是一个数组或引用,只有其中的数值部分计算在内。忽略数组或引用中的空白单元格、逻辑值、文字及错误值。

(3)说明

①函数 NPV 假定投资开始于 value1 现金流所在日期的前一期,并结束于最后一笔现金流的当期。函数 NPV 依据未来的现金流计算。如果第一笔现金流发生在第一个周期的期初,则第一笔现金必须加入到函数 NPV 的结果中,而不应包含在 values 参数中。详细内容请参阅下面的实例。

②如果 n 是 values 参数表中的现金流的次数,则 NPV 的公式如下:

$$SYD = \frac{(cost - salvage) \times (life - per + 1) \times 2}{life \times (life + 1)} \tag{6-61}$$

③函数 NPV 与函数 PV(现值)相似。PV 与 NPV 之间的主要差别在于:函数 PV 允

许现金流在期初或期末开始;而且,PV 的每一笔现金流数额在整个投资中必须是固定的;而函数 NPV 的现金流数额是可变的。有关年金与财务函数的详细内容,请参阅函数 PV。

④函数 NPV 与函数 IRR(内部收益率)也有关,函数 IRR 是使 NPV 等于零的比率:NPV(IRR(…),…)= 0。

(4) 示例。

假设第一年投资 10 000 元,而未来三年中各年的收入分别为 3000 元,4200 元和 6800 元。假定每年的贴现率是 10%,则投资的净现值是

$$NPV(10\%, -10\ 000, 3000, 4200, 6800) = 1\ 188.44(元) \quad (6-62)$$

上述的例子中,将开始投资的 10 000 元作为 value 参数的一部分。这是因为付款发生在第一个周期的期末。

下面考虑在第一个周期的期初投资的计算方式。假如要购买一家鞋店,投资成本为 40 000 元,并且希望前 5 年的营业收入如下:8000 元,9200 元,10 000 元,12 000 元和 14 500 元。每年的贴现率为 8%(相当于通货膨胀率或竞争投资的利率)。

如果鞋店的成本及收入分别存储在 B1 到 B6 中,下式可以计算出鞋店投资的净现值:

$$NPV(8\%, B2:B6) + B1 = 1922.06(元) \quad (6-63)$$

在上面的例子中,一开始投资的 40 000 元并不包含在 values 参数中,因为此项付款发生在第一期的期初。

假设鞋店的屋顶在营业的第 6 年倒塌,估计这一年的损失为 9000 元,则 6 年后鞋店投资的净现值为

$$NPV(8\%, B2:B6, -9000) + B1 = -3749.47(元) \quad (6-64)$$

3. FV

(1) 含义:基于固定利率及等额分期付款方式,返回某项投资的未来值。

(2) 语法:FV(rate,nper,pmt,pv,type)

有关函数 FV 中各参数以及其他年金函数的详细内容,请参阅函数 PV。

rate 为各期利率,是一固定值。

nper 为总投资(或贷款)期,即该项投资(或贷款)的付款期总数。

pmt 为各期所应付给(或得到)的金额,其数值在整个年金期间(或投资期内)保持不变。通常 pmt 包括本金和利息,但不包括其他费用及税款。

pv 为现值,即从该项投资(或贷款)开始计算时已经入账的款项,或一系列未来付款当前值的累积和,也称为本金。如果省略 PV,则假设其值为零。

type 为数字 0 或 1,用以指定各期的付款时间是在期初还是期末。如果省略 type,则假设其值为零,期末付款。

(3) 说明。

①应确认所指定的 rate 和 nper 单位的一致性。例如,同样是四年期年利率为 12% 的贷款,如果按月支付,rate 应为 12%/12,nper 应为 4×12;如果按年支付,rate 应为 12%,nper 为 4。

②在所有参数中,支出的款项,如银行存款,表示为负数;收入的款项,如股息收入,表示为正数。

（4）示例

$$FV(0.5\%,10,-200,-500,1) = 2581.40(元) \quad (6-65)$$
$$FV(1\%,12,-000) = 12\,682.50(元) \quad (6-66)$$
$$FV(11\%/12,35,-2000,1) = 82\,846.25(元) \quad (6-67)$$

假设需要为一年后的某个项目预筹资金，现在将 1000 元以年利 6%，按月计息（月利 6%/12 或 0.5%）存入储蓄存款账户中，并在以后 12 个月的每个月初存入 100 元，则 1 年后该账户的存款额等于多少？

$$FV(0.5\%,12,-100,-1000,1) = 2301.40(元) \quad (6-68)$$

4. PMT

（1）含义：基于固定利率及等额分期付款方式，返回投资或贷款的每期付款额。

（2）语法：PMT(rate,nper,pv,fv,type)

有关函数 PMT 中参数的详细描述，请参阅函数 PV。

rate 为各期利率，是一固定值。

nper 为总投资（或贷款）期，即该项投资（或贷款）的付款期总数。

pv 为现值，即从该项投资（或贷款）开始计算时已经入账的款项，或一系列未来付款当前值的累积和，也称为本金。

fv 为未来值或在最后一次付款后希望得到的现金余额，如果省略 fv，则假设其值为零（例如，一笔贷款的未来值即为零）。

type 为数字 0 或 1，用以指定各期的付款时间是在期初还是期末。如果省略 type，则假设其值为零，期末付款。

（3）说明。

①PMT 返回的支付款项包括本金和利息，但不包括税款、保留支付或某些与贷款有关的费用。

②应确认所指定的 rate 和 nper 单位的一致性。例如，同样是四年期年利率为 12% 的贷款，如果按月支付，rate 应为 12%/12，nper 应为 4×12，如果按年支付，rate 应为 12%，nper 为 4。

③如果要计算一笔款项的总支付额，请用 PMT 返回值乘以 nper。

（4）示例。

下面的公式将返回需要 10 个月付清的年利率为 8% 的 10 000 元贷款的月支付额：

$$PMT(8\%/12,10,10\,000) = -1037.03(元) \quad (6-69)$$

对于同一笔贷款，如果支付期限在每期的期初，支付额应为

$$PMT(8\%/12,10,10\,000,0,1) = -1030.16(元) \quad (6-70)$$

如果以 12% 的利率贷出 5000 元，并希望对方在 5 个月内还清，下列公式将返回每月所得款数：

$$PMT(12\%/12,5,-5000) = 1030.20(元) \quad (6-71)$$

除了用于贷款之外，函数 PMT 还可以计算出别的以年金方式付款的支付额。例如，如果需要以按月定额存款方式在 18 年中存款 50 000 元，假设存款年利率为 6%，则函数 PMT 可以用来计算月存款额：

$$\text{PMT}(6\%/12,18\times12,0,50\,000)=-129.08(元) \qquad (6-72)$$

即向 6% 的存款账户中每月存入 129.08 元，18 年后可获得 50 000 元。

5. IPMT

（1）含义：基于固定利率及等额分期付款方式，返回投资或贷款在某一给定期次内的利息偿还额。有关函数 IPMT 的参数和年金函数的详细内容，请参阅函数 PV。

（2）语法：IPMT(rate,per,nper,pv,fv,type)

rate 为各期利率，是一固定值。

per 用于计算其利息数额的期次，必须为 1~nper。

nper 为总投资（或贷款）期，即该项投资（或贷款）的付款期总数。

pv 为现值，即从该项投资（或贷款）开始计算已经入账的款项，或一系列未来付款当前值的累积和，也称为本金。

fv 为未来值或在最后一次付款后希望得到的现金余额。如果省略 fv，则假设其值为零（例如，一笔贷款的未来值即为零）。

Type 为数字 0 或 1，用以指定各期的付款时间是在期初还是期末。如果省略 type，则假设其值为零，期末付款。

（3）说明。

①应确认所指定的 rate 和 nper 单位的一致性。例如，同样是四年期年利率为 12% 的贷款，如果按月支付，rate 应为 12%/12，nper 应为 4×12；如果按年支付，rate 应为 12%，nper 为 4。

②在所有参数中，支出的款项，如银行存款，表示为负数；收入的款项，如股息收入，表示为正数。

（4）示例。

下面的公式可以计算出 3 年期、本金 8000 元、年利 10% 的银行贷款的第 1 个月的利息：

$$\text{IPMT}(0.1/12,1,36,8000)=-66.67(元) \qquad (6-73)$$

下面的公式可以计算出 3 年期、本金 8000 元、年利 10% 且按年支付的银行贷款的第 3 年的利息：

$$\text{IPMT}(0.1,3,3,8000)=-292.45(元) \qquad (6-74)$$

6. PPMT

（1）含义：基于固定利率及等额分期付款方式，返回投资或贷款在某一给定期次内的本金偿还额。

（2）语法：PPMT(rate,per,nper,pv,fv,type)

有关函数 PPMT 中参数的详细内容，请参阅函数 PV。

rate 为各期利率，是一固定值。

per 用于计算其本金数额的期次，必须为 1~nper。

nper 为总投资（或贷款）期，即该项投资（或贷款）的付款期总数。

pv 为现值，即从该项投资（或贷款）开始计算时已经入账的款项，或一系列未来付款当前值的累积和，也称为本金。

fv 为未来值或在最后一次付款后希望得到的现金余额。如果省略 fv，则假设其值为零

(例如,一笔贷款的未来值即为零)。

Type 为数字 0 或 1,用以指定各期的付款时间是在期初还是期末。如果省略 type,则假设其值为零,期末付款。

(3) 说明。

应确认所指定的 rate 和 nper 单位的一致性。例如,同样是 4 年期年利率为 12% 的贷款,如果按月支付,rate 应为 12%/12,nper 应为 4×12;如果按年支付,rate 应为 12%,nper 为 4。

(4) 示例。

下列公式将返回 2000 元的年利率为 10% 的两年期贷款的第一个月的本金支付额:

$$PPMT(10\%/12,1,24,2000) = -75.62(元) \quad (6-75)$$

下列公式将返回 200 000 元的年利率为 8% 的十年期贷款的最后一年的本金支付额:

$$PPMT(8\%,10,10,200\ 000) = -27\ 598.05(元) \quad (6-76)$$

7. NPER

(1) 含义:基于固定利率及等额分期付款方式,返回某项投资(或贷款)的总期数。

(2) 语法:NPER(rate,pmt,pv,fv,type)

有关函数 NPER 中各参数的详细说明及有关年金函数的详细内容,请参阅函数 PV。

rate 为各期利率,是一固定值。

pmt 为各期所应付给(或得到)的金额,其数值在整个年金期间(或投资期内)保持不变。通常 pmt 包括本金和利息,但不包括其他的费用及税款。

pv 为现值,即从该项投资(或贷款)开始计算时已经入账的款项,或一系列未来付款当前值的累积和,也称为本金。

fv 为未来值,或在最后一次付款后希望得到的现金余额。如果省略 fv,则假设其值为零(例如,一笔贷款的未来值即为零)。

type 为数字 0 或 1,用以指定各期的付款时间是在期初还是期末。如果省略 type,则假设其值为零,期末付款。

(3) 示例。

$$NPER(12\%/12,-100,-1000,10\ 000,1) = 60 \quad (6-77)$$
$$NPER(1\%,-100,-1000,10\ 000) = 60 \quad (6-78)$$
$$NPER(1\%,-100,1000) = 11 \quad (6-79)$$

6.7.2 偿还率函数

1. RATE

(1) 含义:返回年金的各期利率。函数 RATE 通过迭代法计算得出,并且可能无解或有多个解。如果在进行 20 次迭代计算后,函数 RATE 的相邻两次结果没有收敛于 0.0000001,函数 RATE 返回错误值#NUM!。

(2) 语法:RATE(nper,pmt,pv,fv,type,guess)

有关参数 nper、pmt、pv、fv 及 type 的详细描述,请参阅函数 PV。

nper 为总投资(或贷款)期,即该项投资(或贷款)的付款期总数。

pmt 为各期付款额，其数值在整个投资期内保持不变。通常 pmt 包括本金和利息，但不包括其他费用或税金。

pv 为现值，即从该项投资（或贷款）开始计算时已经入账的款项，或一系列未来付款当前值的累积和，也称为本金。

fv 为未来值，或在最后一次付款后希望得到的现金余额，如果省略 fv，则假设其值为零（例如，一笔贷款的未来值即为零）。

type 为数字 0 或 1，用以指定各期的付款时间是在期初还是期末。如果省略 type，则假设其值为零，期末付款。

guess 为预期利率（估计值）。

①如果省略预期利率，则假设该值为 10%。

②如果函数 RATE 不收敛，请改变 guess 的值。通常当 guess 位于 0 和 1 之间时，函数 RATE 是收敛的。

(3) 说明。

应确认所指定的 guess 和 nper 单位的一致性，对于年利率为 12% 的 4 年期贷款，如果按月支付，guess 为 12%/12，nper 为 4×12；如果按年支付，guess 为 12%，nper 为 4。

(4) 示例。

金额为 8000 元的 4 年期贷款，月支付额为 200 元，该笔贷款的利率为

$$\text{RATE}(48,-200,8000)=0.77\% \tag{6-80}$$

因为按月计息，故结果为月利率，年利率为 0.77%×12，等于 9.24%。

2. IRR

(1) 含义：返回由数值代表的一组现金流的内部收益率。这些现金流不一定必须为均衡的，但作为年金，它们必须按固定的间隔发生，如按月或按年。内部收益率为投资的回收利率，其中包含定期支付（负值）和收入（正值）。

(2) 语法：IRR(values, guess)。

values 为数组或单元格的引用，包含用来计算内部收益率的数字，values 必须包含至少一个正值和一个负值，以计算内部收益率。

①函数 IRR 根据数值的顺序来解释现金流的顺序。故应确定按需要的顺序输入了支付和收入的数值。

②如果数组或引用包含文本、逻辑值或空白单元格，这些数值将被忽略。

guess 为对函数 IRR 计算结果的估计值。

①Microsoft Excel 使用迭代法计算函数 IRR。从 guess 开始，函数 IRR 不断修正收益率，直至结果的精度达到 0.000 01%。如果函数 IRR 经过 20 次迭代，仍未找到结果，则返回错误值#NUM!。

②在大多数情况下，并不需要为函数 IRR 的计算提供 guess 值。如果省略 guess，假设它为 0.1 (10%)。

③如果函数 IRR 返回错误值#NUM!，或结果没有靠近期望值，可以给 guess 换一个值再试一下。

(3) 说明。

函数 IRR 与函数 NPV（净现值函数）的关系十分密切。函数 IRR 计算出的收益率即

为净现值为 0 时的利率。下面的公式显示了函数 NPV 和函数 IRR 的相互关系：
$$\mathrm{NPV(IRR(B1:B6),B1:B6)=3.60E-08} \tag{6-81}$$
在函数 IRR 计算的精度要求之中，数值 3.60E-08 可以当作 0 的有效值。

（4）示例。

假设要开办一家饭店。估计需要 70 000 元的投资，并预期今后 5 年的净收益为 12 000 元、15 000 元、18 000 元、21 000 元和 26 000 元。B1:B6 分别包含下面的数值：-70 000 元、12 000 元、15 000 元、18 000 元、21 000 元和 26 000 元。

此项投资 4 年后的内部收益率为
$$\mathrm{IRR(B1:B5)=-2.12\%} \tag{6-82}$$
此项投资 5 年后的内部收益率为
$$\mathrm{IRR(B1:B6)=8.66\%} \tag{6-83}$$
两年后的内部收益率为
$$\mathrm{IRR(B1:B3,-10\%)=-44.35\%} \tag{6-84}$$
必须在函数中包含 guess。

3. MIRR

（1）含义：返回某一连续期间内现金流的修正内部收益率，同时考虑了投资的成本和现金再投资的收益率。

（2）语法：MIRR(values, finance_rate, reinvest_rate)。

values 为一个数组或对数字单元格区的引用。这些数值代表着各期支出（负值）及收入（正值）。

①参数 values 中必须至少包含一个正值和一个负值，才能计算修正后的内部收益率，否则函数 MIRR 会返回错误值#DIV/0!。

②如果数组或引用中包括文字串、逻辑值或空白单元格，这些值将被忽略，但包括数值零的单元格计算在内。

finance_rate 为投入资金的融资利率。

reinvest_rate 为各期收入净额再投资的收益率。

（3）说明。

①函数 MIRR 根据输入值的次序来注释现金流的次序。所以，务必按照实际的顺序输入支出和收入数额，并使用正确的正负号（现金流入用正值、现金流出用负值）。

（4）示例。

假设某人从事商业性捕鱼工作，现在已经是第 5 个年头了。其 5 年前以年利率 10%借款 120 000 元买了一艘捕鱼船，这 5 年每年的收入分别为 39 000 元、30 000 元、21 000 元、37 000 元和 46 000 元。其间又将所获利润用于重新投资，每年报酬率为 12%。在工作表的单元格 B1 中输入贷款总数 120 000 元，而这 5 年的年利润输入在单元格 B2:B6 中。

开业 5 年后的修正收益率为
$$\mathrm{MIRR(B1:B6,10\%,12\%)=12.61\%} \tag{6-85}$$
开业 3 年后的修正收益率为
$$\mathrm{MIRR(B1:B4,10\%,12\%)=-4.80\%} \tag{6-86}$$

若以 14% 的 reinvest_rate 计算，则 5 年后的修正收益率为

$$\text{MIRR}(B1:B6,10\%,14\%) = 13.48\% \tag{6-87}$$

6.7.3 折旧函数

1. SLN

（1）含义：返回一项资产每期的直线折旧费。

（2）语法：SLN(cost, salvage, life)。

cost 为资产原值。

salvage 为资产在折旧期末的价值（也称为资产残值）。

life 为折旧期限（有时也称作资产的生命周期）。

（3）示例。

假设购买了一辆价值 30 000 元的卡车，其折旧年限为 10 年，残值为 7500 元，则每年的折旧额为

$$\text{SLN}(30\,000,7500,10) = 2250(\text{元}) \tag{6-88}$$

2. DDB

（1）含义：使用双倍余额递减法或其他指定方法计算一笔资产在给定期间内的折旧值。

（2）语法：DDB(cost, salvage, life, period, factor)。

cost 为资产原值。

salvage 为资产在折旧期末的价值（也称为资产残值）。

life 为折旧期限（有时也可称作资产的生命周期）。

period 为需要计算折旧值的期间。period 必须使用与 life 相同的单位。

factor 为余额递减速率。如果 factor 被省略，则假设为 2（双倍余额递减法）。

这 5 个参数必须都为正数。

（3）说明。

双倍余额递减法以加速速率计算折旧。第一个期间的折旧最大，在以后的期间依次降低。函数 DDB 使用下列计算公式计算某个周期的折旧值：

$$\text{cost} - \text{salvage}(\text{前期折旧总值}) * \text{factor}/\text{life} \tag{6-89}$$

如果不想使用双倍余额递减法，可以更改 factor 值。

（4）示例。

假定某工厂购买了一台新机器。价值为 2400 元，使用期限为 10 年，残值为 300 元。下面的例子给出几个期间内的折旧值。结果保留两位小数。

$$\text{DDB}(2400,300,3650,1) = 1.32(\text{元}) \tag{6-90}$$

即第一天的折旧值。Microsoft Excel 自动设定 factor 为 2。

$$\text{DDB}(2400,300,120,1,2) = 40.00(\text{元}) \tag{6-91}$$

即第一个月的折旧值。

$$\text{DDB}(2400,300,10,1,2) = 480.00(\text{元}) \tag{6-92}$$

即第一年的折旧值。
$$DDB(2400,300,10,2,1.5) = 306.00(元) \tag{6-93}$$
即第二年的折旧。这里没有使用双倍余额递减法，factor 为 1.5。
$$DDB(2400,300,10,10) = 22.12(元) \tag{6-94}$$
即第十年的折旧值。Microsoft Excel 自动设定 factor 为 2。

3. VDB

(1) 使用双倍递减余额法或其他指定的方法，返回指定期间内或某一时间段内的资产折旧额。函数 VDB 代表可变余额递减法。

(2) 语法：VDB(cost,salvage,life,start_period,end_period,factor,no_switch)。

cost 为资产原值。

salvage 为资产在折旧期末的价值（也称为资产残值）。

life 为折旧期限（有时也称作资产的生命周期）。

start_period 为进行折旧计算的起始期次，start_period 必须与 life 的单位相同。

end_period 为进行折旧计算的截止期次，end_period 必须与 life 的单位相同。

factor 为余额递减折旧因子，如果省略参数 factor，则函数假设 factor 为 2（双倍余额递减法）。如果不想使用双倍余额法，可改变参数 factor 的值。有关双倍余额递减法的详细描述，请参阅函数 DDB。

no_switch 为一逻辑值，指定当折旧值大于余额递减计算值时，是否转到直线折旧法。

①如果 no_switch 为 TRUE，即使折旧值大于余额递减计算值，Microsoft Excel 也不转换到直线折旧法。

②如果 no_switch 为 FALSE 或省略，且折旧值大于余额递减计算值，Microsoft Excel 将转换到直线折旧法。

除 no_switch 外的所有参数必须为正数。

(3) 示例。

假设某工厂购买了一台新机器，该机器成本为 2400 元，使用寿命为 10 年。机器的残值为 300 元。下面的示例将显示若干时期内的折旧值。结果舍入到两位小数。

$$VDB(2400,300,3650,0,1) = 1.32(元) \tag{6-95}$$
即为第 1 天的折旧值。Microsoft Excel 自动假设 factor 为 2。
$$VDB(2400,300,120,0,1) = 40.00(元) \tag{6-96}$$
即为第 1 个月的折旧值。
$$VDB(2400,300,10,0,1) = 480.00(元) \tag{6-97}$$
即为第 1 年的折旧值。
$$VDB(2400,300,120,6,18) = 396.31(元) \tag{6-98}$$
即为第 6 到第 18 个月的折旧值。
$$VDB(2400,300,120,6,18,1.5) = 311.81(元) \tag{6-99}$$
即为第 6 到第 18 个月的折旧值，设折旧因子为 1.5，代替双倍余额递减法。

现在进一步假定价值 2400 元的机器购买于某一财政年度的第一个季度的中期，并假设税法限定递减余额按 150% 折旧，则下面公式可以得出购置资产后的第一个财政年度的折旧值：

$$VDB(2400,300,10,0,0.875,1.5) = 315.00(元) \qquad (6-100)$$

4. SYD

（1）返回某项资产按年限总和折旧法计算的某期的折旧值。

（2）语法：SYD(cost,salvage,life,per)。

cost 为资产原值。

salvage 为资产在折旧期末的价值（也称为资产残值）。

life 为折旧期限（有时也称为资产的生命周期）。

per 为期间，其单位与 life 相同。

（3）说明。

①函数 SYD 计算公式如下：

$$\text{SYD} = \frac{(\text{cost} - \text{sdvage}) - (\text{life} - \text{per} + 1) \times 2}{\text{life} \cdot (\text{life} + 1)} \qquad (6-101)$$

（4）示例。

假设购买一辆卡车，价值 30 000 元，使用期限为 10 年，残值为 3500 元，第一年的折旧值为

$$\text{SYD}(30\ 000,7500,10,1) = 4090.91(元) \qquad (6-102)$$

第 10 年的折旧值为

$$\text{SYD}(30\ 000,7500,10,10) = 409.09(元) \qquad (6-103)$$

5. DB

（1）含义：使用固定余额递减法计算一笔资产在给定期间内的折旧值。

（2）语法：DB(cost,salvage,life,period,month)。

cost 为资产原值。

salvage 为资产在折旧期末的价值（也称为资产残值）。

life 为折旧期限（有时也可称作资产的生命周期）。

period 为需要计算折旧值的期间。period 必须使用与 life 相同的单位。

month 为第 1 年的月份数，如省略，则假设为 12。

（3）说明。

固定余额递减法用于计算固定利率下的资产折旧值，函数 DB 使用下列式来计算一个期间的折旧值：

$$(\text{cost}— 前期折旧总值) \cdot \text{rate} \qquad (6-104)$$

式中，rate = 1−((salvage/cost)^(1/life))，保留 3 位小数。

第一个周期和最后一个周期的折旧属于特例。对于第一个周期，函数 DB 的计算公式为

$$\text{cost} \cdot \text{rate} \cdot \text{month}/12 \qquad (6-105)$$

对于最后一个周期，函数 DB 的计算公式为

$$((\text{cost} - 前期折旧总值) \cdot \text{rate} \cdot (12 - \text{month}))/12 \qquad (6-106)$$

（4）示例。

假定某工厂购买了一台新机器，价值为 1 000 000 元，使用期限为 6 年，残值为

100 000 元。下面的例子给出机器在使用期限内的历年折旧值,结果保留整数。

$$DB(1\ 000\ 000,100\ 000,6,1,7) = 186083(元) \qquad (6-107)$$

$$DB(10\ 00\ 000,100\ 000,6,2,7) = 259639(元) \qquad (6-108)$$

$$DB(1\ 000\ 000,100\ 000,6,3,7) = 176814(元) \qquad (6-109)$$

$$DB(1\ 000\ 000,100\ 000,6,4,7) = 120411(元) \qquad (6-110)$$

$$DB(1\ 000\ 000,100\ 000,6,5,7) = 82000(元) \qquad (6-111)$$

$$DB(1\ 000\ 000,100\ 000,6,6,7) = 55842(元) \qquad (6-112)$$

$$DB(1\ 000\ 000,100\ 000,6,7,7) = 15845(元) \qquad (6-113)$$

第 7 章 流动资金管理与控制

　　流动资金是流动资产的表现形式，流动资金的主要项目是现金、应收账款和存货。拥有一定量的流动资金是企业进行生产经营活动必不可少的物质条件。流动资金管理不当是企业产生财务困难的主要原因。管理好流动资金则可减少资金占用量，增加盈利，减少企业失败的可能性。本章介绍了流动资金管理的基本方法和如何使用 Excel 进行流动资金管理。

　　作为一种投资，流动资金是不断投入、不断收回并不断再投入的循环过程，没有终止的日期。这就使我们难以直接评价其投资的报酬率。因此，流动资金投资评价的基本方法是以最低的成本满足生产经营周转的需要。

7.1 现金和有价证券的管理

　　现金的首要特点是可接受性，即可以立即有效地购买商品、货物、劳务和偿还债务等。因此，现金是企业中流通性最强的资产。现金包括企业的库存现金、各种形式的银行存款和银行本票、银行汇票。

　　有价证券是企业现金的一种转换形式。有价证券变现能力强，可以随时兑换成现金，所以当一些企业有多余现金的时候，常将现金兑换成有价证券；待企业现金流出量大于流入量，需要补充现金不足时，再出让有价证券，换回现金。在这种情况下，有价证券就成为现金的替代品。此外，将现金转换为有价证券，可以获取一定的收益，这是持有有价证券的另一个原因。

7.1.1 现金管理的目标

　　企业置存现金主要是为了满足交易性需要、预防性需要和投机性需要。
　　交易性需要指满足日常业务的现金支付需要。企业日常经营中的收入和支出不可能做到同步同量。收入多于支出，形成现金置存；收入小于支出，形成现金短缺。企业必须维持适当的现金余额，才能使经营活动正常进行。
　　预防性需要指置存现金以防发生意外的支付。企业有时会出现料想不到的开支，现金流量的不确定性越大，预防性现金的数额也就越大；反之，企业现金流量的可预测性强，预防性现金数额则可以小些。
　　投机性需要指置存现金用于不寻常的购买机会。例如：遇到廉价原材料或其他资产供应的机会，便可利用手头现金大量购入；在适当时机购入价格有利的股票和其他有价证券；等等。
　　通常，企业只保持为满足交易性需要而保持的现金余额，除了金融企业和投资公司外，其他企业很少专为投机性需要而特殊置存现金，遇有不寻常的购买机会也常常设法临时筹集资金。

现金持有量过多或过少都对企业经营不利。若现金持有量过少，则不能应付业务开支，由此造成的损失称为短缺现金成本，具体包括丧失购买机会、造成信用损失和得不到折扣好处等。若现金持有量过多，也会发生成本，如利息损失和机会成本，但也会有"效益"，即现金所提供的流动性和清偿性。现金管理的目的就是要使持有现金的成本最低且效益最大。

7.1.2 现金管理的有关规定

按照现行制度，国家有关部门对企事业单位现金的规定如下。

① 规定了现金使用范围。这里的现金，是指人民币现钞，即企业用现钞从事交易，只能在一定范围内进行。该范围包括：支付职工工资、津贴；支付个人劳务报酬；根据国家规定颁发个人的科学技术、文化艺术、体育等各项奖金；支付各种劳保、福利费用以及国家规定对个人的其他支出；向个人收购农副产品或其他物资的价款；出差人员必须随身携带的差旅费；结算起点（1000元）以下的零星支出；中国人民银行确定需要支付现金的其他支出。

② 规定了库存现金限额。企业库存现金，由其开户银行根据企业的实际需要核定限额，一般以3天至5天的零星开支额为限。

③ 不得坐支现金。即企业不得从本单位的人民币现钞收入中直接支付交易款。现钞收入应于当日终了送存开户银行。

④ 不得出租、出借银行账户。

⑤ 不得签发空头支票和远期支票。

⑥ 不得套用银行信用。

⑦ 不得保存账外公款，包括不得将公款以个人名义存入银行，不得保存账外现钞等各种形式的账外公款。

7.1.3 现金收支管理

企业在经营过程中，要处理大量的现金收支业务。进行现金收支管理，需要做好以下几方面的工作。

1. 完善企业现金收支的内部管理

企业现金收支，首先应保证不出差错，财产安全完整。为此，企业需要完善的现金收支内部管理制度。主要有以下4点。

① 现金收支的职责分工与内部牵制制度。这主要指现金的保管职责与记账职责应由不同人员担任，以防止或减少误差的发生。

② 现金的及时清理制度。现金收支应做到日清月结，确保库存现金的账面余额与实际库存额相互符合，银行存款的余额与银行对账单相互符合，现金、银行存款日记账数额分别与现金、银行存款总账数额相互符合。

③ 现金收支凭证的管理制度。其包括强化收据与发票的领用制度、空白凭证与使用过的凭证的管理制度等。

④ 按国家《现金管理暂行条例》和《银行结算办法》中有关现金使用规定和结算纪律处理现金收支。

2. 制定现金预算和按预算安排现金收支

从理论上讲，企业如果能使现金收入量与流出量同时等量地发生，便可以极大地利用资金，不需要置存现金，但实际上这是不可能的。企业能够切实做到的是尽可能准确地预测现金流入和流出，确定适当的现金余额，并及早采取措施，合理安排使用多余的现金或弥补现金的不足，以充分发挥现金的使用效益和保证日常经营对现金的需求。

3. 现金日常管理策略

现金日常管理的目的在于提高现金使用效率。为了达到这一目的，应运用以下策略。

① 力争现金流入与流出同步等量。

② 使用现金浮游量。从企业开出支票、收款人收到支票并存入银行，至银行将款项划出企业账户，中间需要一段时间。现金在这段时间的占用称为现金浮游量。

③ 加速收款。

④ 推迟应付账款的支付。

7.1.4 目标现金余额的确定

目标现金余额又称为最佳现金，其确定要在持有过多现金产生的机会成本与持有过少现金而带来的短缺成本之间进行权衡。与现金持有量有关的成本主要包括以下几点。

第一，持有现金的机会成本，即持有现金所放弃的报酬（机会成本），通常按有价证券的利息率计算。它与现金持有量呈同方向变化。

第二，现金与有价证券的转换成本，即将有价证券转换为现金的交易成本，如经纪人费用、捐税及其他管理成本。假设这种交易成本与交易次数有关，交易次数越多成本越高。它与现金持有量呈反方向变化。

第三，短缺成本，是指因缺少必要的现金，不能应付业务开支所需而发生的丧失购买机会、造成信用损失和得不到折扣等成本。它与现金持有量呈反方向变化。

第四，管理成本，即企业持有现金所发生的管理费用，如管理人员工资、安全措施费等。管理成本是一种固定成本，它与现金持有量之间没有明显的比例关系。

现金持有量与这几种成本之间的关系如图 7-1 所示。

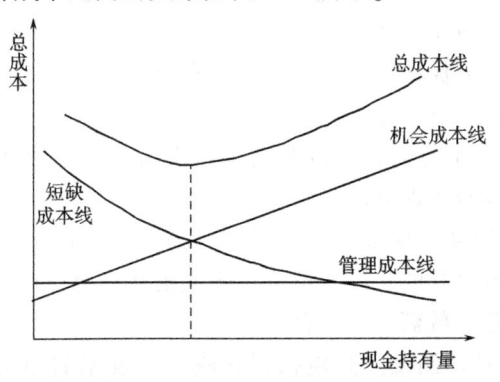

图 7-1 与现金持有量有关的成本

由图 7-1 可以看到，现金持有量越大，机会成本就越高，但短缺成本或转换成本就越低；现金持有量越小，机会成本也越小，但短缺成本或转换成本就越高。

下面介绍几种确定目标现金持有量的方法。

1. 鲍莫模型

美国经济学家威廉·J·鲍莫（William·J·Baumol）认为，公司现金余额在许多方面与存货相似，存货的经济订货模型可以用于确定目标现金余额，并以此为出发点建立鲍莫模型。鲍莫模型假设：

① 公司总是按照稳定的、可预见的比率使用现金。
② 公司经营活动的现金流入也是按照稳定的、可预见的比率发生的。
③ 公司净现金流出或净现金需要量也按照固定比率发生。

在现金流入和流出比率固定的假设下，公司现金流动状况可用图 7-2 表示。

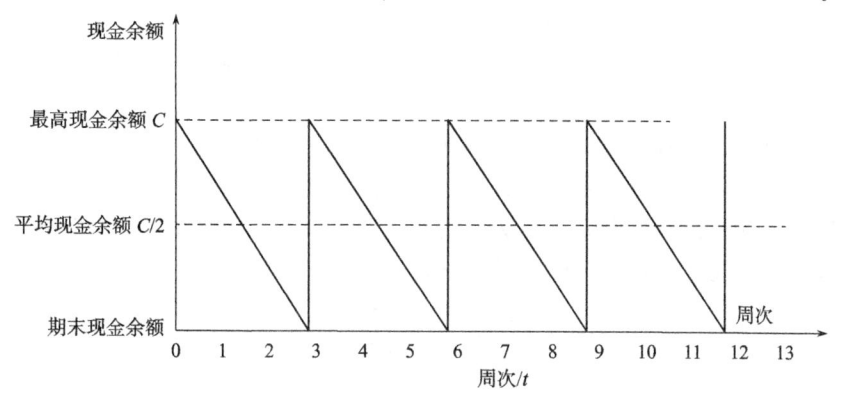

图 7-2 鲍莫模型下的现金余额

在图 7-2 中，假设公司在周次（t）为零时现金余额为 30 万美元，每周现金流出量超过流入量 10 万美元，则在第 3 周末现金余额降至零，其平均余额为 15 万美元，在第 3 周公司出售有价证券或者借款来补充其现金余额。

如果公司期初现金余额（C）提高（如 60 万美元），则其现金供给可以维持更长的时间（6 周），公司出售有价证券的次数就会减少，但平均现金余额会从 15 万美元升至 30 万美元。一方面，出售有价证券或借款必然会发生"交易成本"，扩大现金余额就会降低现金与有价证券之间的交易成本；另一方面，现金余额不能为公司带来收益，所以平均现金余额越大，其机会成本也越大，或者公司从有价证券投资中取得的报酬越少则借款的利息支出也越大。图 7-3 描述了现金余额与持有现金总成本之间的关系。

为了讨论最优现金余额的确定，首先定义下列符号的含义：

C 表示公司出售有价证券或借款筹集的现金余额，$C/2$ 表示平均现金余额。

C^* 表示公司出售有价证券或借款筹集的最佳现金余额，$C^*/2$ 表示最优平均现金余额。

F 表示有价证券交易或借款所发生的固定成本。

T 表示在整个期间内（通常为 1 年）公司经营活动所需的现金总额。

K 表示公司持有现金的机会成本。

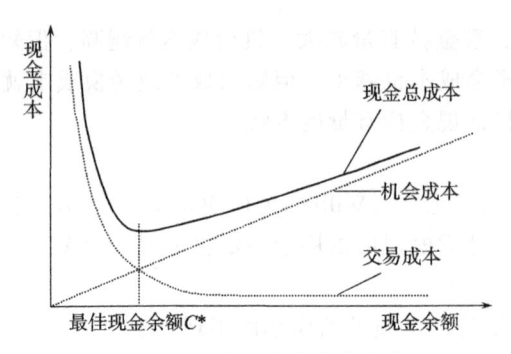

图 7-3 目标现金余额的确定

因此，公司现金余额总成本由持有成本和交易成本两部分组成，即

总成本 = 持有成本 + 交易成本

= 平均现金余额 × 机会成本 + 交易次数 × 每次交易成本

$$= C/2 \cdot K + T/C \cdot F \tag{7-1}$$

由图 7-3 可知，随着现金持有量上升而产生的交易成本的边际减少额与随着现金持有量上升而产生的机会成本的边际增加额相等时，持有现金的总成本最低，此时的现金持有量为最佳现金持有量，即机会成本和交易成本之和最小时的现金余额为最佳现金持有量。

总成本最小的现金持有量，可以通过求式（7-1）导数并使之等于零求得，即

$$\frac{dT}{de} = \frac{K}{2} - \frac{TF}{C^2} = 0 \tag{7-2}$$

简化得

$$C^* = \sqrt{\frac{2TF}{K}} \tag{7-3}$$

式（7-3）就是通常所称的鲍莫模型，它可以用来确定公司最佳现金余额。

例如，假设 $F = 150$ 元，$T = 100\,000 \times 52 = 5\,200\,000$ 元，$K = 15\%$，则

$$C^* = \sqrt{\frac{2 \times 150 \times 5\,200\,000}{0.15}} = 101\,980（元） \tag{7-4}$$

因此，当公司现金余额达到零时，公司应该出售有价证券获得现金 101 980 元，这样公司现金余额又恢复到 101 980 元的水平。此时，公司每年现金余额的总成本为

$$\frac{101\,980}{2} \times 0.15 + \frac{520\,000}{101\,980} \times 150 = 15\,298.5（元） \tag{7-5}$$

很明显，鲍莫模型建立在一系列假设基础之上，其中最重要的假设是认为公司现金流入和流出是稳定的、可预见的，忽视了公司现金流量的季节变化。故在使用这种方法确定最优现金余额时，还需依赖财务人员的经验和主观判断。

2. 米勒-奥模型

美国经济学家默顿·米勒（Merton Miller）和丹尼尔·奥（Deniel Orr）认为，公司现金流量中总存在着不确定性。在确定公司目标现金额时必须充分考虑这种不确定因素。他们假定，公司每日净现金流量几乎呈正态分布，每日净现金流量可看作正态分布的期望值，可能等于期望值也可能高于或低于期望值。因此，公司每天净现金流量呈无一定趋势

的随机状态。假设现金余额随机波动，我们可以运用控制论，事先设定一个控制限额。当现金余额达到限额的上限时，就将现金转换为有价证券；当现金余额达到下限时，就将有价证券转换为现金；当现金余额在上下限之间时，就不做现金与有价证券之间的转换。图 7-4 说明了米勒-奥模型的原理。

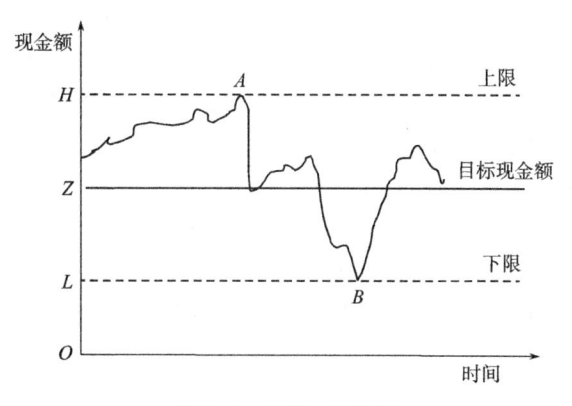

图 7-4　米勒-奥模型

该模型建立了现金流量的最高控制界限和最低控制界限，分别用 H 和 L 表示，同时也确定了目标现金余额 Z。当现金余额达到 H 点时（如在 A 点），表明现金余额过多，企业将购入 $H-Z$ 单位的有价证券，使现金余额回落到 Z 线上；当现金接近 L 时（如在 B 点），表明现金余额过少，企业将出售 $Z-L$ 单位的有价证券，使现金余额回升到 Z 线上；现金在 H 和 L 之间波动时，企业不采取任何措施。最低界限 L 是公司管理部门根据公司愿意承担的现金短缺风险来确定的。

现金持有量的下限 L 可以按企业的现金的安全储备额或银行所要求的某一最低现金余额确定，当然它也受管理人员对风险态度的影响。

确定了下限 L 以后，米勒-奥模型就可以确定公司目标现金余额 Z 和上限 H，其算式为

$$Z = \left(\frac{3F\delta^2}{4K}\right)^{\frac{1}{3}} + L \tag{7-6}$$

$$H = 3Z - 2L \tag{7-7}$$

式中，Z 为目标现金余额；H 表示上限；L 表示下限；F 表示固定交易成本；K 表示按天计算的机会成本；δ^2 为每天现金流量方差。

假定 F 为 150 元，机会成本为 15%，每日现金流量标准差 1000 元，因此，每天现金流量的机会成本和方差为

$$(1 + K)^{360} - 1.0 = 0.15 \Rightarrow K = 0.00039 \tag{7-8}$$

$$\delta^2 = 1\,000\,000 \tag{7-9}$$

若现金流量控制下限（L）为零，则

$$Z = \left(\frac{3 \times 150 \times 1\,000\,000}{4 \times 0.00039}\right)^{\frac{1}{3}} + 0 = 6607(元) \tag{7-10}$$

$$H = 3Z - 2L = 3 \times 6607 - 0 = 19\,821(元) \tag{7-11}$$

平均现金余额为

$$(4 \times 6607 - 0)/3 = 8809(元) \qquad (7-12)$$

若现金流量控制下限（L）为1000元，则

$$Z = 6607 + 1000 = 7607(元) \qquad (7-13)$$
$$H = 3Z - 2L = 3 \times 7607 - 2 \times 1000 = 20\ 821(元) \qquad (7-14)$$

计算结果表明，当公司现金余额达到 20 821 元时，应立即将 13 214（20 821-7607）元的现金投资于有价证券，使现金持有量恢复到 7607 元；当公司的现金余额降到 1000 元时，应立即出售 6607（7607-1000）元的有价证券，使现金持有量回升到 7607 元。

在理解米勒-奥模型时应该注意如下几点。

① 目标现金余额并不是现金流量上限和下限的中间值。一般说来，现金余额达到下限的次数比达到上限的次数要多。当现金流量低于上下限中间值时会减少现金流量的交易成本。在模型推导中，米勒和奥认为，当 L 为零时目标现金余额是上限的 1/3，因而减少现金流量的总成本。

② 目标现金余额随着 F 和 δ^2 的变化而变动，当 F 增加时，现金余额达到上下限的成本会很高，同时 δ^2 越大，现金余额达到上下限的次数越频繁。

③ 随着 K 增大，目标现金余额越小。因为 K 值越大，公司持有现金的成本也越大。同时，现金流量下限应该大于零，因为公司需要一定补偿性存款额，同时也需要持有一定的"安全存货量"。

经过西方许多公司的检验，利用米勒-奥模型进行现金管理的效果比较好。

7.2 应收账款管理

7.2.1 应收账款管理的目标

应收账款是指企业因对外销售产品、材料、供应劳务及其他原因，应向购货单位或接受劳务的单位及其他单位收取的款项，包括应收销货款、其他应收款、应收票据等。

发生应收账款的原因主要有以下两点。

1. 商业竞争

这是发生应收账款的主要原因。在社会主义市场经济条件下，存在激烈的商业竞争。竞争机制的作用迫使企业以各种手段扩大销售。除了依靠产品质量、价格、售后服务、广告等手段之外，赊销也是扩大销售的手段之一。对于同等的产品价格、类似的质量水平、一样的售后服务，实行赊销的产品或商品的销售额将大于现金销售的产品或商品的销售额。这是因为顾客从赊销中得到好处。出于扩大销售的竞争需要，企业不得不以赊销或其他优惠的方式招揽顾客，于是就产生了应收账款。由竞争引起的应收账款是一种商业信用。

2. 销售和收款时间差距

商品成交的时间和收到货款的时间常常不一致，这也产生了应收账款。当然，现实生活中现金销售是很普遍的，特别是零售企业更为常见。不过就一般批发和大量生产企业来

讲,发货的时间和收到货款的时间往往不同,这是因为货款结算需要时间。结算手段越是落后,结算所需的时间越长,销售企业只能承认这种现实并承担由此引起的资金垫支。由于销售和收款的时间差而造成的应收账款不属于商业信用,也不是应收账款的主要内容,下面不再对它进行研究,而只探讨属于商业信用的应收账款的管理。

既然企业发生应收账款的主要原因是扩大销售、增强竞争力,那么其管理的目标就是利润最大化。应收账款是一种短期投资行为,是为了扩大销售提高盈利而进行的投资。而任何投资都是有成本的,应收账款投资也不例外。这就需要在应收账款所增加的利润和所增加的成本之间作出权衡。只有当应收账款所增加的利润超过所增加的成本时,才应当实施赊销;如果应收账款赊销有着良好的营利前景,就应当放宽信用条件增加赊销量,否则就减少赊销量。

7.2.2 应收账款的成本

进行应收账款投资的成本主要有以下几方面。

1. 机会成本

应收账款的机会成本是指投资放在应收账款的资金而丧失的其他收入,如投资于有价证券的利息收入。这一成本通常与投资于应收账款上资金的数量、时间和资本成本成正比,恰当的资本成本一般是按有价证券的利息率计算的。

2. 管理成本

应收账款的管理成本包括调查客户信用状况的费用、账簿的记录费用、收账费用及其他费用,这部分成本随着应收账款的增加而增加。

3. 坏账成本

应收账款因无法收回而发生的损失就是坏账成本,这部分成本也随着应收账款的增加而增加。

7.2.3 应收账款信用政策的确定

经营状况、产品定价、产品质量和信用政策是影响企业应收账款水平的主要因素。但除了信用政策外,其他因素基本上都不是财务经理所能控制的。

信用政策包括信用标准、信用期间、现金折扣政策和收账政策,其中最重要的是信用标准的确定。

1. 信用标准

信用标准是指顾客获得企业的交易信用所应具备的条件。如果顾客达不到信用标准,便不能享受企业的信用或只能享受较低的信用优惠。

(1) 信用分析

企业在设定某一顾客的信用标准时,往往先要评估他赖账的可能性。这可以通过"5C"系统来进行。"5C"系统是评估顾客信用品质的5个方面,即:①品质(Character),是指顾客的信誉,即履行偿债义务的可能性;②能力(Capacity),是指顾客的偿债能力,即其流动资产的数量与质量以及与流动负债的比例;③资本(Capital),是指顾客的财务实力和财务状况，表明顾客可能偿还债务的背景；④抵押（Collateral），是指顾客付款或无力支付款时能被用作抵押的资产；⑤条件（Condition），是指可能影响顾客付款能力的经济环境。

（2）信用分析的信息来源

信用的"5C"系统代表了信用风险的判断因素，要做到客观、准确地判断，关键在于能否及时掌握客户的各种信用资料，这些资料的来源主要有以下几个渠道。

① 财务报表，即企业对预期的"准信用"客户索取或查询近期的资产负债表和利润表等报表。这些资料是企业进行分析评估的最重要信息，企业可据此对赊销对象的资产流动性、支付能力以及经营业绩诸方面进行详尽分析并作出判断。

② 银行证明，即应客户要求，由客户的开户银行出具一些有关其信用状况的证明材料，如客户在银行的平均现金余额、贷款的历史信用信息等。

③ 企业间证明。一般而言，企业的每一客户对外会同时拥有许多供货单位，所以企业可以通过与同一客户有关的各供货企业交换信用资料，如交易往来的持续时间、提供信用的条件、数额，以及客户支付货款的及时程度等证明。这些供货单位出具的书面证明，再加上必要的调查了解，可为企业对客户信用状况作出评价奠定良好的基础。

④ 信用评级和信用报告。公司可以从各种商业信用评级机构获取企业的信用评级资料。

（3）信用标准的制定

在收集、整理客户的信用资料后，即可采用"5C"系统分析客户的信用程度。为避免信用评价人员的主观性，在对客户信用状况进行定性分析的基础上，还有必要对客户的信用风险进行定量分析。具体可以采用多项判断法，其具体步骤如下。

① 设立信用标准。首先查阅客户以前若干年的信用资料，找出具有代表性、能说明偿债能力和财务状况的比率，作为评判信用风险的指标，然后根据最近几年内"信用好"和"信用坏"两个客户相同比率的平均值，作为评价该客户的信用标准。

② 计算客户的风险系数。利用各客户的财务报表，计算这些指标，并与标准值进行比较。其方法是：若某客户的某项指标等于或低于最坏信用标准，则客户的风险系数增加10%；若某项指标介于好的信用标准与坏的信用标准之间，则客户的风险系数增加5%；若某客户的某项指标等于或高于好的信用标准，则客户的风险系数为0，即无信用风险。各项指标比较后，即可累计客户的风险系数。

③ 风险排序。企业按上述方法分别计算出各客户的累计风险系数，即可按风险系数的大小进行排序：系数小的排在前面，系数大的排在后面，由此便可根据风险程度由小到大选择客户。

2. 现金折扣政策

现金折扣是企业对顾客在商品价格上所作的扣减。向顾客提供这种价格上的优惠，主要目的在于吸引顾客为享受优惠而提前付款，缩短企业的平均收款期。另外，现金折扣也能招揽一些视折扣为减价出售的顾客前来购货，借此扩大销售额。

现金折扣的表示常采用如"5/10，3/20，N/30"的形式，5/10表示10天内付款，可享受5%的价格优惠，即只需支付原价的95%。如原价为10 000元，只需支付9500元；3/20表示20天内付款，可享受3%的价格优惠，即只需支付原价的97%。如原价为10 000元，只支付9700元。N/30表示付款的最后期限为30天，此时付款无优惠，即按全价付款。

· 230 ·

企业采用什么程度的现金折扣，要与信用期间结合起来考虑。不论是信用期间还是现金折扣，都能给企业带来收益，但也会增加成本。当企业给予顾客某种现金折扣时，应当考虑折扣所能带来的收益与成本孰高孰低，权衡利弊，择优决断。

3. 信用期间

信用期间是企业允许顾客从购货到付款之间的时间，或者说是企业给予顾客的付款期间。例如，若某企业允许顾客在购货后的 50 天内付款，则信用期间为 50 天。信用期过短，不足以吸引顾客，在竞争中会使销售额下降；信用期放长，对销售额增加固然有利，但只顾及销售增长而盲目放宽信用期间，所得的收益有时会被增长的费用抵消，甚至造成利润减少。因此，企业必须慎重研究，规定出恰当的信用期。

信用期的确定主要是分析改变现行信用期对收入和成本的影响。延长信用期会使销售额增加，产生有利影响；与此同时，应收账款的机会成本、管理成本和坏账损失增加，产生不利影响。当前者大于后者时，可以延长信用期，否则不宜延长。如果缩短信用期，情况与此相反。其中应收账款机会成本的算式如下：

$$应收账款机会成本 = 应收账款占用资金 \times 资金成本率 \quad (7-15)$$

$$应收账款占用资金 = 应收账款平均余额 \times 变动成本率 \quad (7-16)$$

$$应收账款平均余额 = 日销售额 \times 平均收现期 \quad (7-17)$$

在后面有关章节将通过一个实例来说明在 Excel 中如何比较不同信用期对企业利润和成本的影响。

4. 应收账款的收账

应收账款发生后，企业应采取各种措施，尽量争取按期收回账款，否则会因拖欠时间过长而发生坏账，使企业遭受损失。这些措施包括对应收账款回收情况的监督、对坏账事先准备和制定适当的收账政策等。

（1）应收账款收回的监督。企业的应收账款时间有长有短，有的尚未超过信用期限，有的则超过了信用期限。一般来讲，拖欠时间越长，款项收回的可能性越小，形成坏账的可能性越大。对此，企业应实施严密的监督，随时掌握回收情况。实施对应收账款回收情况的监督，可以通过编制账龄分析表进行，其格式见表 7-1。

表 7-1 账龄分析表

应收账款账龄	账户数量/个	金额/元	百分率/%
信用期内	200	80 000	40
超过信用期 1~20 天	100	40 000	20
超过信用期 21~40 天	50	20 000	10
超过信用期 41~60 天	30	20 000	10
超过信用期 61~80 天	20	20 000	10
超过信用期 81~100 天	15	10 000	5
超过信用期 100 天以上	5	10 000	5
应收账款总额	—	200 000	100

利用账龄分析表，企业可以了解到以下情况。

① 有多少欠款尚在信用期内。表 7-1 显示，有价值 80 000 元的应收账款处在信用期内，占全部应收账款的 40%。这些款项未到偿付期，欠款是正常的。

② 有多少欠款超过了信用期，超过时间长短的款项各占多少，有多少欠款会因拖欠时间太久而可能成为坏账。表 7-1 显示，有价值 120 000 元的应收账款已超过了信用期，占全部应收账款的 60%。不过，其中拖欠时间较短（20 天内）的有 40 000 元，占全部应收账款的 20%，这部分欠款收回的可能性很大；拖欠时间较长（20~100 天）的有 70 000 元，占全部应收账款的 35%，这部分欠款收回有一定难度；拖欠时间很长（100 天以上）的有 10 000 元，占全部应收账款的 5%，这部分欠款很可能成为坏账。对不同拖欠时间的欠款，企业应采取不同的收账方法，制定出经济、可行的收账政策；对可能发生的坏账损失，则应提前作出准备，充分估计这一因素对损益的影响。

（2）收账政策的制定。企业对不同过期账款的收款方式，包括准备为此付出的代价，就是它的收账政策。例如，对过期较短的顾客，不予过多打扰，以免将来失去这一客户；对过期稍长的顾客，可能措辞委婉地写信催款；对过期较长的顾客，频繁地写信催款并电话催询；对过期很长的顾客，可在催款时措辞严厉，必要时提请有关部门仲裁或提请诉讼。

催收账款要发生费用，某些催款方式的费用还会很高（如诉讼费）。一般说来，收款的花费越大，收账措施越有力，可收回的账款就越多，坏账损失就越少。因此，制定收账政策要在收账费用和所减少的坏账损失之间作出权衡。制定有效、得当的收账政策很大程度上靠有关人员的经验；从财务管理的角度讲，也有一些量化的方法可予参照，根据应收账款总成本最小化的道理，可以通过对各收账方案成本的大小进行比较来加以选择。

7.3 存货管理

7.3.1 存货管理概述

1. 存货管理的目标

存货是指企业在生产经营中为销售或耗用而储备的物资，包括材料、燃料、低值易耗品、在产品、半成品、产成品和商品等。

如果工业企业能在生产投料时随时购入所需的原材料，或者商业企业能在销售时随时购入商品，就不需要储备存货，但实际上，企业不可能是零库存，企业总有储存存货的需要，并因此占用或多或少的资金。企业储备存货的原因主要有以下几点。

（1）保证生产或销售的正常进行。实际上，即使是市场供应量充足，企业也很难做到随时购入生产或销售所需要的各种物资。这不仅因为市场上随时可能会出现某种材料的断档，还因为企业距供货点较远而需要必要的途中运输以及可能出现运输故障。一旦生产或销售所需物资短缺，生产经营将被迫停顿，造成损失。为了避免或减少出现停工待料、停业待货等事故，企业需要储存存货。

（2）出自价格的考虑。零购物资的价格往往较高，而整批购买在价格上常有优惠。但是，过多的存货要占用较大的资金，并且会增加包括仓储费、保险费、维护费、管理人员工资等在内的各项开支，即存货占用资金是有成本的，占用资金越多成本越高。存货管理的目标就是在各种存货成本与存货收益之间作出权衡，达到两者的最佳结合。实现存货管理目标的主要方法是确定存货经济订货批量。

2. 储备存货的有关成本

与储备存货有关的成本，包括以下 3 种。

（1）取得成本。取得成本指为取得某种存货而支出的成本，通常用 TC_a 来表示。取得成本又可分为订货成本和购置成本。

① 订货成本。订货成本指取得订单的成本，如办公费、差旅费、邮资、电报电话费等支出。订货成本中有一部分与订货次数无关，如常设采购机构的基本开支等，称为订货的固定成本，用 F_1 表示；另一部分与订货次数有关，如差旅费、邮资等，称为订货的变动成本，每次订货的变动成本用 K 表示。订货的固定成本与采购批量没有关系；假设采购一次的变动成本是固定的，则订货成本与订货批量反方向变化而与订货次数呈同方向变化。

订货次数等于存货年需要量 D 与每次订货批量 Q 之商，即 D/Q。

② 购置成本。购置成本是指存货本身的价值，即购货数量与单价的乘积。年需要量用 D 表示，单价用 U 表示，于是购置成本为 DU。

综上所述，取得成本的算式为

$$TC_a = F_1 + D/Q \cdot K + DU \qquad (7-18)$$

（2）储存成本。储存成本是指为保持存货而发生的成本，包括存货占用资金所计的利息（若企业用现有现金购买存货，便失去将现金存放银行或投资于有价证券应取得的利息，视为"放弃利息"；若企业借款购买存货，便要支付利息费用，视为"付出利息"）、仓库费用、保险费用、存货破损和变质损失等，通常用 T_c 来表示。

储存成本也分为固定成本和变动成本。固定成本与存货的多少无关，如仓库折旧、仓库职工的固定月工资等，常用 F_2 表示；变动成本与存货的数量有关，如存货资金的应计利息、存货的破损和变质损失、存货的保险费用等，单位成本用 K_c 表示。假设储存单位存货的变动成本是固定的，则储存成本与订货批量同方向变化而与订货次数呈反方向变化。

综上所述，储存成本的计算公式为

$$T_c = F_2 + K_c Q/2 \qquad (7-19)$$

（3）缺货成本。缺货成本指由于存货供应中断而造成的损失，包括材料供应中断造成的停工损失、产成品库存缺货造成的拖欠发货损失和丧失销售机会的损失（还应包括需要主观估计的商誉损失）等；如果生产企业以紧急采购代用材料解决库存材料中断之急，那么缺货成本表现为紧急额外购入成本（紧急额外购入的开支会大于正常采购的开支）。缺货成本用 TC_s 表示。

如果以 TC 来表示储备存货的总成本，则其算式为

$$\begin{aligned} TC &= TC_a + T_c + TC_s \\ &= F_1 + D/Q \cdot K + DU + K_c Q/2 + TC_s \end{aligned} \qquad (7-20)$$

7.3.2 存货决策

存货决策的内容通常分为两大类：一类是研究怎样把存货的数量控制在最优化水平上，视为"存货控制的决策"；另一类是研究为了保持适当的存货，一年分几次订货，每次订货多少数量最经济，在什么情况下再订货比较合适等，视为"存货规划的决策"。企业只有正确做好存货的控制决策和规划决策，才能使存货所占的资金得到最经济、最合理、最有效的使用。

1. 存货控制的决策

企业的不同职能部门对于存货如何进行控制，往往由于其立场不同而使其观点迥异。例如，就财务部门来说，为了灵活调度流动资金，加速资金周转，总是力求存货占用的资金越少越好；销售部门为了能随时满足顾客的需要，增强竞争能力，总是希望存货多多益善；采购部门为了享受大量购买的折扣和优惠的运费，大多希望尽量扩大每次的采购数量；生产部门为了使生产进度尽可能持续不变，总是力图建立较高的库存量，以便应付生产上的急需。正因为如此，企业管理当局对存货的控制，必须在充分考虑各方面的意见和需要的基础上，想方设法、妥善地作出适当的决策。

存货控制最常用的方法有以下几种。

（1）挂签制度。这是一种传统的存货控制方法。其基本思路是针对库存的商品材料物资的每一项目均挂上一张带有编号的标签。当存货售出或发给生产单位使用时，即将标签取下，记入"永续盘存记录"上，以便控制。在这种情况下，为了保证不至于发生停工待料或临时无货供应，必须在"永续盘存记录"上注明最低储存量（即保险储存量），一旦实际结存余额达到最低水平，应立即提出购货申请。如果企业没有使用"永续盘存记录"，则应将每次取下的存货标签集中存放，到规定的订购日期，再将汇集存放的标签分类统计其发出数量，并据以作为申请订购的依据。

（2）ABC分析法。当工商企业的存货品种异常繁杂、单价高低悬殊、存量多寡不一时，为了对存货控制不平均使用力量，能突出重点、区别对待，那么采用ABC法较为简便易行。

ABC法的基本思路是：先把各种存货按其全年平均耗用量分别乘它的单位成本，并根据一定金额标准把他们划分为A、B、C三类，再计算各类存货所占耗用总数量、耗用总成本的百分率，然后根据具体情况对这3类存货分别采用不同的控制措施。实践证明，凡是规模较大的企业，一经采用ABC分析法以后，对于商品材料物资存货的控制，不仅十分方便，而且效果也非常显著。

2. 存货规划的决策

ABC分析法可以在存货管理中突出重点、区别对待，是分类控制存货数量的有效手段。但是对A类和B类存货究竟应该每次订购多少数量，在什么情况下再订货，则属于存货规划决策的问题。

（1）订货量基本模型

按照存货管理的目标，使储备存货总成本最低的订货批量为经济订货批量。与存货成本有关的因素很多，为了使复杂的问题简化，需要设立一些假设，在此基础上建立经济订货批量的基本模型，然后再逐一去掉假设来解决较复杂的问题。

经济订货批量基本模型需要设立的假设有：

① 企业能够及时补充存货，即需要订货时便可立即取得存货。

② 能集中到货，而不是陆续入库。

③ 没有缺货，即无缺货成本，TC_a 为零，这是因为良好的存货管理本来就不应该出现缺货成本。

④ 年需求量固定不变，即 D 为已知常量。

⑤ 日需求量是固定不变的。

⑥ 没有数量折扣，即 U 为已知常量。

⑦ 企业现金充足，不会因现金短缺而影响进货。

⑧ 所需存货市场供应充足，不会因买不到需要的存货而影响其他。

在上述假设前提条件下，存货总成本的公式可以简化为

$$TC = F_1 + D/Q \cdot K + DU + F_2 + K_C Q/2 \tag{7-21}$$

当 F_1、K、D、U、F_2、K_C 为常数时，TC 的大小取决于 Q。为了求出 TC 的极小值，对其进行求导，可得出下公式：

$$Q^* = \sqrt{2KD/K_C} \tag{7-22}$$

式（7-22）称为经济订货量的基本模型。

根据这个公式还可以求出与经济订货批量有关的其他指标，例如：

每年最佳订货次数

$$N^* = \frac{D}{Q} = \sqrt{DK_C/2K} \tag{7-23}$$

最佳订货周期

$$t^* = \frac{1}{N} = \sqrt{2K/DK_C} \tag{7-24}$$

存货总成本

$$TC_{(Q^*)} = \sqrt{2KDK_C} \tag{7-25}$$

经济订货占用资金

$$I^* = \frac{Q^*}{2} \cdot U = \sqrt{KD/2K_C} \cdot U \tag{7-26}$$

（2）基本模型的扩展

经济订货量的基本模型是在前述各假设条件下建立的，但现实生活中能够满足这些假设条件的情况十分罕见。为使模型更接近于实际情况，具有较高的可用性，须逐一放宽假设，同时改进模型。

① 订货提前期。一般情况下，企业的存货不能随时补充，因此不能等存货用光再去订货，而需要在没有用完时提前订货。提前订货的情况下，企业再次发出订货单时，尚有存货的库存量，称为再订货点，用 R 表示，如图 7-5 所示。其算式为

$$R = Ld \tag{7-27}$$

式中，L 为交货时间；d 为每日需用量。

② 存货陆续供应和使用。在建立基本模型时，是假设存货一次全部入库，故存货增加时存量变化为一条垂直的直线。事实上，各批存货可能陆续入库，使存量陆续增加。尤

其是产成品入库和在产品的转移,几乎总是陆续供应和陆续耗用的。这种情况下,须要对基本模型做一些修改,如图 7-6 所示。

设每批订货数为 Q,每日送货量为 P,每日耗用量为 d,则送货期为 Q/P,送货期内的全部耗用量为 $(Q/P) \cdot d$。由于零件边用边送,所以每批送完时,最高库存量为 $[Q-(Q/P) \cdot d]$,平均库存量为 $[Q-(Q/P) \cdot d]/2$。图 7-6 中 E 为最高库存量,$\overline{E}$ 为平均库存量。

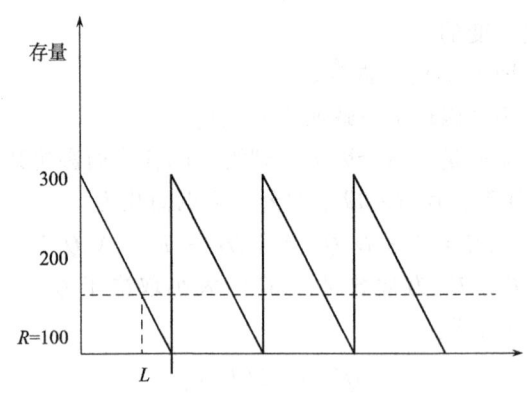

图 7-5 订货提前期描述

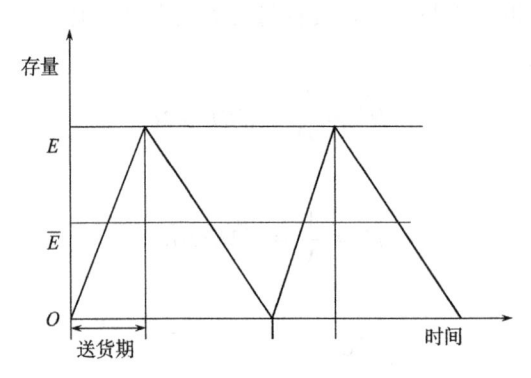

图 7-6 存货陆续供应和使用

这样,与批量有关的总成本为

$$TC(Q) = \frac{D}{Q} \cdot K + \frac{1}{2}(Q - \frac{Q}{P} \cdot d) \cdot K_c \qquad (7-28)$$

在订货变动成本与储存变动成本相等时,$TC(Q)$ 有最小值,故存货陆续供应和使用的经济订货量公式为

$$\frac{D}{Q} \cdot K = \frac{Q}{2}(1 - \frac{d}{P}) \cdot K_c \qquad (7-29)$$

$$Q^* = \sqrt{\frac{2KD}{K_c}\left(\frac{P}{P-d}\right)} \qquad (7-30)$$

$$TC(Q^*) = \sqrt{2KDK_c\left(1 - \frac{d}{P}\right)} \qquad (7-31)$$

【例 7-1】 某零件年需用量 D 为 3600 件，每日送货量 P 为 30 件，每日耗用量 d 为 10 件，单价 U 为 10 元，一次订货的变动成本 K 为 25 元，单位储备变动成本 K_C 为 2 元。则

$$Q^* = \sqrt{\frac{2KD}{K_C}\left(\frac{P}{P-d}\right)} = \sqrt{\frac{2 \times 25 \times 3\,600}{2}\left(\frac{30}{30-10}\right)} = 367(件) \quad (7-32)$$

$$TC(Q^*) = \sqrt{2KDK_C\left(1-\frac{d}{P}\right)}$$

$$= \sqrt{2 \times 25 \times 3\,600 \times 2 \times \left(1-\frac{10}{30}\right)} = 490(元) \quad (7-33)$$

③ 保险储备。以前讨论时假定存货的供需稳定且确定，即每日需求量不变，交货时间也固定不变。实际上，每日需求量可能变化，交货时间也可能变化。按照某一订货批量（如经济订货批量）和再订货点发出订单后，如果需求量增大或送货时间延迟，就会发生供货中断。为防止因此造成的损失，就需要多储备一些存货以备应急之需，称为保险储备。保险储备如图 7-7 所示。

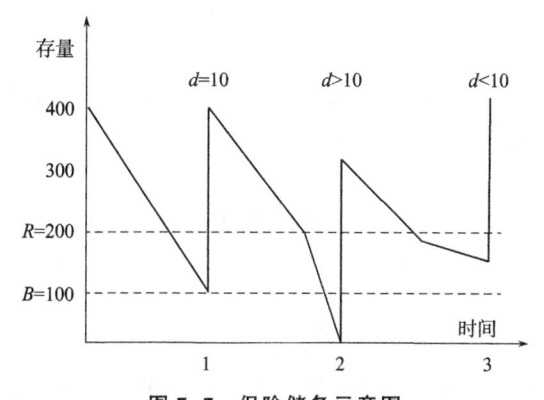

图 7-7 保险储备示意图

$$R = 交货时间 \times 平均日需求 + 保险储备 \quad (7-34)$$

假设保险储备为 100，则

$$R = L \times d + b = 10 \times 10 + 100 = 200 \quad (7-35)$$

由图 7-7 可看出：在第一个周期里，d 等于 10，不需要动用保险储备；在第二个周期里，d 大于 10，需求量大于供应量，需要动用保险储备；在第三个周期里，d 小于 10，不仅不需要动用保险储备，正常储备未用完，下次存货即已送到。

建立保险储备，固然可以使企业避免缺货或供应中断造成的损失，但是存货平均储备量加大却会使储备成本升高。研究保险储备的目的，就是要找出合理的保险储备量，使缺货或供应中断造成的损失和储备成本之和最小。方法上，可先计算出各不同保险储备的总成本，然后再对总成本进行比较，选定其中最低的。

如果设与此有关的总成本为 $TC(S,B)$，缺货成本为 C_S，保险储备成本为 C_B，则

$$C_S = K_u SN \quad (7-36)$$

$$C_B = BK_C \quad (7-37)$$

$$TC(S,B) = K_u SN + BK_C \quad (7-38)$$

式中，K_u 为单位缺货成本；K_C 为单位变动成本；S 为缺货量；B 为保险储备量；N 为每年订货次数。

现实中，缺货量 S 具有概率性，其概率可根据历史经验估计得出；保险储备量 B 可选择而定。

【例 7-2】 假定某存货的年需要量 D 为 3600 件，单位储备存变动成本 K_C 为 2 元，单位缺货成本 K_u 为 4 元，交货时间 L 为 10 天；交货期的存货需要量及其概率分布详见表 7-2。

表 7-2 交货期的存货需要量及其概率

需要量/件	70	80	90	100	110	120	130
概率	0.01	0.04	0.20	0.50	0.20	0.04	0.01

分析：

首先，计算出经济订货量为 Q 为 300 件，每年订货次数 N 为 12 次。

其次，计算不同保险储备的总成本。设保险储备量为 0 时，

$$S_0 = (110-100) \times 0.2 + (120-100) \times 0.04 + (130-100) \times 0.01 = 3.1(件)$$

$$TC(S,B) = K_u S_0 N + B K_C = 4 \times 3.1 \times 12 + 0 \times 2 = 148.8(元)$$

保险储备量为 10 件时，

$$S_{10} = (120-110) \times 0.04 + (130-110) \times 0.01 = 0.6(件)$$

$$TC(S,B) = K_u S_0 N + B K_C = 4 \times 0.6 \times 12 + 10 \times 2 = 48.8(元)$$

保险储备量为 20 件时，

$$S_{20} = (130-120) \times 0.01 = 0.1(件)$$

$$TC(S,B) = K_u S_0 N + B K_C = 4 \times 0.1 \times 12 = 44.8(元)$$

保险储备量为 30 件时，

$$S_{30} = 0$$

$$TC(S,B) = K_u S_0 N + B K_C = 4 \times 0 \times 12 + 30 \times 2 = 60(元)$$

计算结果表明，当 B = 20 件，总成本为 44.8 元，是各总成本中最低的，故应确定保险储备量为 20 件，或者说应确定以 120 件为再订货点。

以上所举的例子是由于存货耗用量的不确定性所引起的缺货问题，至于交货期的不确定性所引起的缺货问题，也可以比照上述建立安全储备的方法来进行，具体将延迟交货的天数折算为增加的耗用量。

7.4 流动资产管理案例

7.4.1 险储备模本应用举例

【例 7-3】 假定某存货的年需要量 D 为 3600 件，单位储备存变动成本 K_C 为 2 元，单位缺货成本 L 为 4 元，交货时间 L 为 10 天。交货期的存货需要量及其概率分布见表 7-3。

表 7-3 交货期的存货需要量及其概率

需要量/件	70	80	90	100	110	120	130
概率	0.01	0.04	0.20	0.50	0.20	0.04	0.01

解 利用 Python 求解实例 7-2 的步骤如下：

第一，参数设置，并读取工作表中数据到数据框。

```
#参数变量设置
bookname='流动资金.xlsx' #工作簿名称
sheetname='保险储备' #工作表名称
resultname=sheetname+'-result.xlsx' #输出结果保存文件
demand=3600 #年需求量
var_cost=2 #单位储备变动成本
out_cost=4 #单位缺货成本
delivery_time=10 #交货时间
order_cost=25 #单位订货成本
#读取工作表中数据到数据框
df0=read_excel(bookname,sheetname,na_values=['NA'])
fld=df0.columns #fld[0]需求量,fld[1]概率
```

第二，进行计算。

```
mean0=sum(df0[fld[0]]*df0[fld[1]]) #需求量的概率均值
order_quantity=np.sqrt(2*order_cost*demand/var_cost) #计算经济订货量
order_number=demand/order_quantity #计算经济订货次数
df0['保险储备']=df0[df0[fld[0]]>=mean0][fld[0]]-mean0
temp=np.array(df0.values)
df0['中间值']=[sum((temp[i:,0]-temp[i,0])*temp[i:,1]) for i in range(len(temp))]
df0['中间值']=df0[df0['保险储备'].notnull()]['中间值']
df0['总成本']=df0['中间值']*order_number*out_cost+(df0[fld[0]]-mean0)*var_cost
df0['总成本']=df0[df0['保险储备'].notnull()]['总成本']
```

最后，整理 DataFrame 数据框内容，输出到 Excel 文件。

最终输出结果如图 7-8 所示。

需求量	概率	保险储备	中间值	总成本/元
70	0.01	110	0.2	10
80	0.04	120	0.04	20
90	0.2	130	0.01	30
100	0.5	0	3.1	148.8
	0.6		48.8	
	0.1		44.8	
	0		60	
最小总成本				44.8

图 7-8 保险储备分析表（计算结果）

由图 7-8 可看出，不同保险储备下的最小总成本为 44.8 元，因此再定货点为 120 元。
```python
#【实例 7-2】Python 实现
#程序名称:pfa7401.py
#功能:保险储备
#用于数值计算的库
import numpy as np
import pandas as pd
import scipy as sp
from scipy import stats
from pandas import Series,DataFrame,read_excel
#用于绘图的库
import matplotlib as mpl
from matplotlib import pyplot as plt
import seaborn as sns
sns.set()
#用于统计分析的库
import statsmodels.formula.api as smf
import statsmodels.api as sm
#用于读取 Excel 文件
import openpyxl
#财务函数库
import numpy_financial as npf
#支持中文设置
mpl.rcParams['font.sans-serif']=['SimHei'] #用来正常显示中文标签
mpl.rcParams['axes.unicode_minus']=False #用来正常显示负号
#给数据框 df 增加一行
def append1(df,fld,list1):
    fld0=fld[0:len(list1)]
    dict1=dict(zip(fld0,list1))
    df=df.append(dict1,ignore_index=True)
    return df
#参数变量设置
bookname='流动资金.xlsx' #工作簿名称
sheetname='保险储备' #工作表名称
resultname=sheetname+'-result.xlsx' #输出结果保存文件
demand=3600 #年需求量
var_cost=2 #单位储备变动成本
out_cost=4 #单位缺货成本
delivery_time=10 #交货时间
```

```
order_cost=25 #单位订货成本
#读取工作表中数据到数据框
df0=read_excel(bookname,sheetname,na_values=['NA'])
fld=df0.columns #fld[0]需求量,fld[1]概率
#计算
mean0=sum(df0[fld[0]]*df0[fld[1]]) #需求量的概率均值
order_quantity=np.sqrt(2*order_cost*demand/var_cost) #计算经济定货量
order_number=demand/order_quantity #计算经济订货次数
df0['保险储备']=df0[df0[fld[0]]>=mean0][fld[0]]-mean0
temp=np.array(df0.values)
df0['中间值']=[sum((temp[i:,0]-temp[i,0])*temp[i:,1]) for i in range(len(temp))]
df0['中间值']=df0[df0['保险储备'].notnull()]['中间值']
df0['总成本']=df0['中间值']*order_number*out_cost+(df0[fld[0]]-mean0)*var_cost
df0['总成本']=df0[df0['保险储备'].notnull()]['总成本']
#整理DataFrame数据框内容,输出到Excel文件
df0=append1(df0,fld,[])
df0=append1(df0,fld,['最小总成本','','','',df0['总成本'].min()])
df0.to_excel(resultname,index=False)
print("df0=",df0)
```

说明:

(1) Python 分析所需数据保存在工作簿"流动资金.xlsx"中"保险储备"工作表,形式如图 7-9 所示。

工作表中第一行为表头。使用时,表头不要变动,表头下面的数据可以根据需要进行修改。

(2) 使用时,可根据实际修改下列参数变量的值。

```
bookname='流动资金.xlsx' #工作簿名称
sheetname='保险储备' #工作表名称
resultname=sheetname+'-result.xlsx' #输出结果保存文件
demand=3600 #年需求量
var_cost=2 #单位储备变动成本
out_cost=4 #单位缺货成本
delivery_time=10 #交货时间
order_cost=25 #单位订货成本
```

序号	A	B
1	需求量	概率
2	70	0.01
3	80	0.04
4	90	0.2
5	100	0.5
6	110	0.2
7	120	0.04
8	130	0.01

图 7-9 "保险储备"工作表

(3) 对工作表及 Python 程序进行修改,必须保存后再运行 Python 程序,才能使得修改有效。

（4）输出结果保存在工作簿 resultname 的工作表 Sheet1 中。

7.3.2 自制和外购的决策模本应用举例

【例 7-3】 某生产企业使用的 A 零件既可以外购也可以自制。如果外购，单价为 4 元，一次订货成本 10 元；如果自制，单位成本 3 元，每次生产准备成本 600 元，每日产量 50 件。零件的全年需求量为 3600 件，储存变动成本为零件价值的 20%，每日需求量为 10 件。

分析：企业是自制零件还是外购零件，关键取决于自制零件的总成本和外购零件的总成本孰小。自制零件的总成本小于外购零件的总成本，则自制零件；反之，外购零件较为合算。因此，自制和外购的决策模型的设计关键在于计算这两种总成本。

解 利用 Python 求解实例 7-3 的步骤如下：

第一，读取工作表中数据到数据框。

```
#读取工作表中数据到数据框
df0=read_excel(bookname,sheetname,na_values=['NA'])
fld=df0.columns
B=np.array(df0.values[0:,1])
```

第二，进行计算。

```
#自制成本计算
#B[2]——自制每次生产准备成本
#B[3]——自制每日产量
#B[4]——自制每日需求量
#B[5]——自制单位成本
cost1=B[1]*B[5] #自制单位储备变动成本
order_quanlity1=np.sqrt(2*B[0]*B[2]/cost1*(B[3]/(B[3]-B[4])))
#自制经济订货量
total_cost1=np.sqrt(2*B[0]*B[2]*cost1*(B[3]-B[4])/B[3])+B[0]*B[5]
#自制总成本
#外购成本计算
#B[6]——外购订货成本
#B[7]——外购单价
cost2=B[1]*B[7] #外购单位储备变动成本
order_quanlity2=np.sqrt(2*B[0]*B[6]/cost2) #外购经济订货量
total_cost2=np.sqrt(2*B[0]*B[6]*cost2)+B[0]*B[7] #外购总成本
```

最后，整理 DataFrame 数据框内容，输出到 Excel 文件。最终输出结果如图 7-10 所示。

项目名称		数量
年需求量		3600
单位储备变动成本率		0.2
自制每次生产准备成本		600
自制每日产量		50
自制每日需求量		10
自制单位成本		3
外购单位订货成本		10
外购单价		4
自制成本计算	自制单位储备变动成本	0.6
	自制经济订货量	3000
	自制总成本	12240
外购成本计算	外购单位储备变动成本	0.8
	外购经济订货量	300
	外购总成本	14640

图 7-10 自制和外购决策分析（计算结果）

由图 7-10 可看出：自制总成本为 12 240 元，小于外购总成本 14 640 元，因此自制零件较外购零件合算。

```
#【实例7-3】Python实现
#程序名称:pfa7402.py
#功能:自制和外购决策
#用于数值计算的库
import numpy as np
import pandas as pd
import scipy as sp
from scipy import stats
from pandas import Series,DataFrame,read_excel
#用于绘图的库
import matplotlib as mpl
from matplotlib import pyplot as plt
import seaborn as sns
sns.set()
#用于统计分析的库
import statsmodels.formula.api as smf
import statsmodels.api as sm
#用于读取Excel文件
import openpyxl
#财务函数库
```

```python
import numpy_financial as npf
#支持中文设置
mpl.rcParams['font.sans-serif']=['SimHei'] #用来正常显示中文标签
mpl.rcParams['axes.unicode_minus']=False #用来正常显示负号
#给数据框df增加一行
def append1(df,fld,list1):
    fld0=fld[0:len(list1)]
    dict1=dict(zip(fld0,list1))
    df=df.append(dict1,ignore_index=True)
    return df
#参数变量设置
bookname='流动资金.xlsx' #工作簿名称
sheetname='自制和外购决策' #工作表名称
resultname=sheetname+'-result.xlsx' #输出结果保存文件
#读取工作表中数据到数据框
df0=read_excel(bookname,sheetname,na_values=['NA'])
fld=df0.columns
B=np.array(df0.values[0:,1])
#计算
#B[0]——年需求量
#B[1]——单位储备变动成本率
#自制成本计算
#B[2]——自制每次生产准备成本
#B[3]——自制每日产量
#B[4]——自制每日需求量
#B[5]——自制单位成本
cost1=B[1]*B[5] #自制单位储备变动成本
order_quanlity1=np.sqrt(2*B[0]*B[2]/cost1*(B[3]/(B[3]-B[4])))
#自制经济订货量
total_cost1=np.sqrt(2*B[0]*B[2]*cost1*(B[3]-B[4])/B[3])+B[0]*B[5] #自制总成本
#外购成本计算
#B[6]——外购订货成本
#B[7]——外购单价
cost2=B[1]*B[7] #外购单位储备变动成本
order_quanlity2=np.sqrt(2*B[0]*B[6]/cost2) #外购经济订货量
total_cost2=np.sqrt(2*B[0]*B[6]*cost2)+B[0]*B[7] #外购总成本
#整理DataFrame数据框内容,输出到Excel文件
```

```
df0=append1(df0,fld,[])
df0=append1(df0,fld,['自制成本计算'])
df0=append1(df0,fld,['自制单位储备变动成本',cost1])
df0=append1(df0,fld,['自制经济订货量',order_quanlity1])
df0=append1(df0,fld,['自制总成本',total_cost1])
df0=append1(df0,fld,[])
df0=append1(df0,fld,['外购成本计算'])
df0=append1(df0,fld,['外购单位储备变动成本',cost2])
df0=append1(df0,fld,['外购经济订货量',order_quanlity2])
df0=append1(df0,fld,['外购总成本',total_cost2])
df0.to_excel(resultname,index=False)
print("df0=",df0)
```

说明：

（1）Python 分析所需数据保存在工作簿"流动资金.xlsx"中"自制和外购决策"工作表，形式如图 7-11 所示。

工作表中第一行为表头。使用时，表头不要变动，表头下面的数据可以根据需要进行修改。

（2）使用时，可根据实际修改下列参数变量的值。

```
bookname='流动资金.xlsx' #工作簿名称
sheetname='自制和外购决策' #工作表名称
resultname=sheetname+'-result.xlsx'
```
#输出结果保存文件

序号	A	B
1	项目名称	数量
2	年需求量	3600
3	单位储备变动成本率	0.2
4	自制每次生产准备成本	600
5	自制每日产量	50
6	自制每日需求量	10
7	自制单位成本	3
8	外购单位订货成本	10
9	外购单价	4

图 7-11 "自制和外购决策"工作表

（3）对工作表及 Python 程序进行修改，必须保存后再运行 Python 程序，才能使得修改有效。

（4）输出结果保存在工作簿 resultname 的工作表 Sheet1 中。

7.3.3 应收账款台账和账龄分析应用案例

如果单位是在 Excel 环境中编制应收账款台账，那么可直接利用这些信息来进行账龄分析。本案例将应收账款台账管理和账龄分析结合起来。

【例 7-4】假定某公司发生表 7-4 中的应收账款。

表 7-4 某公司应收账款

单位名称	票据号码	应收账款	开票日期	付款日期/日	还账否
大洋	NN3124	50	5月25日	20	N
三三	TY4267	25	5月16日	30	N

续表

单位名称	票据号码	应收账款	开票日期	付款日期/日	还账否
恒力	SK9389	90	6月28日	30	N
台历	PU2341	33	4月5日	15	Y
荣昌	AA0836	80	3月27日	0	N
顺德	DJ1234	100	1月10日	30	Y
大亚	AP5321	55	4月12日	30	N
安正	EQ5233	200	3月22日	30	Y

解 利用Python求解实例7-4的步骤如下：

第一，设置参数，并读取工作表中数据到数据框。

bookname='流动资金.xlsx' #工作簿名称

sheetname='应收账款台账' #工作表名称

resultname1=sheetname+'-result1.xlsx' #输出结果保存文件

resultname2=sheetname+'-result2.xlsx' #输出结果保存文件

basetime='2021-6-6' #分析的基准时间

t=basetime.split('-')

time0=datetime.date(int(t[0]),int(t[1]),int(t[2]))

time0=pd.DatetimeIndex([time0])

#读取工作表中数据到数据框

df0=read_excel(bookname,sheetname,na_values=['NA'])

fld=df0.columns

第二，计算超过信用期的天数。

B=df0['开票日期']

t0=[(time0-B[i]).days.values[0] for i in range(len(B))]

df0['超期天数']=t0-df0['付款日期']

df0['超期天数']=df0[df0['还账否']=='N']['超期天数']

第三，按超期天数进行分箱处理。

credit_interval=[-np.inf,0,20,40,60,80,100,np.inf]

credit_name=['信用期内','超过信用期1天~20天','超过信用期21天~40天','表示超过信用期41天~60天','超过信用期61天~80天','超过信用期81天~100天','超过信用期100以上']

df0['信用类别']=pd.cut(df0['超期天数'],credit_interval,labels=credit_name)

第四，分类统计各信用类别的情况，即进行账龄分析。

stat_items={np.sum,np.size,np.mean,np.max,np.min}

#col_names={'金额合计','数量','均值','单笔最大值','单笔最小值'}

df1=df0.groupby(by=['信用类别'])['应收账款'].agg(stat_items)

```
fld0 ='sum'
df1['百分比']=df1[fld0]/sum(df1[df1[fld0].notnull()][fld0])
```
最后,整理 DataFrame 数据框内容,输出到 Excel 文件。
最终输出结果如图 7-12 和图 7-13 所示。

单位名称	票据号码	应收账款	开票日期	付款日期	还账否	超期天数	信用类别
大洋	NN3124	50	2021/5/25	20	N	-8	信用期内
三三	TY4267	25	2021/5/16	30	N	-9	信用期内
恒力	SK9389	90	2021/6/28	30	N	-52	信用期内
台历	PU2341	33	2021/4/5	15	N	47	超过信用期 41 天~60 天
荣昌	AA0836	80	2021/3/27	0	N	71	超过信用期 61 天~80 天
顺德	DJ1234	100	2021/1/10	30	Y		
大亚	AP5321	55	2021/4/12	30	N	25	超过信用期 21 天~40 天
安正	EQ5233	200	2021/3/22	30	Y		

图 7-12 应收账款(计算结果)

信用类别	mean	amin	amax	size	sum	百分比
信用期内	55	25	90	3	165	49.55%
超过信用期 1 天~20 天					0	0.00%
超过信用期 21 天~40 天	55	55	55	1	55	16.52%
超过信用期 41 天~60 天	33	33	33	1	33	9.91%
超过信用期 61 天~80 天	80	80	80	1	80	24.02%
超过信用期 81 天~100 天					0	0.00%
超过信用期 100 以上					0	0.00%

图 7-13 账龄分析(计算结果)

由图 7-12 可以看到:

(1) 有价值 1 650 000 元的应收账款处在信用期内,占全部应收账款的 49.55%。这些款项未到偿付期,欠款是正常的;但到期后能否收回,还要到时再定,故即时监督是必要的。

(2) 有价值 1 350 000 元的应收账款已超过了信用期,占全部应收账款的 50.45%。其中,拖欠时间 20~40 天内的有 550 000 元,占全部应收账款的 16.52%,这部分欠款收回的可能性较大;拖欠时间 60~100 天的有 800 000 元,占全部应收账款的 24.02%,这部分欠款收回有一定难度。该企业没有拖欠时间 100 天以上的应收账款。

```
#【实例 7-4】Python 实现
#程序名称:pfa7403.py
#功能:应收账款和账龄分析
#用于数值计算的库
import numpy as np
import pandas as pd
```

```python
import scipy as sp
from scipy import stats
from pandas import Series,DataFrame,read_excel
#用于绘图的库
import matplotlib as mpl
from matplotlib import pyplot as plt
import seaborn as sns
sns.set()
#用于统计分析的库
import statsmodels.formula.api as smf
import statsmodels.api as sm
#用于读取Excel文件
import openpyxl
#财务函数库
import numpy_financial as npf
#时间日期库
import time
import datetime
#支持中文设置
mpl.rcParams['font.sans-serif']=['SimHei'] #用来正常显示中文标签
mpl.rcParams['axes.unicode_minus']=False #用来正常显示负号
#给数据框df增加一行
def append1(df,fld,list1):
    fld0=fld[0:len(list1)]
    dict1=dict(zip(fld0,list1))
    df=df.append(dict1,ignore_index=True)
    return df
#参数变量设置
#from datetime import datetime
bookname='流动资金.xlsx' #工作簿名称
sheetname='应收帐款台帐' #工作表名称
resultname1=sheetname+'-result1.xlsx' #输出结果保存文件
resultname2=sheetname+'-result2.xlsx' #输出结果保存文件
basetime='2021-6-6' #分析的基准时间
t=basetime.split('-')
time0=datetime.date(int(t[0]),int(t[1]),int(t[2]))
time0=pd.DatetimeIndex([time0])
#读取工作表中数据到数据框
df0=read_excel(bookname,sheetname,na_values=['NA'])
```

```
fld=df0.columns
#计算超过信用期的天数
B=df0['开票日期']
t0=[(time0-B[i]).days.values[0] for i in range(len(B))]
df0['超期天数']=t0-df0['付款日期']
df0['超期天数']=df0[df0['还账否']=='N']['超期天数']
#按超期天数进行分箱处理
credit_interval=[-np.inf,0,20,40,60,80,100,np.inf]
credit_name=['信用期内','超过信用期1天~20天','超过信用期21天~40天','超过信用期41天~60天','超过信用期61天~80天','超过信用期81天~100天','超过信用期100以上']
df0['信用类别']=pd.cut(df0['超期天数'],credit_interval,labels=credit_name)
#分类统计各信用类别的情况,即进行账龄分析
stat_items={np.sum,np.size,np.mean,np.max,np.min}
#col_names={'金额合计','数量','均值','单笔最大值','单笔最小值'}
df1=df0.groupby(by=['信用类别'])['应收账款'].agg(stat_items)
fld0='sum'
df1['百分比']=df1[fld0]/sum(df1[df1[fld0].notnull()][fld0])
#整理DataFrame数据框内容,输出到Excel文件
df0.to_excel(resultname1,index=False)
df1.to_excel(resultname2,index=True)
print("df0=",df0)
print("df1=",df1)
```

说明:

(1) Python分析所需数据保存在工作簿"流动资金.xlsx"中"应收账款和账龄分析"工作表,形式如图7-14所示。

序号	A	B	C	D	E	F
1	单位名称	票据号码	应收账款	开票日期	付款日期	还账否
2	大洋	NN3124	50	2021/5/25	20	N
3	三三	TY4267	25	2021/5/16	30	N
4	恒力	SK9389	90	2021/6/28	30	N
5	台历	PU2341	33	2021/4/5	15	N
6	荣昌	AA0836	80	2021/3/27	0	N
7	顺德	DJ1234	100	2021/1/10	30	Y
8	大亚	AP5321	55	2021/4/12	30	N
9	安正	EQ5233	200	2021/3/22	30	Y

图7-14 "应收账款和账龄分析"工作表

工作表中第一行为表头。使用时，表头不要变动，表头下面的数据可以根据需要进行修改。

（2）使用时，可根据实际修改下列参数变量的值。

bookname='流动资金.xlsx' #工作簿名称
sheetname='应收帐款和账龄分析' #工作表名称
resultname1=sheetname+'-result1.xlsx' #输出结果保存文件
resultname2=sheetname+'-result2.xlsx' #输出结果保存文件

（3）对工作表及 Python 程序进行修改，必须保存后再运行 Python 程序，才能使得修改有效。

（4）输出结果保存在工作簿 resultname1 和 resultname2 的工作表 Sheet1 中。

7.3.4　信用期限比较案例

【例 7-5】 某公司现在采用 30 天按发票金额付款的信用政策，拟将信用期放宽至 60 天，仍然按发票金额付款即不给折扣，该公司投资的最低报酬率为 15%，其他有关的数据见表 7-5。

表 7-5　不同信用期的有关数据

数据项	30 天	60 天	数据项	30 天	60 天
销售量/件	100 000	120 000	固定成本/元	50 000	70 000
销售额（单价5元）/元	500 000	600 000	毛利/元	50 000	50 000
销售成本/元	0	0	可能发生的收款费用/元	3 000	4 000
变动成本（每件4元）/元	400 000	480 000	可能发生的坏账损失/元	5 000	9 000

解　利用 Python 求解实例 7-5 的步骤如下：

第一，设置参数，并读取工作表中数据到数据框。

```
#参数变量设置
bookname='流动资金.xlsx' #工作簿名称
sheetname='信用政策比较' #工作表名称
resultname=sheetname+'-result.xlsx' #输出结果保存文件
#读取工作表中数据到数据框
df0=read_excel(bookname,sheetname,na_values=['NA'])
fld=df0.columns
B=df0.values[0:,1:3]
```

第二，计算信用期 30 天的有关数据。

```
B[5,0]=B[3,0]*B[4,0] #销售额
B[7,0]=B[2,0]*B[4,0] #变动成本
B[9,0]=B[5,0]-B[6,0]-B[7,0]-B[8,0] #毛利
B[12,0]=B[5,0]/360*B[0,0]*B[2,0]/B[3,0]*B[1,0]/100 #应收账款应
```

计利息(元)

B[13,0]=B[9,0]-B[10,0]-B[11,0]-B[12,0] #净收益

第三，计算信用期60天的有关数据。

B[5,1]=B[3,1]*B[4,1] #销售额

B[7,1]=B[2,1]*B[4,1] #变动成本

B[9,1]=B[5,1]-B[6,1]-B[7,1]-B[8,1] #毛利

B[12,1]=B[5,1]/360*B[0,1]*B[2,1]/B[3,1]*B[1,1]/100 #应收账款应计利息(元)

B[13,1]=B[9,1]-B[10,1]-B[11,1]-B[12,1] #净收益

最后，整理DataFrame数据框内容，输出到Excel文件。最终输出结果如图7-15所示。

项目名称	数量A	数量B
信用天数	30	60
最低报酬率（%）	15	15
单位变动成本（元/件）	4	4
销售价格（元/件）	5	5
销售量（件）	100000	120000
销售额（元）	500000	600000
销售成本（元）	0	0
变动成本（元）	400000	480000
固定成本（元）	50000	50000
毛利（元）	50000	70000
可能发生的收款费用（元）	3000	7000
可能发生的坏账损失（元）	5000	4000
应收账款应计利息（元）	5000	12000
净收益	37000	47000

图7-15 信用政策比较（计算结果）

从图7-13中计算结果可看出：信用期为60天时，企业将获得更大的收益。故企业应采用60天的信用期。

```
#【实例7-5】Python实现
#程序名称:pfa7404.py
#功能:信用政策比较
#用于数值计算的库
import numpy as np
import pandas as pd
import scipy as sp
from scipy import stats
from pandas import Series,DataFrame,read_excel
#用于绘图的库
```

```python
import matplotlib as mpl
from matplotlib import pyplot as plt
import seaborn as sns
sns.set()
#用于统计分析的库
import statsmodels.formula.api as smf
import statsmodels.api as sm
#用于读取Excel文件
import openpyxl
#财务函数库
import numpy_financial as npf
#时间日期库
import time
import datetime
#支持中文设置
mpl.rcParams['font.sans-serif']=['SimHei'] #用来正常显示中文标签
mpl.rcParams['axes.unicode_minus']=False #用来正常显示负号
#给数据框df增加一行
def append1(df,fld,list1):
    fld0=fld[0:len(list1)]
    dict1=dict(zip(fld0,list1))
    df=df.append(dict1,ignore_index=True)
    return df
#参数变量设置
bookname='流动资金.xlsx' #工作簿名称
sheetname='信用政策比较' #工作表名称
resultname=sheetname+'-result.xlsx' #输出结果保存文件
#读取工作表中数据到数据框
df0=read_excel(bookname,sheetname,na_values=['NA'])
fld=df0.columns
B=df0.values[0:,1:3]
print('B=',B)
#数据对应关系说明
#B[0,i]——信用天数
#B[1,i]——最低报酬率(%)
#B[2,i]——单位变动成本(元/件)
#B[3,i]——销售价格(元/件)
#B[4,i]——销售量(件)
#B[5,i]——销售额(元)
```

```
#B[6,i]——销售成本(元)
#B[7,i]——变动成本(元)
#B[8,i]——固定成本(元)
#B[9,i]——毛利(元)
#B[10,i]——可能发生的收款费用(元)
#B[11,i]——可能发生的坏账损失(元)
#B[12,i]——应收账款应计利息(元)
#B[13,i]——净收益
#计算信用期30天的有关数据
B[5,0]=B[3,0]*B[4,0] #销售额
B[7,0]=B[2,0]*B[4,0] #变动成本
B[9,0]=B[5,0]-B[6,0]-B[7,0]-B[8,0] #毛利
B[12,0]=B[5,0]/360*B[0,0]*B[2,0]/B[3,0]*B[1,0]/100 #应收账款应计利息(元)
B[13,0]=B[9,0]-B[10,0]-B[11,0]-B[12,0] #净收益
#计算信用期60天的有关数据
B[5,1]=B[3,1]*B[4,1] #销售额
B[7,1]=B[2,1]*B[4,1] #变动成本
B[9,1]=B[5,1]-B[6,1]-B[7,1]-B[8,1] #毛利
B[12,1]=B[5,1]/360*B[0,1]*B[2,1]/B[3,1]*B[1,1]/100 #应收账款应计利息(元)
B[13,1]=B[9,1]-B[10,1]-B[11,1]-B[12,1] #净收益
#整理DataFrame数据框内容,输出到Excel文件
df0[fld[1]]=B[0:,0]
df0[fld[2]]=B[0:,1]
df0.to_excel(resultname,index=False)
print("df0 = ",df0)
```

说明:

(1) Python分析所需数据保存在工作簿"流动资金.xlsx"中"信用政策比较"工作表,形式如图7-16所示。

工作表中第一行为表头。使用时,表头不要变动,表头下面的数据可以根据需要进行修改。

(2) 使用时,可根据实际修改下列参数变量的值。

```
bookname='流动资金.xlsx' #工作簿名称
sheetname='信用政策比较' #工作表名称
resultname=sheetname+'-result.xlsx' #输出结果保存文件
```

(3) 对工作表及Python程序进行修改,必须保存后再运行Python程序,才能使得修改有效。

(4) 输出结果保存在工作簿resultname的工作表Sheet1中。

序号	A	B	C
1	项目名称	数量A	数量B
2	信用天数	30	60
3	最低报酬率（%）	15	15
4	单位变动成本（元/件）	4	4
5	销售价格（元/件）	5	5
6	销售量（件）	100000	120000
7	销售额（元）	0	0
8	销售成本（元）	0	0
9	变动成本（元）	0	0
10	固定成本（元）	50000	50000
11	毛利（元）	0	0
12	可能发生的收款费用（元）	3000	7000
13	可能发生的坏账损失（元）	5000	4000
14	应收账款应计利息（元）	0	0
15	净收益	0	0

图 7-16　"信用政策比较"工作表

7.3.5　存货 ABC 分类应用案例

【例 7-6】假定晨光机械制造公司生产 140 型钻床共使用 12 种零件存货项目，若所有零件均系向外界购入，其单位购入成本及全年平均耗用量的资料见表 7-6。

表 7-6　存货的 ABC 分类

零件存货编号	单位购入成本/元	全年平均耗用量/千克	耗用总成本/元	ABC 分类[①]
101	1	15 000	15 000	C
102	8	2 000	16 000	B
103	20	3 000	60 000	A
104	22	2 000	44 000	A
105	2	11 000	22 000	B
106	3	10 000	30 000	B
107	0.50	30 000	15 000	C
108	12	8 000	96 000	A
109	9	5 000	45 000	A
110	0.10	60 000	6 000	C
111	2	18 000	36 000	B
112	0.30	45 000	13 500	C

注：①分类标准为：凡全年耗用总成本的金额在 40 000 元以上的属于 A 类；凡全年耗用总成本的金额在 40 000 元以下、15 000 元以上的属于 B 类；凡全年耗用总成本的金额在 15 000 元以下的属于 C 类；

解 利用 Python 求解实例 7-6 的步骤如下：

第一，设置参数，并读取工作表中数据到数据框。

```
bookname='流动资金.xlsx'#工作簿名称
sheetname='应收账款台账'#工作表名称
resultname1=sheetname+'-result1.xlsx'#输出结果保存文件
resultname2=sheetname+'-result2.xlsx'#输出结果保存文件
basetime='2021-6-6'#分析的基准时间
t=basetime.split('-')
time0=datetime.date(int(t[0]),int(t[1]),int(t[2]))
time0=pd.DatetimeIndex([time0])
#读取工作表中数据到数据框
df0=read_excel(bookname,sheetname,na_values=['NA'])
fld=df0.columns
```

第二，计算耗用总成本。

```
df0['耗用总成本']=df0[fld[1]]*df0[fld[2]]
```

第三，按耗用总成本进行分箱处理

```
standard_interval=[0,15 000,40 000,np.inf]
```

#分类标准为:凡全年耗用总成本的金额在 40 000 元以上的属于 A 类;凡全年耗用总成本
#的金额在 40 000 元以下、15 000 元以上的属于 B 类;凡全年耗用总成本的金额在
15 000 元以#下的属于 C 类;

```
standard_name=['C:耗用总成本金额[0,15 000)','B:耗用总成本金额[15 000,
40 000)','A:耗用总成本金额[40 000,+∞)']
df0['ABC 分类']=pd.cut(df0['耗用总成本'],standard_interval,labels=
standard_name)
```

第四，分类统计各类别的情况。

```
stat_items={np.sum,np.size,np.mean,np.max,np.min}
df1=df0.groupby(by=['ABC 分类'])['耗用总成本'].agg(stat_items)
fld0='sum'
df1['百分比']=df1[fld0]/sum(df1[df1[fld0].notnull()][fld0])
```

最后，整理 DataFrame 数据框内容，输出到 Excel 文件。最终输出结果图 7-17 和图 7-18 所示。

零件存货编号	单位购入成本/元	全年平均耗用量/千克	耗用总成本	ABC 分类
A101	1	15000	15000	C：耗用总成本金额[0,15000)
A102	8	2000	16000	B：耗用总成本金额[15000,40000)
A103	20	3000	60000	A：耗用总成本金额[40000,+∞)
A104	22	2000	44000	A：耗用总成本金额[40000,+∞)

图 7-17 ABC 分类法（计算结果 1）

零件存货编号	单位购入成本/元	全年平均耗用量/千克	耗用总成本	ABC 分类
A105	2	11000	22000	B：耗用总成本金额[15000,40000)
A106	3	10000	30000	B：耗用总成本金额[15000,40000)
A107	0.5	30000	15000	C：耗用总成本金额[0,15000)
A108	12	8000	96000	A：耗用总成本金额[40000,+∞)
A109	9	5000	45000	A：耗用总成本金额[40000,+∞)
A110	0.1	60000	6000	C：耗用总成本金额[0,15000)
A111	2	18000	36000	B：耗用总成本金额[15000,40000)
A112	0.3	45000	13500	C：耗用总成本金额[0,15000)

图 7-17　ABC 分类法（计算结果 1）（续）

	横向合计	均值	最小值	最大值	数量	百分比
C：耗用总成本金额[0,15000)	49500	12375	6000	15000	4	0.124215809
B：耗用总成本金额[15000,40000)	104000	26000	16000	36000	4	0.26097867
A：耗用总成本金额[40000,+∞)	245000	61250	44000	96000	4	0.614805521
纵向合计	398500	99625	66000	147000	12	1

图 7-18　ABC 分析 2（计算结果 2）

由图 7-18 可看出：A 类零件虽占总耗用量的 8.6%，但其耗用的成本金额却占总耗用成本的 61.5%，可算是量少而价高的最重要的存货项目；C 类零件耗用量高达总耗用量的 71.8%，而其耗用的成本金额只占总耗用成本的 12.4%，是属于量多而价低的存货项目；B 类零件的情况正好介于 A 类和 C 类之间。

```
#【实例 7-6】Python 实现
#程序名称:pfa7405.py
#功能:ABC 分析法
#用于数值计算的库
import numpy as np
import pandas as pd
import scipy as sp
from scipy import stats
from pandas import Series,DataFrame,read_excel
#用于绘图的库
import matplotlib as mpl
from matplotlib import pyplot as plt
import seaborn as sns
sns.set()
#用于统计分析的库
import statsmodels.formula.api as smf
import statsmodels.api as sm
```

```python
#用于读取Excel文件
import openpyxl
#财务函数库
import numpy_financial as npf
#时间日期库
import time
import datetime
#支持中文设置
mpl.rcParams['font.sans-serif']=['SimHei'] #用来正常显示中文标签
mpl.rcParams['axes.unicode_minus']=False #用来正常显示负号
#给数据框df增加一行
def append1(df,fld,list1):
    fld0=fld[0:len(list1)]
    dict1=dict(zip(fld0,list1))
    df=df.append(dict1,ignore_index=True)
    return df
#参数变量设置
#from datetime import datetime
bookname='流动资金.xlsx' #工作簿名称
sheetname='ABC分析法' #工作表名称
resultname1=sheetname+'-result1.xlsx' #输出结果保存文件
resultname2=sheetname+'-result2.xlsx' #输出结果保存文件
#读取工作表中数据到数据框
df0=read_excel(bookname,sheetname,na_values=['NA'])
fld=df0.columns
#计算耗用总成本
df0['耗用总成本']=df0[fld[1]]*df0[fld[2]]
#按耗用总成本进行分箱处理
standard_interval=[0,15 000,40 000,np.inf]
#分类标准为:凡全年耗用总成本的金额在40 000元以上的属于A类;凡全年耗用总成本
#的金额在40 000元以下、15 000元以上的属于B类;凡全年耗用总成本的金额在15 000元以
#下的属于C类;
standard_name=['C:耗用总成本金额[0,15 000)','B:耗用总成本金额[15 000,40 000)','A:耗用总成本金额[40 000,+∞)']
df0['ABC分类']=pd.cut(df0['耗用总成本'],standard_interval,labels=standard_name)
#分类统计各类别的情况
stat_items={np.sum,np.size,np.mean,np.max,np.min}
df1=df0.groupby(by=['ABC分类'])['耗用总成本'].agg(stat_items)
```

```
fld0 = 'sum'
df1['百分比'] = df1[fld0]/sum(df1[df1[fld0].notnull()][fld0])
#整理 DataFrame 数据框内容,输出到 Excel 文件
df0.to_excel(resultname1,index=False)
#sum_y = list(np.array(df1.sum()).squeeze())
list1 = list(df1.sum())
index0 = list(df1.index)+['合计']
df1 = append1(df1,df1.columns,list1)
df1.index = index0
df1.to_excel(resultname2,index=False)
print("df0 = ",df0)
print("df1 = ",df1)
```

说明:

(1) Python 分析所需数据保存在工作簿"流动资金.xlsx"中"ABC 分类法"工作表,形式如图 7-19 所示。

序号	A	B	C
1	零件存货编号	单位购入成本/元	全年平均耗用量/千克
2	A101	1	15000
3	A102	8	2000
4	A103	20	3000
5	A104	22	2000
6	A105	2	11000
7	A106	3	10000
8	A107	0.5	30000
9	A108	12	8000
10	A109	9	5000
11	A110	0.1	60000
12	A111	2	18000
13	A112	0.3	45000

图 7-19 "ABC 分类法"工作表

工作表中第一行为表头。使用时,表头不要变动,表头下面的数据可以根据需要进行修改。

(2) 使用时,可根据实际修改下列参数变量的值。

```
bookname = '流动资金.xlsx' #工作簿名称
sheetname = 'ABC 分类法' #工作表名称
resultname1 = sheetname+'-result1.xlsx' #输出结果保存文件
resultname2 = sheetname+'-result2.xlsx' #输出结果保存文件
```

(3) 对工作表及 Python 程序进行修改,必须保存后再运行 Python 程序,才能使得修改有效。

（4）输出结果保存在工作簿 resultname1 和 resultname2 的工作表 Sheet1 中。

7.3.6 综合案例

【例 7-7】某服饰公司收到某百货公司的大量订单。这家百货公司有大约 300 家连锁店。服饰公司正在考虑对某百货公司扩大赊销交易。作为信用核查的一部分，服饰公司需了解某百货公司 3 年的资产负债表和损益表，有关资料见表 7-7 和表 7-8。

表 7-7 某百货公司的资产负债表　　　　　　　　　　　　　单位：万元

项目		2000 年	2001 年	2002 年
资产	货币资金	9 283	13 785	23 893
	应收账款	162 825	179 640	140 543
	存货	119 860	135 191	129 707
	其他流动资产	1 994	2 190	1 956
	流动资产合计	293 962	330 806	296 099
固定资产	固定资产原价	27 426	30 295	30 580
	减：累计折旧	0	0	0
	固定资产净值	27 426	30 295	30 580
	其他长期资产	11 821	14 794	16 687
	资产合计	333 209	375 895	343 366
负债及所有者权益	流动负债	短期借款	0	0	0
		应付票据	117 010	135 929	165 299
		应付账款	23 637	21 861	15 020
		其他流动负债	49 273	49 229	29 653
		流动负债合计	189 920	207 019	209 972
	长期负债	长期借款	0	28 440	29 701
		应付债券	38 001	36 101	35 201
		其他长期负债	4 986	853	655
		长期负债合计	42 987	65 394	65 557
	负债合计	232 907	272 413	275 529
	所有者权益	普通股	5 576	5 576	5 576
		优先股	2 580	2 580	2 580
		留存收益	92 146	95 326	59 681
		所有者权益合计	100 302	103 482	67 837
	负债及所有者权益合计	333 209	375 895	343 366

表 7-8　某百货公司的损益表　　　　　　　　　　　　　　　　　　　　　　　单位：万元

项目	2000 年	2001 年	2002 年
销售收入	494 550	556 132	545 000
减：销售成本	337 580	384 899	387 165
毛利润	156 970	171 233	157 835
减：销售和管理费用	133 330	155 494	157 230
税前利润	23 640	15 739	605
减：所得税	7 801.2	5 193.87	199.65
税后利润	15 838.8	10 545.13	405.35
股利	6 343	6 637	133
增加的留存收益	9 495.8	3 908.13	272.35

某百货公司的 D&B（邓白氏）等级为 5A 级。经过向某百货公司的商业债权人调查发现：在接受报价时，某百货公司接受任何形式的现金折扣，但对两个供应商的付款平均都超过了 30 天，而实际信用条件为 30 天。

D&B 的某百货公司所从事的这类行业的主要经营水平如下：流动资产对流动负债 2.82；税后收益对销售 1.89%；税后收益对净值 5.65%；总负债对净值 1.48。

在评估某百货公司申请商业信用时，请回答下列问题：

1. 什么有利的财务因素使得服饰公司决定对某百货公司扩大信用？
2. 什么不利的财务因素使得服饰公司决定不对某百货公司扩大信用？
3. 在进行分析时，你认为某百货公司的哪些额外信息是有用的？

分析：

1. 下列有利的财务因素使得服饰公司决定对某百货公司扩大信用。
（1）评估的财务实力被 D&B 评为最高等级 5A。
（2）在接受报价时，某百货公司接受任何形式的现金折扣。

2. 下列不利的财务因素使得服饰公司决定不对某百货公司扩大信用。
（1）某百货公司的综合信用被 D&B 评为"一般"。
（2）对两个供应商的付款平均都超过了 30 天。
（3）财务比率（变现能力、获利能力和杠杆运用）在过去 3 年已恶化，并且在当前比行业平均水平更糟。

假定某百货公司的财务核算使用 Excel 进行，2000—2002 年的资产负债表（即表 7-7）存放在工作表"资产负债表"，2000—2002 年的利润表（即表 7-8）存放在工作表"利润表"。

解　利用 Python 求解实例 7-7 的步骤如下：

第一，设置参数，并读取工作表中数据到数据框。

```
#参数变量设置
bookname='流动资金.xlsx'#工作簿名称
```

```
sheetname='财务比率' #工作表名称
balance_sheet='资产负债表' #'资产负债表'工作表名称
profit_sheet='利润表' #'利润表'工作表名称
resultname=sheetname+'-result.xlsx' #输出结果保存文件
#读取工作表中数据到数据框
df0=read_excel(bookname,sheetname,na_values=['NA'])
fld=df0.columns
df1=read_excel(bookname,balance_sheet,na_values=['NA'])
df2=read_excel(bookname,profit_sheet,na_values=['NA'])
```

第二,计算相关比率数据。

这里使用自编函数 get_v(df,v1,j1,j2)从报表对应的数据框 df 中读取某科目对应的数据,即获取数据框 df 中 j1 列值等于 v 的所在行的 j2 列的值,v 对应科目名称,j1 为科目名称所在列号,j2 为与科目名称 v 对应的值所在列号。

```
D[0,j]=get_v(df1,'流动资产合计',0,j+1)/get_v(df1,'流动负债合计',0,j+1)
D[1,j]=get_v(df2,'税后利润',0,j+1)/get_v(df2,'销售收入',0,j+1)
D[2,j]=get_v(df2,'税后利润',0,j+1)/get_v(df1,'所有者权益合计',0,j+1)
D[3,j]=get_v(df1,'负债合计',0,j+1)/get_v(df1,'所有者权益合计',0,j+1)
```

最后,整理 DataFrame 数据框内容,输出到 Excel 文件。根据上述模板计算的财务比率如图 7-20 所示。

序号	A	B	C	D	E
1		行业平均水平	2000 年	2001 年	2002 年
2	流动资产/流动负债	2.82	154.78%	159.79%	141.02%
3	税后利润/销售收入	1.89%	3.20%	1.90%	0.07%
4	税后利润/净值	5.65%	15.79%	10.19%	0.60%
5	总负债/净值	1.48	2.32	2.63	4.06

图 7-20 财务比率计算结果

3. 还需要 2003 年预测的财务报表,即资产负债表、收益表和现金预算表。另外还需要了解该百货公司对其他供应商的付款情况。

完整的 Python 程序如下:

```
#【实例 7-7】Python 实现
#程序名称:pfa7406.py
#功能:综合案例
#用于数值计算的库
import numpy as np
import pandas as pd
from pandas import Series,DataFrame,read_excel
#财务函数库
```

```python
import numpy_financial as npf
#给数据框df增加一行
def append1(df,fld,list1):
    fld0=fld[0:len(list1)]
    dict1=dict(zip(fld0,list1))
    df=df.append(dict1,ignore_index=True)
    return df
#获取数据框df中j1列值等于v的所在行的j2列的值
def get_v(df,v1,j1,j2):
    df1=df[df[df.columns[j1]]==v1]
    if len(df1)>0:
        i=df1.index[0]
        return df.iloc[i,j2]
    else:
        return None
#获取数据框df中j1列值等于v的行号i
def get_index(df,v1,j1):
    df1=df[df[df.columns[j1]]==v1]
    if len(df1)>0:
        i=df1.index[0]
        return i
    else:
        return None
#将数据框df中j1列值等于v1的所在行的j2列的值设置为v2
def set_value(df,v1,j1,v2,j2):
    df1=df[df[df.columns[j1]]==v1]
    if len(df1)>0:
        i=df1.index[0]
        df.iloc[i,j2]=v2
        return True
    else:
        return False
#参数变量设置
bookname='流动资金.xlsx' #工作簿名称
sheetname='财务比率' #工作表名称
balance_sheet='资产负债表' #'资产负债表'工作表名称
profit_sheet='利润表' #'利润表'工作表名称
resultname=sheetname+'-result.xlsx' #输出结果保存文件
```

```
#读取工作表中数据到数据框
df0 = read_excel(bookname,sheetname,na_values = ['NA'])
fld = df0.columns
df1 = read_excel(bookname,balance_sheet,na_values = ['NA'])
df2 = read_excel(bookname,profit_sheet,na_values = ['NA'])
#D[0,i]——流动资产/流动负债
#D[1,i]——税后利润/销售
#D[2,i]——税后利润/净值
#D[3,i]——总负债/净值
D = np.zeros((4,3))
print(get_v(df1,'流动资产合计',0,1))
for j in range(D.shape[1]):
D[0,j] = get_v(df1,'流动资产合计',0,j+1)/get_v(df1,'流动负债合计',0,j+1)
D[1,j] = get_v(df2,'税后利润',0,j+1)/get_v(df2,'销售收入',0,j+1)
D[2,j] = get_v(df2,'税后利润',0,j+1)/get_v(df1,'所有者权益合计',0,j+1)
D[3,j] = get_v(df1,'负债合计',0,j+1)/get_v(df1,'所有者权益合计',0,j+1)
for j in range (D.shape [1] ):
df0 [df0.columns [j+2] ] = D [0:, j]
df0.to_ excel (resultname, index = False)
print (" df0 = ", df0)
```

说明：

(1) Python 分析所需数据保存在工作簿"流动资金.xlsx"中"财务比较"工作表，形式如图 7-21 所示。

序号	A	B	C	D	E
1	科目名称	行业平均水平	2000 年	2001 年	2002 年
2	流动资产/流动负债	2.82%			
3	税后收益/销售	1.89%			
4	税后收益/净值	5.65%			
5	总负债/净值	1.48%			

图 7-21 "财务比较"工作表

工作表中第一行为表头。使用时，表头不要变动，表头下面的数据可以根据需要进行修改。

(2) 使用时，可根据实际修改下列参数变量的值。

```
bookname = '流动资金.xlsx' #工作簿名称
sheetname = '财务比率' #工作表名称
balance_sheet = '资产负债表' #'资产负债表' 工作表名称
profit_sheet = '利润表' #'利润表' 工作表名称
resultname = sheetname+'-result.xlsx' #输出结果保存文件
```

(3) 使用 get_v() 函数从财务报表对应的数据框中获取某科目对应的数值时，由于采取相等方式进行查找，因此对科目名称的准确性要求较高，即查找的科目名称必须与财务报表中的科目名称一致。

(4) 对工作表及 Python 程序进行修改，必须保存后再运行 Python 程序，才能使得修改有效。

(5) 输出结果保存在工作簿 resultname 的工作表 Sheet1 中。

第8章 财务分析

8.1 财务分析概述

财务分析是指以财务报表等会计资料为依据，采用专门方法系统分析和评价企业的过去和现在的财务状况、经营成果及其变动，目的是了解过去、评价现在、预测未来。财务分析的最基本功能是将大量的财务报表及相关的数据转换为对特定决策有用的信息，减少决策的不确定性。

8.1.1 财务分析目标

财务报表的使用者包括投资人、债权人、经理、政府、雇员和工会、中介机构等利益关系人，不同人所关心的问题和侧重点不同，因此进行财务分析的目的也有所不同，但总的来讲主要有以下一些方面。

1. 评价企业的财务状况

通过对企业的财务报表等会计资料进行分析，了解企业资产的流动性、负债水平和偿债能力，从而评价企业的财务状况和经营成果，为企业管理者、投资者和债权人等提供财务信息。

2. 评价企业的资产管理水平

企业的生产经营过程就是利用资产取得收益的过程，资产是企业生产经营活动的经济资源，资产的管理水平直接影响到企业的收益，它体现了企业的整体素质。通过财务分析可以了解企业资产的管理水平和资金周转情况，为评价企业经营管理水平提供依据。

3. 评价企业的获利能力

通过财务分析，评价企业的获利能力。利润是企业经营的最终成果的体现，是企业生存和发展的根本。因此，不同的利益关系人都十分关心企业的获利能力。

4. 评价企业的发展趋势

通过财务分析可以判断出企业的发展趋势、预测企业的经营前景，从而避免因决策失误而带来的重大经济损失。

8.1.2 财务报表分析方法

通览财务报表虽然可以得到大量的财务信息，但很难获取各种直接有用的信息，有时甚至还会被会计数据引入歧途，被表面假象所蒙蔽。为了能使报表使用者正确揭示各种会计数据之间存在着的重要关系，为了能全面反映企业财务状况和经营成果，通常采用以下方法进行报表分析。

1. 财务报表纵向分析

纵向分析又称动态分析或趋势分析，是指不同时期财务报表间相同项目变化的比较分析，即将企业连续两年（或多年）的财务报表的相同项目并行排列在一起，并计算相同项目增减的绝对额和增减的百分比，编制出比较财务报表，以揭示各会计项目在这段时期内所发生的绝对金额变化和百分率变化情况。在计算相同项目增减的绝对额和增减的百分比时，基期（被比较的时期）可以是固定的（如基期固定在第一年），也可以是变动的（如将计算期的第一期作为基期）。若基期是固定的，则称为定基趋势分析；若基期是变动的，则称为环比趋势分析。

2. 财务报表横向分析

横向分析又称静态分析，是指同一时期财务报表中不同项目间的比较和分析，主要是通过编制共同比财务报表（或称百分比报表）进行分析，即将财务报表中的某一重要项目（如资产负债表中的资产总额或权益总额、利润表中的销售收入、现金流量表中现金来源总额等）的数据作为100%，然后将报表中其余项目的金额都以这个重要项目的百分率的形式作纵向排列，从而揭示出各个项目的数据在企业财务中的相对意义。不仅如此，采用这种形式编制的财务报表还使得在规模不同的企业之间进行经营和财务状况比较成为可能。因为把报表中各个项目的绝对金额都转化成百分数，在经营规模不同的企业之间就形成了可比的基础，这就是"共同比"的含义。当然，要在不同企业之间进行比较，其前提条件是这些企业应属于同一行业，它们所采用的会计核算方法和财务报表编制程序也必须大致相同，否则就不会得到任何有实际意义的结果。

3. 财务比率分析

财务比率是相互联系的指标项目之间的比值，用以反映各项财务数据之间的相互关系，从而揭示企业的财务状况和经营成果，是财务分析中最重要的部分。财务比率包括同一张报表中不同项目之间的比较和不同财务报表的相关项目之间的比较；其比值有的是用系数表示的，有的是用百分数表示的。

4. 因素分析

因素分析是利用各种因素之间的数量依存关系，通过因素替换，从数量上测定各因素变动对某项综合性经济指标的影响程度的一种方法，具体包括差额分析法、指标分解法、连环替代法和定基替代法等。

8.2 财务比率分析

财务比率分析是指将财务报表中的相关项目进行对比，以此来揭示企业财务状况的一种方法。常用的财务比率可分为5类：变现能力比率、资产管理比率、负债比率、盈利能力比率、市价比率。

8.2.1 变现能力比率

变现能力是企业产生现金的能力，从而可以反映企业的短期偿债能力，它取决于可以在近期转变为现金的流动资产的多少。由于短期债务的偿还要减少现金，因此在计算变现能力指标时要扣除短期负债。反映变现能力的财务比率主要有流动比率、速动比率和现金比率。

1. 流动比率

流动比率是流动资产与流动负债的比值，其算式为

$$流动比率 = 流动资产 \div 流动负债 \tag{8-1}$$

不同行业的流动比率有所不同。一般认为，制造业合理的最低流动比率为2。这是因为流动资产中变现能力最差的存货金额约占制造业流动资产总额的一半，剩下的流动性较大的流动资产至少要等于流动负债，企业的短期偿债能力才会有保证。计算出来的流动比率要与同业平均比率、本企业历史的流动比率等进行比较，才能知道这个比率是高还是低。一般情况下，营业周期、流动资产中的应收账款和存货的周转速度是影响流动比率的主要因素。因此，在分析流动比率时还要结合流动资产的周转速度和构成情况来进行。

2. 速动比率

由于流动资产中存货的变现能力是最差的，因此在分析企业短期偿债能力时就有必要计算剔除存货后的流动比率，这就是速动比率。速动比率是流动资产扣除存货部分后与流动负债的比值，其算式为

$$速动比率 = (流动资产 - 存货) \div 流动负债 \tag{8-2}$$

通常认为制造业正常的速动比率为1，低于1的速动比率被认为短期偿债能力偏低。影响速动比率可信性的重要因素是应收账款的变现能力。式（8-2）中的"流动资产-存货"称为速动资产。

除了以上财务比率外，还应结合影响变现能力的其他因素来分析企业的短期偿债能力。增强变现能力的因素主要有可动用的银行贷款指标、准备很快变现的长期资产、企业偿债能力的声誉等；减弱变现能力的因素主要有未做记录的或有负债等。

8.2.2 资产管理比率

资产管理比率，又称运营效率比率，是用来衡量公司在资产管理方面效率的财务比率。资产管理比率包括：营业周期、存货周转率、应收账款周转率、流动资产周转率和总资产周转率。

1. 营业周期

营业周期是指从取得存货开始到销售存货并收回现金为止的这段时间。营业周期的长短取决于存货周转天数和应收账款周转天数，其算式为

$$营业周期 = 存货周转天数 + 应收账款周转天数 \tag{8-3}$$

营运周期的含义是将期末存货转变成现金所需要的时间。营业周期短，说明资金周转速度快；营业周转长，说明资金周转速度慢。从计算公式可以看出，营运周期是由存货周转率和应收账款周转率所决定的。

2. 存货周转率

在流动资产中，存货所占的比重较大。存货的变现能力将直接影响企业资产的利用效率，因此必须特别重视对存货的分析。存货的变现能力，一般用存货的周转率来反映。存货周转率是衡量和评价企业购入存货、投入生产、销售收回等各环节管理状况的综合性指标，具体有存货周转次数和存货周转天数。存货周转次数是销售成本与平均存货余额的比值；存货周转天数是用时间表示的存货周转率指标，其算式为

$$存货周转次数 = 销货成本 \div 平均存货余额 \qquad (8-4)$$
$$存货周转天数 = 360 \div 存货周转次数 \qquad (8-5)$$

一般来讲，存货周转速度越快，存货的占用水平越低，资产流动性越强，存货转换为现金或应收账款的速度越快。提高存货周转率可以提高企业资产的变现能力。但是存货周转率过高，可能说明企业存货水平过低或销售价格过高等。因此，对于存货周转率的分析，应结合企业存货的构成和销售价格情况作出恰当判断。

3. 应收账款周转率

应收账款和存货一样，在流动资产中具有举足轻重的地位。应收账款的及时收回，不仅增强了企业的短期偿债能力，也反映了企业管理应收账款方面的效率。

反映应收账款周转速度的指标是应收账款周转率，具体有应收账款周转次数和应收账款周转天数。应收账款周转次数是销售收入与平均应收款余额的比值，反映了年度内应收账款转为现金的平均次数。用时间表示的周转速度是应收账款周转天数，又称为平均应收款回收期或平均收现期，它表示企业从取得应收账款的权利到收回款项所需的时间，其算式为

$$应收账款周转次数 = 销售收入 \div 平均应收款余额 \qquad (8-6)$$
$$应收账款周转天数 = 360 \div 应收账款周转次数 \qquad (8-7)$$

式中的"销售收入"数来自利润表，是指扣除折扣和折让后的销售净额；"平均应收账款"是指未扣除坏账准备的应收账款金额，它是资产负债表中"期初应收账款余额"与"期末应收账款余额"的平均数。

一般来说，应收账款周转率越高，平均收账期越短，说明应收账款的收回越快，否则，说明企业的营运资金会过多地呆滞在应收账款上，会影响企业资金的正常周转。在运用这个指标时，要注意某些因素可能会影响到该指标的正确计算。这些因素主要有：季节性经营、大量使用分期付款结算方式、大量销售使用现金结算、年末大量销售或年末销售大幅度下降。

存货周转率和应收账款周转率以及两者相结合的营运周期是反映企业资产运营效率的最主要的指标，以下是反映企业资产运营效率的另外两个指标。

4. 流动资产流动周转率

流动资产周转率是销售收入与全部流动资产平均余额的比值，其算式为

$$流动资产周转率 = 销售收入 \div 平均流动资产余额 \qquad (8-8)$$

资产流动周转率是反映流动资产的周转速度。周转速度快，会相对节约流动资产，等于相对扩大长期资产投入，增强企业盈利能力；而延缓周转速度，则说明流动资产占用资金较多，形成资金浪费，降低企业盈利能力。流动资产流动周转率最终是由存货周转率和应收账款周转率所决定的。

5. 总资产周转率

总资产周转率是销售收入与平均资产总额的比值，其算式为

$$总资产周转率 = 销售收入 \div 平均资产总额 \qquad (8-9)$$

该指标从总体上反映企业资产利用的效率。总资产周转率越高，说明资产周转速度越快，反映销售能力越强。企业可以通过薄利多销的方法，加速资产的周转，带来利润绝对值的增加。与流动资产流动周转率相同，总资产周转率最终也是由存货周转率和应收账款周转率所决定的。

8.2.3 负债比率

负债比率是指债务与资产和净资产的关系，是反映企业长期债务偿还能力的主要指标。

企业的长期债务主要有长期借款、应付长期债券、长期应付款等。分析一个企业的长期债务偿还能力，主要是为了确定该企业偿还债务本金与债务利息的能力。这种能力是通过财务报表中的有关数据之间的关系来反映的，如权益与资产之间的关系、不同权益之间的内在关系、权益与收益之间的关系等。通过这些关系可以看出来企业的资本结构是否健全合理，获利能力是否强，从而评价企业的长期偿债能力的高低。

反映长期偿债能力的负债比率主要有资产负债率、产权比率、有形净值债务率和已获利息倍数。

1. 资产负债率

资产负债率，又称举债经营比率，是负债总额与资产总额的比率，它反映了在总资产中有多大比例的资金来源是通过借债筹集的，也可以衡量企业在清算时保护债权人利益的程度，其算式为

$$资产负债率 = (负债总额 \div 资产总额) \times 100\% \qquad (8-10)$$

本着稳健原则，公式中负债既包括长期负债，也包括短期负债。这是由于从长期来看，短期负债作为一个整体，企业总是要长期占用的，可以视同长期资金来源。公式中资产总额则是扣除累计折旧后的净额。

不同的企业利益关系人对资产负债率的评价是不同的。债权人所关心的是债权的安全，因此其认为这个指标越低越好；投资人所关心的是投资收益的高低，在资产收益率高于负债利率的情况下，为了获得杠杆利益，投资人认为资产负债率越高越好；企业经营者对于资产负债率的态度则比较复杂，经营者要在负债经营的收益与风险之间进行权衡，选择合适的资产负债率。

2. 产权比率

产权比率，又叫债务股权比率，也是衡量企业长期偿债能力的一个指标。它是负债总额与股东权益总额之比，其算式为

$$产权比率 = (负债总额 \div 股东权益总额) \times 100\% \qquad (8-11)$$

产权比率反映由债权人提供的资本与股东提供的资本的相对关系，反映企业基本财务结构是否稳定。一般说来，股东资本大于借入资本较好，但也不能一概而论。从股东来看，在通货膨胀加剧时期，企业多借债可以把损失和风险转嫁给债权人；在经济繁荣时

期，多借债可以获得额外的利润；在经济萎缩时期，少借债可以减少利息负担和财务风险。产权比率高，是高风险、高报酬的财务结构；产权比率低，是低风险、低报酬的财务结构。产权比率同时也表明债权人投入的资本受到股东权益保障的程度。

3. 有形净值债务率

有形净值债务率是企业负债总额与有形净值的百分比。有形净值是股东权益减去无形资产净值，其算式为

$$\text{有形净值债务率} = [\text{负债总额} \div (\text{股东权益} - \text{无形资产净值})] \times 100\% \quad (8-12)$$

有形净值债务率指标实质上是产权比率的延伸，可更为谨慎、保守地反映在企业清算中债权人投入的资产受到股东权益的保障程度。因为保守的观点认为无形资产不宜用来偿还债务，所以将其从股东权益中扣除。从长期偿债能力来讲，该比率越低说明企业的财务风险越小。

4. 已获利息倍数

已获利息倍数，又叫利息保障倍数，是企业经营业务收益与利息费用的比值，用以衡量偿付借款利息的能力，其算式为

$$\text{已获利息倍数} = \text{税息前利润} \div \text{利息费用} \quad (8-13)$$

式中的"税息前利润"指利润表中未扣除利息费用和所得税之前的利润，它可以用"利润总额加利息费用"计算得到，其中的"利息费用"指本期发生的全部应付利息，不仅包括财务费用中的利息费用，还应包括计入固定资产成本的资本化利息。由于我国现行利润表"利息费用"没有单列，而是混在"财务费用"之中，外部报表使用人只好用"利润总额加财务费用"来估算。

已获利息倍数反映了企业的经营收益支付债务利息的能力，这个比率越高说明偿债能力越强。但是，在利用这个指标时应该注意到会计上是采用权责发生制来核算收入和费用的，这样本期的利息费用未必就是本期的实际利息支出，而本期的实际利息支出也未必是本期的利息费用。同时，本期的息税前利润与本期经营活动所获得的现金也未必相等。因此已获利息倍数的使用应该与企业的经营活动现金流量结合起来，另外最好比较本企业连续几年的该项指标，并选择最低指标年度的数据作为标准。

除了用以上相关项目之间的比率来反映长期偿债能力外，还应该注意一些影响长期偿债能力的因素，如经营租赁、担保责任、或有负债等。

8.2.3 盈利能力比率

盈利能力比率是企业赚取利润的能力，不论是投资人、债权人还是企业经理人员等企业的利益关系人都非常关心企业的盈利能力。

一般说来，只有正常的营业状况才能说明企业的盈利能力。非正常的营业状况，虽然也会给企业带来收益或损失，但它不是经常和持久的，不能说明企业的能力。因此，在分析企业的盈利能力时，应当排除证券买卖等非正常项目、已经或将要停止的营业项目、重大事故或法律更改等特别项目和会计准则和财务制度变更带来的累计影响等因素。

反映企业盈利能力的主要指标有销售净利率、销售毛利率、资产报酬率、净值报酬率等。

1. 销售净利率

销售净利率是净利与销售收入的百分比,其算式为

$$销售净利率 = (净利润 \div 销售收入) \times 100\% \qquad (8-14)$$

销售净利率反映每一元销售收入带来的净利润的多少,表示销售收入的收益水平。企业在增加销售收入的同时,必须相应地获得更多的净利润,才能使销售净利率保持不变或有所提高。通过分析销售净利率的升降变动,可以促使企业在扩大销售的同时,注意改进经营管理,提高盈利水平。销售净利率受行业特点影响较大,因此,在利用这个指标时应结合不同行业的具体情况进行分析。

2. 销售毛利率

销售毛利率是销售毛利占销售收入的比率,其中销售毛利是销售收入与销售成本的差额,其算式为

$$销售毛利率 = [(销售收入 - 销售成本) \div 销售收入] \times 100\% \qquad (8-15)$$

销售毛利率表示每一元销售收入扣除销售成本后,有多少剩余可以用于各项期间费用的补偿和形成盈利。毛利率是企业销售净利率的最初基础,没有足够大的毛利率便不能盈利。毛利率越大,说明在销售收入中销售成本所占比重越小,企业通过销售获取利润的能力就越强。

3. 资产报酬率

资产报酬率是企业净利润与平均资产的比率,其算式为

$$资产报酬率 = (净利润 \div 平均资产总额) \times 100\% \qquad (8-16)$$

资产净利率表明了企业资产利用的综合效果,该指标越高,表明资产的利用率越高,说明企业在增加收入和节约资金使用等方面的效果越好。

企业的资产是由投资人投入和举债形成的。净利润的多少与企业资产的多少、资产的结构、经营管理水平有着密切的关系。资产报酬率是一个综合指标,为了正确评价企业经济效益的高低,挖掘提高利润水平的潜力,可以用该项指标与本企业前期、计划、本行业平均水平和本行业内先进企业进行对比,分析形成差异的原因。影响资产报酬率高低的主要因素有产品价格、单位成本的高低、产品的产量和销售的数量、资金占用量的大小等。考虑到企业的资产是由投资人投入和举债形成的,也可以用净利润和利息之和与资产总额相比来计算资产报酬率。

4. 净资产报酬率

净资产报酬率,又叫股东权益报酬率或净值报酬率,是净利润与平均股东权益(所有者权益)的比率,其算式为

$$净资产报酬率 = (净利润 \div 平均股东权益) \times 100\% \qquad (8-17)$$

式中的股东权益,是指股份制企业股东对企业净资产的要求权。股份制企业的全部资产减负债后的净资产属于股东权益,包括股本、资本公积、盈余公积和未分配利润。平均股东权益则指年初股东权益与年末股东权益的平均数。

净资产报酬率反映股东权益的收益水平,该指标越高,说明投资给股东带来的收益越高。净资产报酬率可以分解成资产报酬率与平均权益乘数的乘积,平均权益乘数是资产总额与股东权益总额的比率。因此,提高平均权益乘数可以有两个途径:一个是在权益乘数一定的情况下,通过提高资产利用效率来提高净资产报酬率;另一个是在资产报酬率一定

和在资产报酬率大于负债利率的情况下,通过扩大权益乘数来提高净资产报酬率。

8.2.5 市价比率

市价比率,又称市场价值比率,实质是普通股每股市价和公司盈余、每股账面价值的比率。对于股份有限公司来说,它是前述 4 个指标的综合反映,管理者可据此了解股东对公司的评价。

市价比率分析包括每股盈余分析、市盈率分析、每股股利分析、留存盈利比例分析、股利支付率分析和每股账面价值分析。

1. 每股盈余

每股盈余是本年盈余与普通股流通股数的比值,其算式为

$$每股盈余 = (净利润 - 优先股股息) / 发行在外的加权平均普通股股数 \qquad (8-18)$$

由于我国公司法没有关于发行优先股的规定,故一般不存在扣除优先股息问题,净利润除以发行在外的股份数就是每股盈余。

每股盈余是衡量股份制企业盈利能力的指标之一,该指标反映普通股的获利水平,该指标越高,每股可获得的利润越多,股东的投资效益越好,反之则越差。由于每股盈余是一个绝对指标,因此在分析时,还应结合流通在外的普通股股数的变化及每股股价的高低的影响。

2. 市盈率

市盈率是市价与每股盈余比率,又称本益比,其算式为

$$市盈率 = 每股市价 \div 每股盈余 \qquad (8-19)$$

式中的市价是指普通股每股在证券市场上的买卖价格。

市价与每股盈余比率是衡量股份制企业盈利能力的重要指标,该指标反映投资者对每元利润愿支付的价格。该指标高,意味着投资者对公司的发展前景看好,愿意支付较高的价格购买该公司的股票,说明该公司未来成长的潜力较大。但每股盈余过低或市价过高所导致的高市盈率,则意味着较高的投资风险。因此使用该指标时不能只看该指标本身,还应该分析影响该指标的一些因素。

3. 每股股利

每股股利是股利总额与普通股流通股数的比值,其算式为

$$每股股利 = 股利总额 \div 流通股数 \qquad (8-20)$$

式中的股利总额是指用于分配普通股现金股利的总数。

每股股利高低,不仅取决于企业的获利能力,还取决于公司的股利政策和现金流量是否充裕,例如,企业为扩大再生产,多留公积金,那么每股股利必然会减少,反之则会增加。因此在使用这个指标时还应结合公司的股利政策和现金流量情况进行具体的分析。

4. 留存盈利比例

留存盈利比例是企业税后净利减去全部股利的余额与企业净利润的比率,其算式为

$$留存盈利比例 = (净利润 - 全部股利) \div 净利润 \times 100\% \qquad (8-21)$$

留存盈利是指企业的税后留利。企业经常要留用一部分利润用于扩大再生产和集体福利,剩下来的才发放股利。留用的利润便称留存利润,包括法定盈余公积金、公益金和任

意盈余公积金等。留存盈利不是指每年累计下来的盈利,而是当年利润中留下的部分。

留存盈利直接关系到分发到投资人(股东)手中股利的多少,因此投资人要对留存盈利与净利润的比例进行分析。

留存盈利比例指标用于衡量当期净利润总额中有多大的比例留在企业中用于发展。同时,留存盈利比例的高低体现了企业的经营方针。如果企业认为有必要积累资金,高速发展,尽快扩大经营规模,经董事会同意,从长远利益考虑,可能决定留存盈利的比例大一些。因此,在正常情况下,留存盈利比例较高意味着公司有较好的成长性。如果认为可以通过其他方式筹集资金,而不宜过多影响投资人的当前利润,则可能留存盈利比例小一些。

5. 股利支付率

股利支付率是普通每股股利与每股盈余的比率,其算式为

$$股利支付率 = (每股股利 \div 每股盈余) \times 100\% \tag{8-22}$$

股利支付率反映公司的净利润中有多少用于股利的分派,对于单独的普通股投资人来讲,这个指标比每股盈余更能直接体现当前利益,因此与个人联系更为紧密。

股利支付率主要取决于公司的股利政策和现金流量,没有什么具体的标准来衡量股利支付率的高低,而且企业与企业之间也没有什么可比性,因为这要依据各企业对资金需要量的具体情况而定。股东对股利的要求也不一致,有的股东愿意当期多拿股利,也有的股东愿意让企业把更多的利润用于再投资,以期将来获得更高的股利收入。

6. 每股账面价值

每股账面价值是股东权益总额减去优先股权益后的余额与发行在外的普通股股数的比值,其算式为

$$每股账面价值 = (股东权益总额 - 优先股权益) / 发行在外的普通股股数 \tag{8-23}$$

每股账面价值反映的是发行在外的每股普通股所代表的企业记在账面上的股东权益额。对投资人来讲,这一指标使他们了解了每股权益的多少并有助于他们进行投资分析。投资人认为,当股票市价低于其账面价值时,这个企业没有发展前景;而市价高于账面价值时,则认为这个企业有希望、有潜力。因此,投资人非常重视这个指标,它反映了企业发展的潜力。

8.3 不同时期和不同企业之间的比较分析

8.3.1 不同时期的比较分析

一个会计年度中可能有较多的非常或偶然事项,这些事项既不能代表企业的过去,也不能说明其未来,因此只分析一个会计年度的财务报表往往不够全面。如果对企业若干年的财务报表按时间序列作分析,就能看出其发展趋势,有助于规划未来,同时也有助于判断本年度是否具有代表性。

不同时期的分析有 3 种常用方法:多期比较分析、结构百分比分析和定基百分比分析。

不同时期的分析,主要是判断发展趋势,故亦称趋势分析;分析时主要使用百分率,故亦称百分率分析。

1. 多期比较分析

多期比较分析,是研究和比较连续几个会计年度的会计报表及相关项目,其目的是查明变化内容、变化原因及其对企业的未来有何影响。在进行多期比较时,可以用前后各年每个项目金额的差额进行比较,也可以用百分率的变化进行比较,还可以计算出各期财务比率进行多期比较。比较的年度数一般为5年,有时甚至要列出10年的数据。

2. 结构百分比分析

结构百分比分析,是把常规的财务报表换算成结构百分比报表,然后逐项比较不同年份的报表,查明某一特定项目在不同年度间百分比的差额。

同一报表中不同项目的结构分析的算式为

$$结构百分比 = (部分 \div 总体) \times 100\% \qquad (8-24)$$

通常,利润表的"总体"是"销售收入";资产负债表的"总体"是"总资产"。

3. 定基百分比趋势分析

定基百分比趋势分析,首先要选取一个基期,将基期报表上各项数额的指数均定为100,其他各年度财务报表上的数字也均用指数表示,由此得出定基百分比报表。通过定基百分比可以看出各项目的发展变化趋势。不同时期的同类报表项目的定基百分比的算式为

$$考察期指数 = (考察期数值 \div 基期数值) \times 100 \qquad (8-25)$$

8.3.2 不同企业之间的比较分析

1. 企业之间的分析概述

在进行财务报表分析时,经常会碰到的一个问题是计算出财务比率之后,无法判断它是偏高还是偏低。与本企业的历史数据比较,只能看出自身的变化,无法知道本企业在竞争中所处的地位;与同行业、同规模的其他企业进行比较,虽然可以看出与对方的区别,为发现问题和查找差距提供线索,但是,对方并不一定是好的,与之不同也未必不好。因此行业平均水平的财务比率可以作为比较的标准,常常被称为标准财务比率,如标准的流动比率、标准的资产利润率等。标准财务比率,可以作为评价一个公司财务比率优劣的参照物。以标准财务比率作为基础进行比较分析,更容易发现企业的异常情况,便于揭示企业存在的问题。

2. 标准财务比率

标准财务比率就是特定国家、特定时期、特定行业的平均财务比率。

一个标准的确定,通常有两种方法。一种方法是采用统计方法,即以大量历史数据的统计结果作为标准。这种方法是假定大多数是正常的,社会平均水平是反映标准状态的。脱离了平均水平,就是脱离了正常状态;另一种方法是采用工业工程法,即以实际观察和科学计算为基础,推算出一个理想状态作为评价标准。这种方法假设各变量之间有其内在的比例关系,并且这种关系是可以被认识的。实际上人们经常将以上两种方法结合起来使用,它们互相补充,互相印证,很少单独使用一种方法建立评价标准。

目前,标准财务比率的建立主要采用统计方法,工业工程法处于次要地位,这可能与

人们对财务变量之间关系认识尚不充分有关。有资料表明，美国、日本等工业发达国家的某些机构和金融企业在专门的刊物上定期公布各行业的财务方面的统计指标，为报表使用人进行分析提供大量资料。我国尚无这方面的正式专门刊物。在各种统计年鉴上可以找到一些财务指标，但行业划分较粗，而且与会计的指标口径也不完全相同，不太适合直接用于当前的报表分析，在使用时要注意指标口径的调整。《中国证券报》提供了上市公司的一些财务比率，包括一些分行业的平均数据，表 8-1 中的数据是根据我国股市 67 家公司某年度报表整理出来的平均财务比率，在进行财务分析时可以参考。

表 8-1 股市上市公司分类财务比率 单位：%

项目	工业	商业	房地产	公用	其他
流动比率	2.93	5.16	288	4.93	1.6
速动比率	1.34	4.52	169	4.77	1.36
资产负债率	0.42	0.27	0.40	0.20	0.43
应收账款周转率	0.62	116	117	35	39.6
总资产周转率	6.64	1.11	0.07	0.45	0.29
股东权益比率	0.58	0.73	0.60	0.80	0.57
股本净利率	96.7	43.3	59.8	53.1	52.2
每股净资产	2.44	3.86	2.18	2.03	4.26

对于行业的平均财务报表比率，在使用时应注意以下问题：①行业平均指标是根据部分企业抽样调查来的，不一定能真实反映整个行业的实际情况。如果其中有一个极端的样本，则可能歪曲整个情况。②计算平均数的每一个公司采用的会计方法不一定相同，资本密集型与劳动密集型企业可能在一起进行平均，负有大量债务的企业可能与没有债务的企业在一起进行平均。因此，在进行报表分析时往往要对行业平均财务比率进行修正，尽可能建立一个可比的基础。

3. 理想财务报表

理想财务报表，是根据标准财务比率和企业规模确定的财务报表，它代表企业理想的财务状况，为报表分析提供了更方便的依据。

（1）理想资产负债表

理想资产负债表的百分比结构，来自于行业平均水平，同时进行必要的推理分析和调整。表 8-2 是一个以百分比表示的理想资产负债表。

表 8-2 理想资产负债表

项目	理想比率	项目	理想比率
流动资产：	60%	负债：	40%
速动资产	30%	流动负债	30%
盘存资产	30%	长期负债	10%
固定资产：	40%	所有者权益：	60%

续表

项目	理想比率	项目	理想比率
		实收资本	20%
		公积金	30%
		未分配利润	10%
总计	100%	总计	100%

表中比例数据按如下过程确定：

①以资产总计为100%，根据资产负债率确定负债百分率和所有者权益百分率。通常认为，负债应小于自有资本，这样的企业在经济环境恶化时能保持稳定，但是过小的负债率会使企业失去经济繁荣时期获取额外利润的机会。一般认为，自有资本占60%、负债占40%是比较理想的。这个比率会因国家、历史时期和行业的不同而不同。

②确定固定资产占总资产的百分率。通常，固定资产的数额应小于自有资本，占到自有资本的2/3为好。

③确定流动负债的百分率。一般认为流动比率以2为宜，那么在流动资产占60%的情况下，流动负债是其一半，占30%。因此，在总负债占40%、流动负债占30%时，长期负债占10%。

④确定所有者权益的内部百分比结构，其基本要求是实收资本应小于各项积累，以积累为投入资本的2倍为宜。这种比例可以减少分红的压力，使企业有可能重视长远的发展，每股净资产达到3元左右，可在股市上树立良好的公司形象。因此，实收资本为所有者权益（60%）的1/3即20%，公积金和未分配利润是所有者权益（60%）的2/3即40%。至于公积金和未分配利润之间的比例，并非十分重要，因为未分配利润的数字经常变化。

⑤确定流动负债的内部结构。一般认为速动比率以1为宜，因此，速动资产占总资产的比率与流动负债相同，也为30%，则盘存资产（主要是存货）亦占总资产的30%，后者也符合存货占流动资产一半的情况。

在确定了以百分率表示的理想资产负债后，可以根据具体企业的资产总额建立绝对数的理想资产负债表，然后再将企业报告期的实际资料与之进行比较分析，以判断企业财务状况的优劣。

（2）理想利润表

理想利润表的百分率以销售收入为基础。一般来讲，毛利率因行业而异。周转快的企业奉行薄利多销方针，毛利率低；周转慢的企业毛利率定得比较高。实际上每行业都有一个自然形成的毛利率水平。表8-3是一个以百分比表示的理想利润表。

表 8-3 理想利润表

项目	理想比率	项目	理想比率
销售收入	100%	营业外净损益	1%
销售成本（包括销售税金）	75%	税前利润	11%
毛利	25%	所得税	6%

续表

项目	理想比率	项目	理想比率
期间费用	13%	税后利润	5%
营业利润	12%	—	—

假设 ABC 公司所在行业的毛利率为 25%，则销售成本为 75%。在毛利当中，可用于期间费用的约占一半，也可以稍多一点，在本例中按 13% 处理，余下的 12% 是营业利润。

营业外净损益的数量不大，本例按 1% 处理。

虽然所得税为 33%，但是由于有纳税调整等原因，实际负担在一半左右，多数还可能超过一半，故本例按税前利润（11%）的一半多一点处理，定为 6%，这样，余下的税后利润为 5%。

在确定了以百分比表示的理想损益表之后，可以根据企业某期间的销售收入数额来设计绝对数额表示的理想损益表，然后再与企业的实际损益表进行比较，以判断其优劣。

8.4 综合分析与评价

综合分析与评价的方法有杜邦财务分析体系与财务比率的综合评价。

8.4.1 杜邦财务分析体系

这种分析首先由美国杜邦公司的经理创造出来，称之为杜邦系统。下面借助杜邦系统，以 ABC 公司为例，说明其主要内容，如图 8-1 所示。

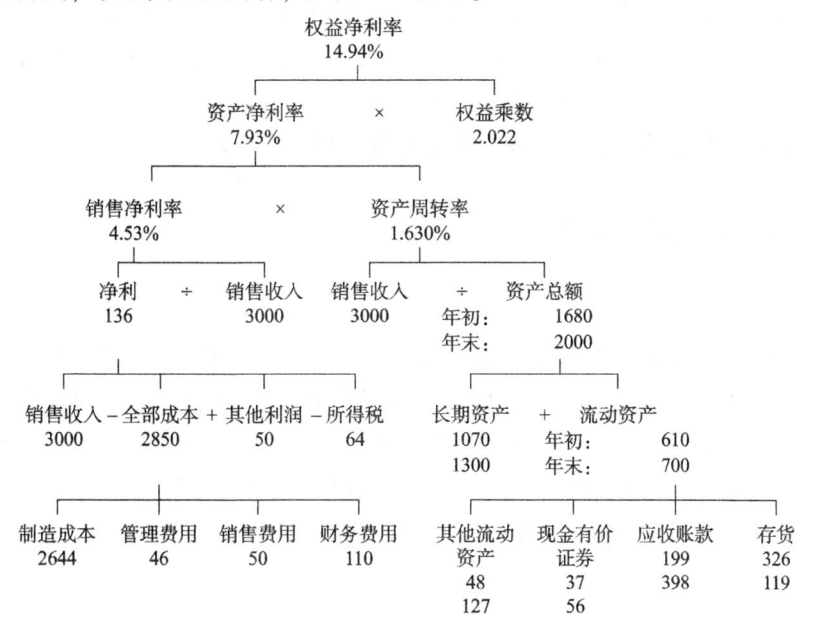

图 8-1 ABC 公司杜邦体系表

图 8-1 中的计算公式为

$$权益乘数 = 1 \div (1 - 资产负债率) \qquad (8-26)$$
$$资产负债率 = 负债总额 \div 资产总额 \qquad (8-27)$$
$$权益净利率 = 资产净利率 \times 权益乘数 \qquad (8-28)$$
$$资产净利率 = 销售净利率 \times 资产周转率 \qquad (8-29)$$
$$权益净利率 = 销售净利率 \times 资产周转率 \times 权益乘数 \qquad (8-30)$$

其他公式已在前面所述，在此不再说明。

从公式中可以看出，决定权益净利率高低的因素有 3 个：销售净利率、资产周转率和权益乘数。

权益乘数主要受资产负债率的影响。负债比例大，权益乘数就高，说明企业有较高的负债程度，给企业带来较多的杠杆效益，同时也给企业带来较大的风险。

销售净利率和资产周转率高低的因素分析在前面已述，这里不再重复。

杜邦分析体系的作用在于解释指标变动的原因和变动趋势，为提高净资产报酬率指明方向。

假设通过前面的方法计算出 ABC 公司 2001 年和 2002 年的有关数据见表 8-4。

表 8-4 ABC 公司的有关数据

年份	权益净利率	销售净利率	资产周转率	权益乘数
2000 年	14.94%	4.53%	1.6304	2.02
2001 年	12.12%	3%	2	2.02

从表 8-4 可以看出，该公司的权益净利率 2001 年有所下降。通过将"权益净利率"分解为"资产净利率×权益乘数"，可以看到权益净利率下降的原因不是资本结构（权益乘数）的变化，而是资产利用效率和成本控制发生了问题。进一步将"资产净利率"分解为"销售净利率×资产周转率"，通过分解可以看出，资产的使用效率提高了，但由此带来的收益不足以抵补销售净利率下降造成的损失。至于销售净利率下降的原因是销价太低、成本太高还是费用过大，则须进一步通过分解指标来揭示。

8.4.2 财务状况的综合评价

1. 沃尔评分法

财务状况综合评价的先驱者之一是亚历山大·沃尔。他在 21 世纪初出版的《信用情雨表研究》和《财务报表比率分析》中提出了信用能力指数的概念，把若干个财务比率用线性关系结合起来，以此评价企业的信用水平。他选择了 7 种财务比率，分别给定了在总评价中占的比重，总和为 100 分，然后确定标准比率，并与实际比率相比较，评出每项指标的得分，最后求出总评分。表 8-5 显示了沃尔所选用的 7 个指标及标准比率。

表 8-5 沃尔指标及标准比重

指标	财务比率	比重/%	标准比率
X_1	流动比率	25	2.00
X_2	净资产/负债	25	1.50
X_3	资产/固定资产	15	2.50
X_4	销售成本/存货	10	8
X_5	销售额/应收账款	10	6
X_6	销售额/固定资产	10	4
X_7	销售额/净资产	5	3

则综合财务指标 Y 为

$$Y = 25\% X_1 + 25\% X_2 + 15\% X_3 + 10\% X_4 + 10\% X_5 + 10\% X_6 + 5\% X_7 \quad (8-31)$$

2. 综合评价方法

机械能财务状况的综合评价时，一般认为企业财务评价的内容主要是盈利能力，其次是偿债能力，此外还有成长能力。他们之间大致可按 5 : 3 : 2 来分配比重。盈利能力的主要指标是资产净利率、销售净利率和净值报酬率。虽然净值报酬率很重要，但前两个指标已经分别使用了净资产和净利，为了减少重复影响，3 个指标可按 2 : 2 : 1 安排。偿债能力有 4 个常用指标：自有资本比率、流动比率、应收账款周转率和存货周转率。成长能力有 3 个常用指标：销售增长率、净利增长率和人均净利增长率。

综合评价方法的关键技术是"标准评分值"的确定和"标准比率"的建立。标准比率应以本行业平均数为基础，适当进行理论修正。

3. 国有资本金效绩评价

国有资本金效绩评价的对象是国有独资企业。国家控股企业评价的方式分为例行评价和特定评价；评价的指标体系分为工商企业和金融企业两类。

评价的过程可以分为 5 个步骤。

①基本指标的评价。
②修正系数的计算。
③修正后得分的计算。
④定性指标的计分方法。
⑤综合评价的计分方法和最终评价结果的分级。

8.5 现金流量分析

8.5.1 现金流量分析的意义

近代理财学的一个重要结论是：资产的内在价值是其未来现金流量的现值，但是，传统会计不提供历史的现金流量信息，更不提供未来的现金流量信息，越来越不能满足投资人的信息需求。为改变这种局面，从 1987 年开始，美国率先规定企业必须编制现金流量表，此后其他国家纷纷效仿。

现金流量表的主要作用是提供本期现金流量的实际数据，提供评价本期收益质量的信息，有助于评价企业的财务弹性，有助于评价企业的流动性，用于预测企业的未来现金流量。

8.5.2 现金流量的结构分析

现金流量的结构分析包括流入结构、流出结构、流入流出比分析。

1. 流入结构分析

流入结构分析分为总流入结构分析和 3 项（经营、投资和筹资）活动流入的内部结构分析。

（1）总流入结构分析

总流入结构分析就是分析经营、投资和筹资活动现金流入所占的比重。

$$经营活动流入所占的比重 = 经营活动流入 / 总流入 \times 100\% \quad (8-32)$$

$$投资活动流入所占的比重 = 投资活动流入 / 总流入 \times 100\% \quad (8-33)$$

$$筹资活动流入所占的比重 = 筹资活动流入 / 总流入 \times 100\% \quad (8-34)$$

（2）流入的内部结构分析

流入的内部结构分析就是分析经营、投资和筹资这 3 项活动中各内部项目流入所占的比重。

$$经营活动某内部项目流入所占的比重 = 该内部项目流入 / 经营活动流入 \times 100\% \quad (8-35)$$

$$投资活动某内部项目流入所占的比重 = 该内部项目流入 / 投资活动流入 \times 100\% \quad (8-36)$$

$$筹资活动某内部项目流入所占的比重 = 该内部项目流入 / 筹资活动流入 \times 100\% \quad (8-37)$$

2. 流出结构分析

流出结构分析分为总流出结构分析和 3 项活动（经营、投资和筹资）流出的内部结构分析。

（1）总流出结构分析

总流出结构分析就是分析经营、投资和筹资活动流出所占的比重。

$$经营活动流出所占的比重 = 经营活动流出 / 总流出 \times 100\% \quad (8-38)$$

$$投资活动流出所占的比重 = 投资活动流出 / 总流出 \times 100\% \quad (8-39)$$

$$筹资活动流出所占的比重 = 筹资活动流出 / 总流出 \times 100\% \quad (8-40)$$

（2）流出的内部结构分析

流出的内部结构分析就是分析经营、投资和筹资这 3 项活动中各内部项目流出所占的比重。

$$经营活动某内部项目流出所占的比重 = 该内部项目流出 / 经营活动流出 \times 100\% \quad (8-41)$$

投资活动某内部项目流出所占的比重 = 该内部项目流出／投资活动流出 × 100%
$$(8-42)$$
筹资活动某内部项目流出所占的比重 = 该内部项目流出／筹资活动流出 × 100%
$$(8-43)$$

3. 流入流出比分析

经营活动流入流出比 = 经营活动流入／经营活动流出 × 100%　　(8-44)
投资活动流入流出比 = 投资活动流入／投资活动流出 × 100%　　(8-45)
筹资活动流入流出比 = 筹资活动流入／筹资活动流出 × 100%　　(8-46)

8.5.3 流动性分析

所谓流动性指将资产迅速转变为现金的能力。根据资产负债表确定的流动性虽然也能反映流动性但有很大局限性。主要是因为：作为流动资产主要成分的存货并不能很快转变为可偿债的现金；存货用成本计价而不能反映变现净值；流动资产中的待摊费用并不能转变为现金。许多企业有大量的流动资产，但现金支付能力却很差，甚至无力偿债而破产清算。

真正能用于偿还债务的是现金流量。现金流量和债务的比较可以更好地反映偿还债务的能力。

1. 现金到期债务比

现金到期债务比 = 经营现金净流入／本期到期的债务　　(8-47)

式（8-47）中本期到期的债务，是指本期到期的长期债务和本期应付票据。通常，这两种债务是不能展期的，必须如期如数偿还。

通常，和同业平均现金到期债务比相比，该比率较大说明偿还到期债务的能力较好。

2. 现金流动负债比

现金流动负债比 = 经营现金净流量／流动负债　　(8-48)

和同业平均现金流动负债比相比，该比率较大说明偿还流动负债的能力较好。

3. 现金债务总额比

现金债务总额比 = 经营现金净流入／债务总额　　(8-49)

和同业平均现金到期债务比相比，该比率越大说明该公司承担债务的能力越强。

8.5.4 获取现金能力分析

获取现金的能力是指经营现金净流入和投入资源的比值。投入资源可以是销售收入、总资产、净营运资金、净资产或普通股股数等。

1. 销售现金比率

销售现金比率 = 经营现金流量／销售额　　(8-50)

该比率反映每元销售得到的现金，其数值越大越好。

2. 每股营业现金流量

每股营业现金流量 = 经营现金流量／普通股股数　　(8-51)

它是企业最大的分派股利能力。超过每股营业现金流量限度，就要借款分红。

3. 全部资产现金回收率

全部资产现金回收率是经营现金净流入和全部资产的比值,说明企业资产产生现金的能力。

$$\text{全部资产现金回收率} = \text{经营现金净流入} / \text{全部资产} \tag{8-52}$$

和同业平均全部资产现金回收率相比,该比率越大说明该公司资产产生现金的能力越强。

8.5.5 财务弹性分析

所谓财务弹性是指企业适应经济环境变化和利用投资机会的能力,这种能力来源于现金流量和支付现金需要的比较。现金流量超过需要,有剩余的现金,适应性就较强。因此,财务弹性的衡量是用经营现金流量与支付要求进行比较。支付要求可以是投资需求或承诺支付等。

1. 现金满足投资比率

$$\text{现金满足投资比率} = \frac{\text{近 5 年经营活动现金流量}}{\text{近 5 年资本支出、存货增加、现金股利之和}} \tag{8-53}$$

该比率越高,说明资金自给率越高。

2. 股利保障倍数

$$\text{股利保障倍数} = \frac{\text{每股营业现金流量}}{\text{每股现金股利}} \tag{8-54}$$

该比率越大,说明支付现金股利的能力越强。

8.5.6 收益质量分析

收益质量分析,主要是分析会计收益和净现金流量的比例关系,评价收益质量的财务比率是营运指数,营运指数是指企业净利润与经营活动现金净流量之比,即:

$$\text{营运指数} = \text{净利润} / \text{经营活动现金净流量} \tag{8-55}$$

该指数反映企业经营活动创造或获取现金的能力。该指数越高,说明企业经营活动获取现金的能力越差,企业获取现金主要依赖于固定资产折旧、无形资产及递延资产的摊销、处置长期资产的损益、对外投资收益、存货及经营性应收和应付项目的变动等,而这些来源获现金的能力往往不具备长期的稳定性。因此,营运指数应越低越好。

8.6 财务分析案例

8.6.1 财务比率分析应用案例

【例 8-1】A 公司 2020 年 12 月 31 日的资产负债表、利润表详见表 8-6 和表 8-7。要求根据这些数据进行财务比率分析。

表 8-6　A 公司 2020 年 12 月 31 日的资产负债表

序号	A	B	C	D	E	F
		年初余额	年末数	负债及所有者权益	年初余额	年末数
1	资产					
2	货币资金	1 683 000	304 284	流动负债：		
3	短期投资	30 000	66 500	短期借款	320 000	270 000
4	减：短期投资跌价准备	0	0	应付票据	105 000	5 000
5	短期投资净值	30 000	66 500	应付账款	15 000	15 000
6	应收票据	247 780	47 780	预收账款	5 000	5 000
7	应收股利	0	1 000	代销商品款	0	0
8	应收利息	0	0	应付工资	−100	−100
9	应收账款	260 000	560 000	应付福利费	5 800	69 800
10	减：坏账准备	780	1 680	应付股利	15 000	15 000
11	应收账款净额	259 220	558 320	应交税金	39 000	204 239
12	预付账款	4 000	104 000	其他应交款	3 000	3 000
13	应收补贴款	0	0	其他应付款	900	1 200
14	其他应收款	4 250	4 250	预提费用	3 600	2 600
15	存货	287 665	152 365	一年内到期的长期负债	103 500	0
16	减：存货跌价损失	0	0	其他流动负债	0	0
17	存货净额	287 665	152 365	流动负债合计	615 700	590 739
18	待摊费用	102 300	2 300	长期负债：		
19	待处理流动资产净损失	0	0	长期借款	1 198 000	861 500
20	一年内到期的长期债权投资	7 050	0	应付债券	0	0
21	其他流动资产	0	0	长期应付款	5 500	5 500
22	流动资产合计	2 625 265	1 240 799	住房周转金	0	0
23	长期投资：			其他长期负债	0	0
24	长期股权投资	169 500	419 500	长期负债合计	1 203 500	867 000
25	长期债权投资	0	1 187 050	递延税项：		
26	长期投资合计	169 500	1 606 550	递延税款贷项	0	0
27	减：长期投资减值准备	0	0	负债合计	1 819 200	1 457 739
28	长期投资净值	169 500	1 606 550	所有者权益：		
29	固定资产：			股本	3 629 765	3 779 765
30	固定资产原价	2 247 835	3 115 835	资本公积	260 000	260 000
31	减：累计折旧	483 835	193 835	盈余公积	4 000	109 000
32	固定资产净值	1 764 000	2 922 000	未分配利润分配	8 600	574 645
33	固定资产清理	0	0	所有者权益合计	3 902 365	4 723 410
34	工程物资	0	0			

续表

序号	A	B	C	D	E	F
35	在建工程	1 130 000	388 000			
36	待处理固定资产净损失	0	0			
37	固定资产合计	2 894 000	3 310 000			
38	无形资产及其他资产:					
39	无形资产	30 000	21 000			
40	开办费	0	0			
41	长期待摊费用	0	0			
42	其他长期资产	0	0			
43	无形资产及其他资产合计	30 000	21 000			
44	递延税项:					
45	递延税款借项	2 800	2 800			
46	资产合计	5 721 565	6 181 149	负债及所有者权益合计	5 721 565	6 181 149

表 8-7 A 公司 2020 年 12 月 31 日的利润表

序号	A	B	C	D
1	项目	行次	上年数（略）	本年累计
2	一、主营业务收入	1		1 250 000
3	减：折扣与折让	2		0
4	主营业务净收入	3		1 250 000
5	减：主营业务成本	4		750 000
6	主营业务税金及附加	5		2 000
7	二、主营业务利润	6		477 200
8	加：其他业务利润	7		-10 000
9	减：存货跌价损失	9		0
10	营业费用	10		0
11	管理费用	11		158 900
12	财务费用	12		51 500
13	三、营业利润	13		256 800
14	加：投资收益	14		491 500
15	补贴收入	15		0
16	营业外收入	16		53 000
17	减：营业外支出	17		26 950
18	四、利润总额	18		774 350

续表

序号	A	B	C	D
19	减：所得税	19		103 305
20	五、净利润	20		671 045

说明：

（1）假定A公司的会计核算数据存放在工作表"财务分析.xlsx"，其中资产负债表的数据存放在工作表"资产负债表"，利润表的数据存放在工作表"利润表"。

（2）资产负债表是用来反映企业某一特定时日（月末、季末、年末）财务状况的一种静态报表。通过资产负债表可以了解企业拥有的经济资源及其分布状况，分析企业资金来源及其构成，预测企业资金的变现能力、偿债能力和财务实力。

（3）利润表是用来反映企业某一特定时日（月末、季末、年末）的经营成果的动态报表。通过利润表可以了解企业一定时期的生产经营成果，预测企业的盈利能力，并以此为依据考核企业管理人员的经营业绩。

（4）财务比率分析的数据来源于上述报表。

使用Python进行财务比率分析的基本步骤如下：

第一，在工作簿"财务分析.xlsx"中创建一个"财务比率分析"工作表，如图8-2所示。

第二，从Excel读取工作表中数据到DataFrame数据框。

```
#参数变量设置
bookname='财务分析.xlsx' #工作簿名称
sheetname='财务比率分析' #工作表名称
balance_sheet='资产负债表' #'资产负债表'工作表名称
profit_sheet='利润表' #'利润表'工
```

序号	A	B	C
1	普通股数	50000	
2	现金股利	25000	
3	每股市价	6.50	
4			
5	财务比率	计算结果	行业平均水平
6	一、变现能力比率		
7	流动比率		2.00
8	速动比率		1.00
9	二、资产管理比率		
10	存货周转率		10.00
11	应收账款周转率		50.00
12	营业周期		43.20
13	流动资产周转率		5.00
14	总资产周转率		4.00
15	三、负债比率		
16	资产负债率		55.00%
17	产权比率		122.00%
18	有形净值债务率		122.00%
19	已获利息倍数		10.00
20	四、盈利能力比率		
21	销售净利率		8.00%
22	销售毛利率		12.00%
23	资产净利率		14.00%
24	净资产收益率		20.00%
25	五、市价比率		
26	每股盈余		2.00
27	每股股利		0.50
28	留存盈利比率		
29	股利支付率		20.00%
30	市盈率		300.00%

图8-2 "财务比率分析"工作表

注：①普通股数、现金股利、每股市价对应的数据需要人工输入。②此表中行业平均水平列的数据也需要人工输入，如果不与行业变量进行对比，此列数据也可不输入。

作表名称
```
    cash_sheet='现金流表' #'现金流表'工作表名称
    resultname=sheetname+'-result.xlsx' #输出结果保存文件
#读取工作表中数据到数据框
    df0=read_excel(bookname,sheetname,na_values=['NA'])
    fld=df0.columns
    df1=read_excel(bookname,balance_sheet,na_values=['NA'])
    df2=read_excel(bookname,profit_sheet,na_values=['NA'])
```
第三，利用 getCell() 或 getCell2() 函数读取 DataFrame 中的计算各种比率所需的数据。
getCell (df, v1, j1, j2) 作用是获取数据框 df 中 j1 列值等于 v 的所在行的 j2 列的值。例如：

流动资产 0=getCell(df1,'流动资产合计',0,1) #期初流动资产合计
读取资产负债表对应 DataFrame（即 df1）中流动资产合计值。
getCell2 (df, v1, j1, j2) 作用是获取数据框 df 中 j1 列值包含 v 的所在行的 j2 列的值。例如：

净利润 1=getCell2(df2,'五、净利润',0,3)
读取净利润对应 DataFrame（即 df2）中净利润值。
第四，计算各种比率，并保存到中间变量。
tmp[6,1]=流动资产 1/流动负债 1 #计算流动比率
tmp[7,1]=(流动资产 1-存货净额 1)/流动负债 1   #计算速动比率
最后，将结果输出到 Excel 文件。
完整的 Python 代码如下：

```python
#【实例 8-1】Python 实现
#程序名称:pfa8601.py
#功能:财务比率分析
import numpy as np
import pandas as pd
from pandas import Series,DataFrame,read_excel
#财务函数库
import numpy_financial as npf
#获取数据框 df 中 j1 列值等于 v 的所在行的 j2 列的值
def getCell(df,v1,j1,j2):
    df1=df[df[df.columns[j1]]==v1]
    if len(df1)>0:
        i=df1.index[0]
        return df.iloc[i,j2]
    else:
        return None
#获取数据框 df 中 j1 列值包含 v 的所在行的 j2 列的值
```

```python
def getCell2(df,v1,j1,j2):
    df1=df[df[df.columns[j1]].str.contains(v1)]
    if len(df1)>0:
       i=df1.index[0]
       return df.iloc[i,j2]
    else:
       return None
#参数变量设置
bookname='财务分析.xlsx' #工作簿名称
sheetname='财务比率分析' #工作表名称
balance_sheet='资产负债表' #'资产负债表'工作表名称
profit_sheet='利润表' #'利润表'工作表名称
resultname=sheetname+'-result.xlsx'   #输出结果保存文件
#读取工作表中数据到数据框
df0=read_excel(bookname,sheetname,na_values=['NA'])
fld=df0.columns
df1=read_excel(bookname,balance_sheet,na_values=['NA'])
df2=read_excel(bookname,profit_sheet,na_values=['NA'])
#从资产负债表和利润表读取数据到临时变量
流动资产0=getCell(df1,'流动资产合计',0,1)    #期初流动资产合计
流动资产1=getCell(df1,'流动资产合计',0,2)    #期末流动资产合计
总资产0=getCell(df1,'资产合计',0,1)    #期初资产合计
总资产1=getCell(df1,'资产合计',0,2)    #期末资产合计
流动负债0=getCell(df1,'流动负债合计',3,4)    #期初流动负债合计
流动负债1=getCell(df1,'流动负债合计',3,5)    #期末流动负债合计
总负债0=getCell(df1,'负债合计',3,4)    #期初负债合计
总负债1=getCell(df1,'负债合计',3,5)    #期末负债合计
所有者权益0=getCell(df1,'所有者权益合计',3,4)    #期初所有者权益合计
所有者权益1=getCell(df1,'所有者权益合计',3,5)    #期末所有者权益合计
股东权益0=getCell(df1,'未分配利润分配',3,4)    #期初股东权益
股东权益1=getCell(df1,'未分配利润分配',3,5)    #期末股东权益
存货净额0=getCell(df1,'存货净额',0,1)    #期初存货净额
存货净额1=getCell(df1,'存货净额',0,2)    #期末存货净额
应收帐款净额0=getCell(df1,'应收帐款净额',0,1)    #期初应收帐款净额
应收帐款净额1=getCell(df1,'应收帐款净额',0,2)    #期末应收帐款净额
无形资产1=getCell(df1,'无形资产',0,3)
销售收入1=getCell(df2,'主营业务净收入',0,3)
销货成本1=getCell(df2,'减:主营业务成本',0,3)
利润总额1=getCell(df2,'四、利润总额',0,3)
```

```
财务费用1=getCell(df2,'财务费用',0,3)
净利润1=getCell(df2,'五、净利润',0,3)
所得税1=getCell(df2,'减:所得税',0,3)
tmp=np.array(df0.values)
#一、变现能量比率
tmp[6,1]=流动资产1/流动负债1      #计算流动比率
tmp[7,1]=(流动资产1-存货净额1)/流动负债1      #计算速动比率
#二、资产管理比率
tmp[9,1]=销货成本1/((存货净额0+存货净额1)/2)      #计算存货周转率
tmp[10,1]=销售收入1/((应收帐款净额0+应收帐款净额1)/2)      #计算应收账款周转率
tmp[11,1]=360/tmp[9,1]+360/tmp[10,1] #计算营业周期
tmp[12,1]=销售收入1/((流动资产0+流动资产1)/2)      #计算流动资产周转率
tmp[13,1]=销售收入1/((总资产0+总资产1)/2)      #计算总资产周转率
#三、负债负债
tmp[15,1]=总负债1/总资产1 #计算资产负债率
tmp[16,1]=总负债1/所有者权益1      #计算产权比率
tmp[17,1]=总负债1/(所有者权益1-无形资产1)      #计算有形净值债务率
tmp[18,1]=(利润总额1+财务费用1)/财务费用1      #计算已获利息倍数
#四、盈利能力比率
tmp[20,1]=净利润1/销售收入1      #计算销售净利率
tmp[21,1]=(净利润1-所得税1)/销售收入1      #计算销售毛利率
tmp[22,1]=净利润1/((总资产0+总资产1)/2)      #计算资产净利率
tmp[23,1]=净利润1/((股东权益0+股东权益1)/2)      #计算净资产收益率
#五、市价比率
tmp[25,1]=净利润1/tmp[0,1]      #计算每股盈余
tmp[26,1]=tmp[1,1]/tmp[0,1]      #计算每股股利
tmp[27,1]=(净利润1-tmp[1,1])/净利润1      #计算留存盈利比率
tmp[28,1]=tmp[26,1]/tmp[25,1]      #计算股利支付率
tmp[29,1]=tmp[2,1]/tmp[25,1]      #计算市盈率
for i in range(6,30):
    df0.iloc[i,1]=tmp[i,1]
df0.to_excel(resultname,index=False)
```

说明：

（1）使用时，可根据实际修改下列参数变量的值。

```
#参数变量设置
bookname='财务分析.xlsx' #工作簿名称
sheetname='财务比率分析' #工作表名称
balance_sheet='资产负债表' #'资产负债表'工作表名称
```

```
profit_sheet='利润表' #'利润表'工作表名称
resultname=sheetname+'-result.xlsx' #输出结果保存文件
```

（2）对工作表及 Python 程序进行修改，必须保存后再运行 Python 程序，才能使得修改有效。

（3）输出结果保存在工作簿 resultname 的工作表 Sheet1 中。本实例的输出结果如图 8-3 所示。

	A	B	C
1	普通股数	50000	
2	现金股利	25000	
3	每股市价	6.50	
4			
5	财务比率	计算结果	行业平均水平
6	一、变现能力比率		
7	流动比率	2.10	2.00
8	速动比率	1.84	1.00
9	二、资产管理比率		
10	存货周转率	3.41	10.00
11	应收账款周转率	3.06	50.00
12	营业周期	223.33	43.20
13	流动资产周转率	0.65	5.00
14	总资产周转率	0.21	4.00
15	三、负债比率		
16	资产负债率	23.58%	55.00%
17	产权比率	30.86%	122.00%
18	有形净值债务率	31.00%	122.00%
19	已获利息倍数	16.04	10.00
20	四、盈利能力比率		
21	销售净利率	53.68%	8.00%
22	销售毛利率	40.00%	12.00%
23	资产净利率	11.28%	14.00%
24	净资产收益率	15.56%	20.00%
25	五、市价比率		
26	每股盈余	13.42	2.00
27	每股股利	0.50	0.50
28	留存盈利比率	96.27%	
29	股利支付率	3.73%	20.00%
30	市盈率	48.43%	300.00%

图 8-3 计算结果表

8.6.2 多期比较分析案例

【例 8-2】假定某 B 公司 2017—2020 年的利润表数据经汇总后见表 8-8。

表 8-8 B 公司 2017—2020 年的利润表数据　　　　　　　　　　单位：万元

项目	2017	2018	2019	2020
销售收入	2850	3 135	3323	3389
减：销售成本	1425	1581	1685	1966
毛利	1425	1554	1638	1423
期间费用	400	430	600	520
营业利润	1025	1124	1038	903
加：营业外净损益	75	65	117	67
税前利润	1100	1189	1155	970
减：所得税	363	392	381	320
税后利润	737	797	774	650
加：年初未分配利润	263	557	875	1185
可供分配利润	1000	1354	1649	1835
减：提取公积金	74	80	77	65
股利	369	399	387	325
年末未分配利润	557	875	1185	1445

利用 Python 求解本实例步骤如下：

第一，从 Excel 读取工作表中数据到 DataFrame 数据框。

```
#参数变量设置
bookname='财务分析.xlsx'    #工作簿名称
sheetname='利润表多期比较分析'    #工作表名称
resultname=sheetname+'-result.xlsx' #输出结果保存文件
#读取工作表中数据到数据框
df0=read_excel(bookname,sheetname,na_values=['NA'])
data0=np.array(df0.values)
```

第二，计算多期比较差额和百分比。

```
list1.append(data0[i,j+2]-data0[i,j+1])    #差额
list1.append((data0[i,j+2]-data0[i,j+1])/data0[i,j+1])    #百分比
```

最后，将结果保存到 Excel 文件。

```
df0.to_excel(resultname,index=False)
```

完整的 Python 程序如下：

```
#【实例 8-2】Python 实现
```

```python
#程序名称:pfa8602.py
#功能:多期比较分析案例
import numpy as np
import pandas as pd
from pandas import Series,DataFrame,read_excel
#财务函数库
import numpy_financial as npf
#给数据框df增加一行
def append1(df,fld,list1):
    fld0=fld[0:len(list1)]
    dict1=dict(zip(fld0,list1))
    df=df.append(dict1,ignore_index=True)
    return df
#参数变量设置
bookname='财务分析.xlsx'    #工作簿名称
sheetname='利润表多期比较分析'    #工作表名称
resultname=sheetname+'-result.xlsx'    #输出结果保存文件
#读取工作表中数据到数据框
df0=read_excel(bookname,sheetname,na_values=['NA'])
data0=np.array(df0.values)
for i in range(0,data0.shape[1]-3):
    df0["fld"+str(i)]=""
fld=df0.columns
df0=append1(df0,fld,[])
df0=append1(df0,fld,[" ","损益表","多期比较","分析区"])
list1=["项目"]
for j in range(0,data0.shape[1]-2):
    list1.append(fld[j+2])
    list1.append("")
df0=append1(df0,fld,list1)
list1=[" "]
for j in range(0,data0.shape[1]-2):
    list1.append("差额")
    list1.append("百分比")
df0=append1(df0,fld,list1)
for i in range(0,data0.shape[0]):
    list1=[data0[i,0]]
    for j in range(0,data0.shape[1]-2):
        list1.append(data0[i,j+2]-data0[i,j+1]) #差额
```

```
            list1.append((data0[i,j+2]-data0[i,j+1])/data0[i,j+
            1])  #百分比
    df0=append1(df0,fld,list1)
df0.to_excel(resultname,index=False)
print(df0)
```

说明：

（1）Python 分析所需数据保存在工作簿"财务分析.xlsx"中"利润表多期比较分析"工作表，形式如图 8-4 所示。

序号	A	B	C	D	E
1	项目	2017 年	2018 年	2019 年	2020 年
2	销售收入	2850	3135	3323	3389
3	销售成本	1425	1581	1685	1966
4	毛利	1425	1554	1638	1423
5	期间费用	400	430	600	520
6	营业利润	1025	1124	1038	903
7	营业外净损益	75	65	117	67
8	税前利润	1100	1189	1155	970
9	所得税	363	392	381	320
10	税后利润	737	797	774	650

图 8-4 "利润表多期比较分析"工作表

工作表中第一行为表头。项目列位于第 1 列（即 A 列），年份列可以在项目列右边随便增加或减少，年份列至少 2 列。

（2）使用时，可根据实际修改下列参数变量的值。

```
#参数变量设置
bookname='财务分析.xlsx'     #工作簿名称
sheetname='利润表多期比较分析'    #工作表名称
resultname=sheetname+'-result.xlsx'    #输出结果保存文件
```

（3）对工作表及 Python 程序进行修改，必须保存后再运行 Python 程序，才能使得修改有效。

（4）输出结果保存在工作簿 resultname 的工作表 Sheet1 中。本实例的输出结果如图 8-5 所示。

图 8-5 中的计算结果表明：

（1）销售收入的增长速度越来越慢。

（2）销售成本的增长快于销售收入的增长。

（3）毛利的下降速度很快，应查明 2020 年度销售成本上升 17% 的具体原因。

（4）期间费用的趋势是增长，2020 年得到控制。

（5）营业外净损益，虽然变动的百分比较大，但绝对额不大。

（6）税后利润呈下降趋势。

因此，可以认为该企业盈利能力在下降，主要原因是销售成本大幅度升高。

	A	B	C	D	E	F	G
1	项目	2017年	2018年	2019年	2020年		
2	销售收入	2850	3135	3323	3389		
3	销售成本	1425	1581	1685	1966		
4	毛利	1425	1554	1638	1423		
5	期间费用	400	430	600	520		
6	营业利润	1025	1124	1038	903		
7	营业外净损益	75	65	117	67		
8	税前利润	1100	1189	1155	970		
9	所得税	363	392	381	320		
10	税后利润	737	797	774	650		
11	损益表多期比较分析区						
12	项目	2018年		2019年		2020年	
13		差额	%	差额	%	差额	%
14	销售收入	285	10	188	6	66	2
15	销售成本	156	11	104	7	281	17
16	毛利	129	9	84	5	−215	−13
17	期间费用	30	8	170	40	−80	−13
18	营业利润	99	10	−86	−8	−135	−13
19	营业外净损益	−10	−13	52	80	−50	−43
20	税前利润	89	8	−34	−3	−185	−16
21	所得税	29	8	−11	−3	−61	−16
22	税后利润	60	8	−23	−3	−124	−16

图 8-5　利润表多期比较分析表（计算结果）

8.6.3　结构百分比分析案例

【例 8-3】A 公司 2018—2020 年的资产负债表汇总后数据见表 8-9。

表 8-9　**A 公司 2018—2020 年的资产负债表数据**　　　　　　　　单位：万元

项目	2018年	2019年	2020年
现金	628	616	600
应收账款	2 896	4 605	3 634
存货	5 181	7 139	6 632
流动资产	8 705	12 360	10 866
固定资产	3 153	3 588	4 588
减：累计折旧	730	1 050	1 430

· 293 ·

续表

项目	2018 年	2019 年	2020 年
固定资产净值	2 423	2 538	3 158
资产总额	11 128	14 898	14 024
应付票据	800	2 660	1 791
应付账款	1 468	3 137	2 510
应计项目	980	1 150	1 455
流动负债	3 248	6 947	5 756
长期负债	1 908	1 876	1 830
负债总额	5 156	8 823	7 586
普通股	3 650	3 650	3 650
留存收益	2 322	2 425	2 788
普通股权益	5 972	6 075	6 438
负债及权益总额	11 128	14 898	14 024

结构百分比分析是把常规的财务报表换算成结构百分比报表，然后将不同年份的报表逐项比较，查明某一特定项目在不同年度间百分比的差额。

同一报表中不同项目的结构分析的计算公式为

$$结构百分比 = (部分 \div 总体) \times 100\% \tag{8-55}$$

通常，利润表的"总体"是"销售收入"；资产负债表的"总体"是"总资产"；财务状况变动表的"总体"是"流动资金来源合计"。

利用 Python 求解本实例步骤如下：

第一，从 Excel 读取工作表中数据到 DataFrame 数据框。

```
#参数变量设置
bookname='财务分析.xlsx'    #工作簿名称
sheetname='结构百分比分析'    #工作表名称
resultname=sheetname+'-result.xlsx'    #输出结果保存文件
tname="资产总额"  #总量名称
#读取工作表中数据到数据框
df0=read_excel(bookname,sheetname,na_values=['NA'])
fld=df0.columns
```

第二，计算结构百分比。

```
df0[fld[j]+"% "]=df0[fld[j]]/getCell(df0,tname,0,j)
```

最后，将结果保存到 Excel 文件。

```
df0.to_excel(resultname,index=False)
```

完整的 Python 程序如下：

```
#【实例 8-3】Python 实现
#程序名称:pfa8603.py
```

```
#功能:结构百分比分析
import numpy as np
import pandas as pd
from pandas import Series,DataFrame,read_excel
#财务函数库
import numpy_financial as npf
#参数变量设置
bookname='财务分析.xlsx'   #工作簿名称
sheetname='结构百分比分析'    #工作表名称
resultname=sheetname+'-result.xlsx'#输出结果保存文件
tname="资产总额" #总量名称
#读取工作表中数据到数据框
df0=read_excel(bookname,sheetname,na_values=['NA'])
fld=df0.columns
for i in range(0,len(df0)):
    for j in range(1,len(fld)):
        df0[fld[j]+"%"]=df0[fld[j]]/getCell(df0,tname,0,j)
df0.to_excel(resultname,index=False)
print(df0)
```

说明:

(1) Python 分析所需数据保存在工作簿 "财务分析.xlsx" 中 "结构百分比分析" 工作表,形式如图 8-6 所示。

工作表中第一行为表头。项目列为第 1 列(即 A 列),年份列可以在项目列右边随便增加或减少。

(2) 使用时,可根据实际修改下列参数变量的值。

```
#参数变量设置
bookname='财务分析.xlsx' #工作簿名称
sheetname='结构百分比分析' #工作表名称
resultname=sheetname+
 '-result.xlsx'#输出结果保存文件
tname="资产总额" #总量名称
```

tname 保存计算结构百分比时的总量名称,此处为"资产总额",可根据实际修改。

序号	A	B	C	D
	项目	2018年	2019年	2020年
1	现金	628	616	600
2	应收账款	2896	4605	3634
3	存货	5181	7139	6632
4	流动资产	8705	12360	10866
5	固定资产	3153	3588	4588
6	累积折旧	730	1050	1430
7	固定资产净值	2423	2538	3158
8	资产总额	11128	14898	14024
9	应付票据	800	2660	1791
10	应付账款	1468	3137	2510
11	应计项目	980	1150	1455
12	流动负债	3248	6947	5756
13	长期负债	1908	1876	1830
14	负债总额	5156	8823	7586
15	普通股	3650	3650	3650
16	留存收益	2322	2425	2788
17	普通股权益	5972	6075	6438
18	负债及权益总额	11128	14898	14024

图 8-6　"结构百分比分析"工作表

(3)对工作表及 Python 程序进行修改,必须保存后再运行 Python 程序,才能使得修改有效。

(4)输出结果保存在工作簿 resultname 的工作表 Sheet1 中。本实例的输出结果如图 8-7 所示。

	A	B	C	D	E	F	G
1	项目	2018 年	2019 年	2020 年	2018 年/%	2019 年/%	2020 年/%
2	现金	628	616	600	0.06	0.04	0.04
3	应收账款	2896	4605	3634	0.26	0.31	0.26
4	存货	5181	7139	6632	0.47	0.48	0.47
5	流动资产	8705	12360	10866	0.78	0.83	0.77
6	固定资产	3153	3588	4588	0.28	0.24	0.33
7	累积折旧	730	1050	1430	0.07	0.07	0.10
8	固定资产净值	2423	2538	3158	0.22	0.17	0.23
9	资产总额	11128	14898	14024	1.00	1.00	1.00
10	应付票据	800	2660	1791	0.07	0.18	0.13
11	应付账款	1468	3137	2510	0.13	0.21	0.18
12	应计项目	980	1150	1455	0.09	0.08	0.10
13	流动负债	3248	6947	5756	0.29	0.47	0.41
14	长期负债	1908	1876	1830	0.17	0.13	0.13
15	负债总额	5156	8823	7586	0.46	0.59	0.54
16	普通股	3650	3650	3650	0.33	0.24	0.26
17	留存收益	2322	2425	2788	0.21	0.16	0.20
18	普通股权益	5972	6075	6438	0.54	0.41	0.46
19	负债及权益总额	11128	14898	14024	1.00	1.00	1.00

图 8-7 结构百分比分析表(计算结果)

8.6.4 定基百分比趋势分析案例

【例 8-4】假定 A 公司 2017—2020 年的资产负债表汇总后见表 8-10。

表 8-10 A 公司资产负债表   单位:万元

项目	2017 年	2018 年	2019 年	2020 年
流动资产:				
速动资产	300	400	350	300
存货	300	350	400	450
固定资产	900	1300	2200	2500
减:折旧	100	210	387	588
资产总计	1400	1840	2563	2662

续表

项目	2017 年	2018 年	2019 年	2020 年
负债:				
流动负债	150	151	465	176
长期负债	119	160	182	245
所有者权益				
实收资本	500	500	500	500
公积金	74	154	231	
未分配利润	557	875	1185	
负债及权益总计	1400	140	2563	

定基百分比趋势分析，首先要选取一个基期，将基期报表上各项数额的指数均定为100，其他各年度财务报表上的数字也均用指标表示，由此得出定基百分比的报表，可以查明各项目的变化趋势。不同时期的同类报表项目的对比计算公式为

考察期指数=(考察期数值÷基期数值)×100

利用 Python 求解本实例步骤如下:

第一，从 Excel 读取工作表中数据到 DataFrame 数据框。

```
#参数变量设置
bookname='财务分析.xlsx'    #工作簿名称
sheetname='结构百分比分析'    #工作表名称
resultname=sheetname+'-result.xlsx'    #输出结果保存文件
#读取工作表中数据到数据框
df0=read_excel(bookname,sheetname,na_values=['NA'])
fld=df0.columns
data0=np.array(df0.values)
tmp=np.zeros((len(df0),len(fld)-1))
```

第二，计算定基百分比。

```
tmp[i,j]=data0[i,j+1]/data0[i,1]
```

最后，将结果保存到 Excel 文件。

```
df0.to_excel(resultname,index=False)
```

完整的 Python 程序如下:

```
#【实例8-4】Python 实现
#程序名称:pfa8604.py
#功能:定基百分比分析
import numpy as np
import pandas as pd
from pandas import Series,DataFrame,read_excel
#财务函数库
```

```python
import numpy_financial as npf
#参数变量设置
bookname='财务分析.xlsx' #工作簿名称
sheetname='定基百分比分析' #工作表名称
resultname=sheetname+'-result.xlsx' #输出结果保存文件
#读取工作表中数据到数据框
df0=read_excel(bookname,sheetname,na_values=['NA'])
fld=df0.columns
data0=np.array(df0.values)
tmp=np.zeros((len(df0),len(fld)-1))
for i in range(0,len(df0)):
    for j in range(0,len(fld)-1):
        if data0[i,1]!=0 and data0[i,1]!=None and len(str(data0[i,1]))>0:
            tmp[i,j]=100*data0[i,j+1]/data0[i,1]
for j in range(1,len(fld)):
    df0[fld[j]+"% "]=tmp[:,j-1]
df0.to_excel(resultname,index=False)
print(df0)
```

说明：

（1）Python 分析所需数据保存在工作簿"财务分析.xlsx"中"定基百分比分析"工作表，形式如图 8-7 所示。

工作表中第一行为表头。项目列为第 1 列（即 A 列），年份列可以在项目列右边随便增加或减少。

（2）使用时，可根据实际修改下列参数变量的值。

```
#参数变量设置
bookname='财务分析.xlsx' #工作簿名称
sheetname='定基百分比分析' #工作表名称
resultname=sheetname+'-result.xlsx' #输出结果保存文件
```

（3）对工作表及 Python 程序进行修改，必须保存后再运行 Python 程序，才能使得修改有效。

（4）输出结果保存在工作簿 resultname 的工作表 Sheet1 中。本实例的输出结果如图 8-8 所示。

从图 8-8 中"资产"的变动可看出：

（1）总资产有较快增长。

（2）固定资产增长较快，是总资产增长的主要原因。

（3）存货持续稳步增长，可能是新设备投资引起的。

（4）速动资产下降，说明现金和有价证券等减少，并被投入到固定资产和存货。

序号	A	B	C	D	E
1	项目	2017年	2018年	2019年	2020年
2	流动资产：				
3	速动资产	300	400	350	300
4	存货	300	350	400	450
5	固定资产	900	1300	2200	2500
6	减：折旧	100	210	387	588
7	资产总计	1400	1840	2563	2662
8	负债：				
9	流动负债	150	151	465	176
10	长期负债	119	160	182	245
11	所有者权益				
12	实收资本	500	500	500	500
13	公积金	74	154	231	296
14	未分配利润	557	875	1185	1445
15	负债及权益总计	1400	1840	2563	2662

图 8-7 "定基百分比分析"工作表

	A	B	C	D	E	F	G	H	I
						2017年/%	2018年/%	2019年/%	2020年/%
1	项目	2017年	2018年	2019年	2020年				
2	流动资产：								
3	速动资产	300	400	350	300	1.00	1.33	1.17	1.00
4	存货	300	350	400	450	1.00	1.17	1.33	1.50
5	固定资产	900	1300	2200	2500	1.00	1.44	2.44	2.67
6	减：折旧	100	210	387	588	1.00	2.10	3.87	5.88
7	资产总计	1400	1840	2563	2662	1.00	1.31	1.83	1.90
8	负债：								
9	流动负债	150	151	465	176	1.00	1.00	3.10	1.17
10	长期负债	119	160	182	245	1.00	1.34	1.53	2.06
11	所有者权益								
12	实收资本	500	500	500	500	1.00	1.00	1.00	1.00
13	公积金	74	154	231	296	1.00	2.08	3.12	4.00
14	未分配利润	557	875	1185	1445	1.00	1.57	2.13	2.59
15	负债及权益总计	1400	1840	2563	2662	1.00	1.31	1.83	1.90

图 8-8 定基百分比分析表（计算结果）

参考文献

[1] 中国注册会计师协会. 财务成本管理[M]. 北京:中国财政经济出版社,2022
[2] 贾俊平. 统计学[M]. 8版. 北京:中国人民大学出版社,2021
[4] 荆新,王化成,刘俊彦. 财务管理学[M]. 8版. 北京:中国人民大学出版社,2018
[4] 余绪缨. 管理会计[M]. 辽宁:辽宁人民出版社,1997
[5] 余绪缨. 企业理财学[M]. 辽宁:辽宁人民出版社,1997
[6] 李天民. 管理会计研究[M]. 上海:立信会计出版社,1997
[7] 李天民. 现代管理会计学[M]. 上海:立信会计出版社,1996
[8] 约翰·策勒. Python程序设计[M]. 王海鹏,译. 3版. 北京:人民邮电出版社,2018.
[9] 夏敏捷. Python程序设计——从基础到开发[M]. 北京:清华大学出版社,2017.
[10] 戴维·I.施奈德. Python程序设计[M]. 车万翔,译. 北京:机械工业出版社,2016.
[11] 董付国. Python程序设计基础[M]. 2版. 北京:清华大学出版社,2015.